航海历史文化系列丛书

中国传统舟船
文化遗产调查

中国航海博物馆◎组编

王煜 叶冲◎编著

上海交通大学出版社
SHANGHAI JIAO TONG UNIVERSITY PRESS

内容提要

本书基于中国航海博物馆对国内重点地区所开展的中国传统舟船遗存和非物质文化遗产调查,整理了前人关于中国传统舟船的研究成果和既往调查资料,梳理汇总了中国传统舟船相关文献记载,提出了中国传统舟船及文化遗产的内涵范畴、总体特征、主要特点,并就如何更好地保护和传承提出思考和建议,以呼吁社会各界不断加大对中国传统舟船文化遗产的保护力度,做好传承发展,推进文化自信自强。

图书在版编目(CIP)数据

中国传统舟船文化遗产调查 / 中国航海博物馆组编;
王煜,叶冲编著. —上海: 上海交通大学出版社,2023.11
ISBN 978 - 7 - 313 - 29656 - 6

Ⅰ. ①中… Ⅱ. ①中… ②王… ③叶… Ⅲ. ①船舶—
文化遗产—调查研究—中国 Ⅳ. ①U66 - 092

中国国家版本馆 CIP 数据核字(2023)第 199072 号

中国传统舟船文化遗产调查
ZHONGGUO CHUANTONG ZHOUCHUAN WENHUA YICHAN DIAOCHA

编　著：王　煜　叶　冲
出版发行：上海交通大学出版社　　　　　　　地　　址：上海市番禺路 951 号
邮政编码：200030　　　　　　　　　　　　　电　　话：021 - 64071208
印　　制：上海颛辉印刷厂有限公司　　　　　经　　销：全国新华书店
开　　本：710 mm×1000 mm　1/16　　　　　印　　张：14.75
字　　数：216 千字
版　　次：2023 年 11 月第 1 版　　　　　　　印　　次：2023 年 11 月第 1 次印刷
书　　号：ISBN 978 - 7 - 313 - 29656 - 6
定　　价：146.00 元

序

中国的舟船文化若按跨湖桥出土的独木舟为起点计算的话,距今约有8 000 年的历史,当然原始浮具出现的时间会更久远。众所周知,中国传统舟船文化曾经有过辉煌的历史,舟船文化遗产极其丰富,得到了世界科技史学界的公认和赞叹。当前已有诸多的著作问世,例如,已故席龙飞教授所著的《中国造船通史》等。现由中国航海博物馆组编,王煜、叶冲编著的《中国传统舟船文化遗产调查》,乃是一本集中国传统舟船文化遗产研究重要成果于一体的学术专著。

这本别具特色的《中国传统舟船文化遗产调查》与以前读到的同类专著有所不同,它以调查方式全面地将中国传统舟船、文化遗产和传承的研究成果进行了详尽收集和梳理,并有机地结合起来,深入地论述,进而得到认识上的提升,这正是本书的特色和价值。

全书对中国传统舟船文化遗产的调查脉络清晰,阐述到位,有很强的可读性。本人有幸先读为快,受益颇多。

中国传统舟船及文化遗产总体特征正如书中所总结的:历史悠久,源远流长;类型丰富,体系完整;分布广泛,疏密有致;创造力强,技术先进。这是精炼的总结和概括。

本书内容极为丰富,中国传统舟船文化遗产包括了原始浮具(葫芦、皮囊等)和筏类工具(竹筏、木筏)、独木舟、木板船等;跨越的历史自远古至近

1

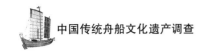

现代;地域涉及江、河、湖、海。传统舟船文化遗产的调查包括了物质实证性遗产、语言文字影像等记载性遗产以及行为传递性遗产三个方面。本书不仅梳理了中国传统舟船学术研究成果,整理了非物质文化遗产线索,总结了中国传统舟船技术的先进性和原创性,还将中国传统舟船文化遗产的独特性、丰富性和完整性充分地展示。

由于中国传统舟船文化遗产资源分散,研究成果不均,缺乏较全面的遗产名录而且各地的保护力度和重视程度参差不齐,信息资料公开程度也不一,不少遗产资源仍处于认知和管理之外,这就给中国传统舟船文化遗产的保护和传承带来极大的困难,因此调查工作是一项难度很高的工作。本书作者能知难而上,依托中国航海博物馆近年来的研究与调查成果,出色地完成书稿的撰写并成功出版,值得点赞和庆贺。

本书在论述中国传统舟船文化遗产中第一次明确给出了中国传统舟船文化遗产的定义:"指人们在以中国传统舟船参加涉水、水上航行等活动过程中,通过有意识的创造活动或社会实践,在传统舟船的使用、设计、建造、维护、传承等方面积淀形成的具有文化属性的遗产,包括不同时期、不同地域、不同族群的人们,在上述活动过程中创造或赋能的与传统舟船有关的具有重要历史文化意义的实物、场所及其他表现形式。"这个定义对研究中国传统舟船文化遗产无疑有很强的指导意义。

很明显,传统舟船文化遗产兼有物质文化遗产和非物质文化遗产的双重性。只有对中国传统舟船文化遗产的内涵有了深入的认识,才能真正理解舟船文化遗产的保护和传承价值。本书还就进一步做好中国传统舟船文化遗产的保护和传承,提出了思考和建议,对当前工作具有极大启示性。

舟船是涉水活动的载运工具、生活空间,中国传统舟船技术发展史必定是中国传统舟船文化遗产的基础要素和核心内容,本书对此专撰一章——"中国传统舟船主要特点"确实很有必要的。该章分四节对中国传统舟船的命名与称谓、船型与结构、帆装与属具、建造与工艺等重点论述,这也是中国传统舟船技术特点的概论,非常到位和专业。

  从本书阐述中所涉及的传统舟船、舟船文化、文化遗产以及遗产传承的内容上来看,它还具有很强的资料性,包括书后的两份附录,都提供了丰富的内容,这极大地方便了读者的查阅和研读。

  但是,总觉得本书没能做到图文并茂,乃是美中不足之处,若再版时能予以补充,必将锦上添花。

  是为序。

2023 年 7 月 23 日

目　录

第一章
中国传统舟船文化遗产调查综述

　　本书所称的中国传统舟船，是指中国历史上曾经存在过的或仍延续至今的，使用自然材质和非机器动力的舟船。自然材质包括竹、木、芦草、桦树皮、畜皮等。相对于自然材质而言，近现代的钢铁、水泥、复合材料等造船材料，可以视为非自然材质。非机器动力包括风力、洋流潮汐力、人力、畜力等。工业革命后，各类机器动力才出现并逐渐应用于舟船领域。传统舟船除了独木舟、木板船外，也包括葫芦、皮囊等原始浮具和筏类工具。

　　对中国传统舟船文化遗产（以下简称"舟船文化遗产"或"传统舟船文化遗产"）的调查，主要通过整理、分析前人关于中国传统舟船的研究成果；梳理、汇总相关文献资料和既往调查，以及近年来中国航海博物馆对国内重点地区开展的中国传统舟船遗存和非物质文化遗产调查的情况。在此基础上归纳、整理了中国传统舟船的主要特点，并就如何更好地保护和传承舟船文化遗产提出了思考和建议。

一、中国传统舟船文化遗产内涵与分类

　　1972年11月16日通过的联合国《保护世界文化和自然遗产公约》对文化遗产的定义为① 文物：从历史、艺术或科学角度看，具有突出的普遍价值的建筑物、碑雕和碑画，具有考古性质成分或结构、铭文、窟洞以及联合体；② 建筑群：从历史、艺术或科学角度看，在建筑式样、分布均匀或与环境

景色结合方面具有突出的普遍价值的单立或连接的建筑群;③ 遗址:从历史、审美、人种学或人类学角度看,具有突出普遍价值的人类工程或自然与人联合工程以及考古地址等地方。

2003 年 10 月 17 日通过的联合国《保护非物质文化遗产公约》关于非物质文化遗产的定义:被各社区、群体,有时是个人,视为其文化遗产组成部分的各种社会实践、观念表述、表现形式、知识、技能以及相关的工具、实物、手工艺品和文化场所。这种非物质文化遗产世代相传,在各社区和群体适应周围环境以及与自然和历史的互动中,被不断地再创造,为这些社区和群体提供认同感和持续感,从而增强对文化多样性和人类创造力的尊重。其包括以下方面:① 口头传统和表现形式,包括作为非物质文化遗产媒介的语言;② 表演艺术;③ 社会实践、仪式、节庆活动;④ 有关自然界和宇宙的知识和实践;⑤ 传统手工艺。

2005 年国务院发布的《关于加强文化遗产保护的通知》(国发〔2005〕42 号)中关于文化遗产的表述:文化遗产包括物质文化遗产和非物质文化遗产。① 物质文化遗产是具有历史、艺术和科学价值的文物,包括古遗址、古墓葬、古建筑、石窟寺、石刻、壁画、近代现代重要史迹及代表性建筑等不可移动文物,历史上各时代的重要实物、艺术品、文献、手稿、图书资料等可移动文物,以及在建筑式样、分布均匀或与环境景色结合方面具有突出普遍价值的历史文化名城(街区、村镇)。② 非物质文化遗产是指各种以非物质形态存在的与群众生活密切相关、世代相承的传统文化表现形式,包括口头传统、传统表演艺术、民俗活动和礼仪与节庆、有关自然界和宇宙的民间传统知识和实践、传统手工艺技能等以及与上述传统文化表现形式相关的文化空间。

综合来看,中国传统舟船文化遗产是指人们在以中国传统舟船参加涉水、水上航行等活动过程中,通过有意识的创造活动或社会实践,在传统舟船的使用、设计、建造、维护、传承等方面积淀形成的具有文化属性的遗产,包括不同时期、不同地域、不同族群的人们,在上述活动过程中创造或赋能的与传统舟船有关的具有重要历史文化意义的实物、场所及其他表现形式。一方面,舟船文化遗产具有文化属性,这种文化属性来源于人们以传统舟船参加的生产和生活实践活动,是人类有意识的创造活动所赋予的,带有鲜明的社会性特点,无法脱离人类社会而独立存在。另一方面,舟船文化遗产具有保护和传承的价值,是人类涉水或水上航行活动中不可或缺的工具、见证物,其丰富的文化内涵具有一定的传递性,能够为后人所模仿、习得、复制,具有"突出意义"(outstanding value)和"普遍价值"(universal value),以及保留人类印记、承载人类文明的价值内涵。

除了江河湖海水域本身之外,涉水活动还有人、舟船、港口、货物四大核心要素。其中,人是涉水活动的策划者、组织者、执行者,也是承载的对象。在水路客运情况下,人还是载运服务的对象;舟船是涉水活动的载运工具、生活空间;港口是涉水活动的进出口岸、转运节点;货物是涉水活动的载运对象和交换目标。作为人类涉水活动的核心要素之一,舟船的发展呈现为一个渐进的过程,从原始浮具、独木舟到木板船,从小船到大船,从河船到海船,前者是后者的基础,后者是前者的发展,后者与前者之间既有联系也各有侧重,存在有机联系并且很难割裂开来论述。因此本书从人们利用河流、湖泊、海洋等多层面自然或人工的水流、水体进行涉水、水上航行的角度,尝试对中国传统舟船文化遗产进行相对比较完整的整理和归纳。

舟船文化遗产,按照人们认识和记录事物的途径和方式,可以分为三类,即物质实证性遗产、语言文字影像等记载性遗产以及行为传递性遗产。从文化遗产的属性来看,其中既有物质文化遗产,也有非物质文化遗产。物质文化遗产如现存实船、地下古船、水下沉船、古船构件和属具、古船模、舟船遗址、涉及舟船的文献记载,以及古代岩画、壁画、书画或器物上所绘的舟船,等等。非物质文化遗产主要有舟船建造、舟船使用等领域的传统手工艺,以及从舟船延伸而来的仪式活动、节庆活动、表演艺术、口头传承等(见表1.1)。

表 1.1　中国传统舟船文化遗产类型分析

遗产类型	物质实证性遗产	语言文字影像等记载性遗产	行为传递性遗产
物质文化遗产	(1) 传统舟船现存实船、地下古船、水下沉船、古船构件和属具等 (2) 与传统舟船相关的古(沉)船遗址、生产遗址和遗迹	有关传统舟船的各类文献记录,包括文字、图像(如岩画、壁画、书画、照片)、音频、视频等	—

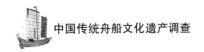

遗产类型	物质实证性遗产	语言文字影像等记载性遗产	行为传递性遗产
	(3) 能够印证、反映或体现传统舟船的代表物(如古船模)		
非物质文化遗产	—	人群之间传播传递的传统舟船口诀俗语、与传统舟船有关的语词、相关的口头传承	(1) 舟船建造和使用领域的生产技术、工艺与经验 (2) 与舟船相关的仪式活动、节庆活动、表演艺术等

二、中国传统舟船及文化遗产总体特征

(一) 历史悠久,源远流长

考古发现和文献记载,可以互相印证。浙江萧山跨湖桥遗址出土的独木舟,残长达 5.6 米,距今约 8 000 年,是目前考古发现最早的中国舟船实物,被誉为"中华第一舟"。距跨湖桥遗址不远,浙江宁波的井头山遗址(距今 8 300—7 800 年)、田螺山遗址(距今 7 000—5 500 年)、河姆渡遗址(距今 7 000—5 200 年)等处,也都曾考古发掘出木桨。木桨作为与舟船配套的属具,同样也能反映舟船发展的水平。与此同时,文献历来也有东南夷越"善为舟"的记载,吴越之地的先民择水而栖,舟楫而行,过着农耕渔猎、饭稻羹鱼的生活。

中国地理环境和气候等诸多方面都非常有利于舟船的使用与发展。第一,中国疆域内陆河川纵横、湖泊众多,流域面积超过 1 500 平方千米的河流有 150 多条,超过 100 平方千米的更是多达 5 万多条,湖泊面积在 1 平方千米以上的约 2 800 个,还有京杭大运河等诸多人工河流,都为内河运输的发展提供了有利条件。第二,大陆疆域之外,东临太平洋,全部海岸线长达 18 000 千米,包括岛屿岸线长度在内则为 32 000 千米,大陆边缘海总面积近 480 万平方千米,海域涉及渤海、黄海、东海、南海以及台湾东侧太平洋海区等五大海区,它们同样构成了我国发展海上运输的有利条件。第三,中国境内入海河流流域面积占总流域面积的 44.9%,入海径流量占全国河川径流量的 69.8%,主要包括长江、黄河、珠江、钱塘江、辽河等,这些外流河流向大多顺地势自西向东,其里程长,航道深,分布在经济较发达、人口较密集的地区,与沿海航线联系在一起,河海联通非常便利。在气候上,中国地处北半球的中、低纬度,气候温和,降水充沛。新石器时代的中国,在气候、水源、森林河湖分布等自然条件上更优越于后世,也为舟船的早期演进提供了良好的条件。

(二) 类型丰富,体系完整

时至今日,我国还存续有竹筏、木筏、羊皮筏(皮囊)、独木舟、木板船等各种形态的传统舟船。各类水域也都有与之相应的各种船型,船型体系完整,文化遗产内容丰富、全面,江河湖海各具特色,桨橹纤帆,各展所长。在海船方面,既有平底的沙船,也有尖底的福船、广船,这是适应中国南北海域不同特质海岸和海底状况发展而来的。在内陆河湖,舟船更是各有特色、各具匠心、百花齐放,如长江上游有麻秧子、湘江有倒把子、钱塘江有长船、闽江有麻雀船、珠江有燕尾船、大运河有粮划,又如洞庭湖有风网船、鄱阳湖有鸭艄子、巢湖有巢湖划子、太湖有七扇子,等等。不同地区的船型往往有其独特的地域特征,如东北有桦皮船、西北有皮囊、江南有渔盆、岭南有西瓜扁。传统舟船建造一般没有图纸记录,各地一般也是独立传承,相关技艺往往是历代口头传承,并结合实际情况来建造,所以呈现出"一个地方一个样""一个师傅一个法"的特点。

(三) 分布广泛,疏密有致

一方面,舟船文化遗产不仅在华东、华南、华中、西南、华北、东北等地区都有分布,而且即使是在青藏高原,也还有用于雅鲁藏布江、拉萨河的西藏牛皮船,在甘肃、宁夏还有因地制宜的羊皮筏子在黄河上行驶;另一方面,舟船文化遗产明显呈现出有疏有密的分布,有一定的内在规律性。总体分布上,以第三阶梯临水分布为多,呈现出"东密西疏"的态势,并且有着"南多北少""海强于河"的现象。

从中国大陆陆域空间来看,东西方向地势上呈现为三级阶梯,舟船文化遗产大都居于第三阶梯临水分布,第二阶梯只在四川盆地、关中平原等部分地势平坦之处有一些明显的分布,第一阶梯则罕见稀少。这与河流的适航性有关,适合舟船航行的河流航槽方能称为航道,我国河流总长达43万千米,其中可通航河流5 800多条,航道长11.93万千米,水深1米以上的航道长约6.14万千米。航道的条件既跟水深、河宽等有关,也和水流条件如流速、比降有关。比降在1/3 000以下的河流更为适航,1/1 000以上则渐趋不适航。我国地势的第一阶梯平均海拔在4 000米以上,山高谷深河流湍急几乎无法行船;第二阶梯平均海拔在1 000~2 000米,只在部分比降小的航段还有舟船;第三阶梯平均海拔在500米以下,长江中下游平原、华北平原海拔在50米以下,总体上河流更适宜舟船航行。因此,舟船文化遗产也更多地分布于第三阶梯,呈现出"东密西疏"的规律。

南北方向上,舟船文化遗产更多地分布在长江流域和长江以南地区,这是因为面积达30万平方千米的华北大平原地势平缓,河床却不够稳定,自古便较为适宜筑路行车,有所谓"南船北马"之说;长江流域和长江以南的丘陵地区,既有长江、珠江连通东西,又有湘江、赣江连通南北,陆路却相对艰难,因而舟船兴盛,所以舟船文化遗产也有"南多北少"的分布特征。

唐宋以后经济重心逐渐东移南下,同时迁往闽粤沿海和岭南的人口也渐趋增多,由于南岭和武夷山脉的阻隔,这些地区与中原的交通不便,但海外贸易却日益兴盛,因此也带动了舟船技术的进步和舟船业的发展。与河湖船舶相比,远洋航行的海船技术要求更高,在结构与强度、装载与体量、帆装与动力、航行与操纵等各方面,海船都要强于河湖船舶,所以也就有了"海强于河"的特征。因此,中国传统舟船文化遗产在南方的福建、广东沿海,可以说得到了最为集中的体现。今天在闽粤沿海和南海广袤海域,还有着许多的沉船遗址,有待人们去发现和发掘。

（四）创造力强，技术先进

在船体结构上，水密隔舱和龙骨结构就是中国关于造船技术的发明创造。据记载，东晋义熙年间（405—418 年）建造的八槽舰，就出现了水密隔舱，在考古出土的多艘唐代木船上也得到了印证；龙骨结构的出现，西方也晚于中国。

在推进装置上，中国风帆自成体系独具优势，硬帆活帆等特点使得中国风帆操控优良，既能适应八面来风又可配合见风使舵，还能进行逆风调戗；橹这种中国发明的独特的推进工具，方便实用，效率高，素有"一橹抵三桨"之说；车轮舟也是中国的发明创造，417 年东晋时在渭水就已出现，而欧洲直到 1543 年才开始试验。

在操控装置上，中国东汉陶船模型中已经出现船尾舵，比西方记载的 1242 年早了一千多年。中国还对舵不断优化，发明了平衡舵、升降舵、开孔舵，广船的菱形开孔舵就是其特征之一，可以在不降低舵效的情况下减轻转舵力矩和舵杆扭矩，使结构更轻便、操舵更省力；中国还发明了减轻船舶摇摆的舭龙骨（文献记载称为梗水木），以及减轻横漂的披水板、中插板；在川江等湍急河流，一些独特的船型上发明使用了招（长梢），通过对操作杠杆的加长，增强了急流中操船的有效性。

在其他结构、工艺方面，中国发明了可眠桅装置，当漕运等长途跋涉内河船遇到桥洞时可以放倒桅杆；在传统木作榫卯工艺等基础上传承发展，发明了钩子同口等连接技术，极大地提高了舟船的抗拉强度；采用多重外板技术，提高了木板加工便利性和抵御船蛆的能力；采用捻缝工艺，有效地解决了舟船渗漏问题，并提高了外表平整度。

当今世界的造船领域，在某种程度上可以说体现了一个国家或一个地区的综合性科技发展水平和工业能力，而传统舟船在其所处的那个时代，同样也是集众多技术和发明创造之大成。美国科技史学者罗伯特·K.G.坦普尔在其所著的《中国：发明与发现的国度》序言中写道："如果没有从中国引进船尾舵、罗盘、多重桅杆等改进航海和导航的技术，欧洲绝不会有导致地理大发现的航行，哥伦布也不可能远航到美洲，欧洲人也就

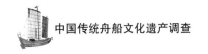

不可能建立那些殖民帝国。"中国在传统舟船领域曾经为世界造船和科技进步作出过卓越的贡献,那些成果既是见证历史的文化遗产,也是滋养精神血脉的宝贵财富。

三、20 世纪以来中国传统舟船研究学术史回顾

（一）发端(1936—1961 年)

1936 年,上海《申报》曾发表《千奇百怪的旧木船》一文,记载了巴蜀地区的 18 种木船。同年,重庆市政府秘书处出版的《重庆市一览》也记载了 23 种木船的载重、航行河段、特殊外观、现有数量、功能等内容。1937 年,倪绲贤发表《嘉涪渠三江木船杂谈》,介绍了四川嘉陵江、涪江、渠江三江木船的团体组织、营业概况、经济状况、船技等情况。

1941 年,宋其新发表《川江木船运输概要》,统计了长江上游的 14 种船。1942 年,陈挺生发表《吾国木船考略》,结合古文献研究,主要考察了我国舟船的起源与发展。1943 年,沈能毅刊印的《中国帆船法式》一书,将海船分成 4 种船型,即江南的沙船、福建的鸟船、浙江的蛋船、闽海的三不象船,比较详细地介绍了这 4 种帆船各部件的名称。1944 年,王洸发表《川江木船对于战时交通之贡献》,论述了川江木船航运对于抗战时期交通的贡献,还比较详细地介绍了川江上的木船航线及通航情况,以及木船数量及运量、船民组织情形、历年木船制造、木船的管制征调、木船运价管制等情况。

1947 年,胡成之发表《船舶:长江中上游的舟筏》,记载了往来湖北的 4 类 29 种民船。4 类民船指川船、南船、划船和筏。川船是四川船的简称,主要航行于重庆与宜昌间,包括 7 种:麻阳船、麻雀尾、辰驳子(小者为五板船)、毛鱼鳅船、舿子船、扒窝子、艄麻阳。南船是湖南船的简称,主要航行于湖南至汉口区域,包括 10 种:小驳船、麻阳船、麻雀尾、大驳子、倒叭子、沙窝子、乌江子船、辰船、钓钩船、巴杆子。划船是湖北民船的总称,也有 10

种,如艑子船、鸦艄船、划子船、满杆船、包梢船、火溜子、巴都船等。筏包括了筏和金沙江上游所用的水牛皮船。

(二) 起步(1962—1986 年)

以 1962 年中国造船工程学会第一次会员代表大会为契机,杨槱发表《中国造船发展简史》,周世德发表《中国沙船考略》《从宝船厂舵杆的鉴定推论郑和宝船》等文章,代表了中国船史学术研究的正式起步。1964 年李邦彦在海洋渔船学术会议上发表《沙船船型和结构》。1970 年凌纯声发表《中国远古与太平印度两洋的帆筏戈船方舟和楼船的研究》。1984 年朱子彦发表《三国时期的造船业》。1986 年,王冠倬发表《最早的水上工具——筏与独木舟》《木板船的出现·双层木船及其他》《汉代造船技术的发展》《两汉三国的造船》等一系列论文,林华东也发表了《中国风帆探源》。

这一时期出版的船史研究论著较少,1979 年出版的《造船史话》,选取部分典型船型简述了我国造船业的发展历程。1982 年出版的《中国科学技术史稿》(上、下册)含有部分造船史的内容。1983 年出版的《江苏省考古学会 1983 年考古论文选》收录了周世德的《扬州港与古代船舶》、刘沛安的《扬州古代水运和造船》、杨熺的《"蛮夷贾船,转送致之"解》、李邦彦等的《挂锔——一种木结构联接工艺》及《全面精工细作的捻缝工艺》等船史论文。1985 年出版的《郑和下西洋论文集》第一集和第二集中刊有不少文章对郑和宝船的尺度、宝船厂遗址进行了探讨。1985 年、1986 年发行的《船史研究》第一、第二期分别刊载了 10 篇、11 篇关于传统舟船的论文,如戴开元的《中国古代的独木舟和木船的起源》、孙光圻的《试论公元前中国风帆存在的可能性及其最早出现的时限》。1986 年潘吉星主编的《李约瑟文集》收录了近 40 年来李约瑟的演讲稿和文章,其中海内外唯一一幅宋代车轮舟图样即出自该文集。

在渔业渔船史方面,为研究和总结太湖渔业的历史经验,收集和整理太湖渔业生产等方面的历史材料,江苏省太湖渔业管理委员会从 1984 年起着手编写《太湖渔业史》,并于 1986 年出版,这是一部较为系统的地方渔业史。

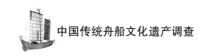

（三）发展（1987—2000 年）

这一时期的著述不多。一部分见于科技史著作中的章节，如 1991 年章巽主编的《中国航海科技史》第一章为中国古代造船技术史。这一时期还出版了数本中国古船史论著。1989 年唐志拔著《中国舰船史》，系统讲述了我国古代、近代历史上舰船的发展与演进。1994 年周世德著《雕虫集：造船·兵器·机械·科技史》，收录了关于古船的桨系、沙船、古代传统船舶设计、造船史、古代造船工程技术成就、古代战船、《南船纪》等内容的 7 篇论文。2000 年席龙飞编著的《中国造船史》出版，该书结合古文献、出土文物上的纹饰、造船遗址、出土沉船、古船复原等论述，系统讲述了我国古代至近现代造船技术发展，是 1949 年以来该领域的第一本通史性著作。

1991 年王冠倬编著的《中国古船》，选取历代史籍、绘画及遍布海内外的文物收集、整理为 500 余幅珍贵图片，为每幅图都写了简明扼要的说明文字，图文并茂。1993 年张铁牛、高晓星著《中国古代海军史》，系统讲述了历史时期的战船发展及造船成就。1994 年聂德宁发表《明末清初中国帆船与荷兰东印度公司的贸易关系》。1998 年唐志拔编著《劈波斩浪：海船发展史话》，讲述了中外民用船舶以及军舰的发展。2000 年王冠倬所著的《中国古船图谱》为《中国古船》进行了文物图片补充，以中国古代造船与航海为主线，再现了古代造船技术的发展历程。2000 年广东省地方史志编纂委员会编写的《广东省志·船舶工业志》系统讲述了广东省古代、近代与当代的船舶技术成就。

此外，随着考古沉船的大量发现，出土沉船或地方船史专题著作也陆续出版。1987 年福建省泉州海外交通史博物馆主编的《泉州湾宋代海船发掘与研究》，收录了泉州湾宋代海船的发掘报告及相关专题的学术论文 20 篇，包括庄为玑的《泉州湾宋船结构的历史分析》，席龙飞、何国卫的《对泉州湾出土的宋代海船及其复原尺度的探讨》、杨槱的《对泉州湾宋代海船复原的几点看法》等。1989 年席龙飞主编的《蓬莱古船与登州古港》刊发了《山东蓬莱水城清淤与古船发掘》的报告以及大量相关文物的图片，发表学术论文 14 篇。1987—2000 年发行的《船史研究》第三至第十六期，也刊载数十篇传统舟船论文，如黎松盛与林士民的《浙江宁波出土的龙舟考略》，王冠倬的

《从碇到锚》《元明清三代的漕船及运河》，席龙飞的《中外帆和舵技术的比较》《再论郑和宝船》，辛元欧的《中国古代船舶人力推进和操纵机具的发展》《太平洋区域帆船文化的发展及传播》，徐英范的《挂锔连接工艺及其起源考》，文尚光的《郑和宝船之谜研究评述》，陈延杭等的《郑和宝船复原研究》、杨槱的《郑和下西洋所用宝船的进一步探索》，张晞海的《鸦片战争时期的中国兵船》，赵建群与陈坚的《明代使琉球"册封舟"考述》，金行德的《浅谈中国帆船对日本帆船的影响》，张炜的《郑和下西洋前后中国造船业之盛衰分析》，王明星的《中国古代造船技术在西太平洋地区的传播》，朱鉴秋的《郑和宝船尺度研究综述》等。

（四）繁盛（2000 年以后）

2000 年至今，一批与中国传统舟船相关的学术著作相继出版。在传统舟船通史性论著上，席龙飞参与了《中国科学技术史·交通卷》《走进殿堂的中国古代科技史》（上中下册）、《中国科学技术通史》（五卷本）等科技史著作的撰写，在造船技术史部分详细论述了中国舟船的起源，古代造船技术的奠基、发展、臻于成熟和鼎盛，以及中国帆船业的衰败和近代船舶工业的兴起。与此同时，席龙飞还相继出版了《中国造船通史》《中国古代造船史》《中国造船简史》等著作。2001 年广州黄埔造船厂编写了《广州黄埔造船厂简史》。

2009 年辛元欧著《中外船史图说》，从各种图片中能够深入了解古今中外各种船型的外观及其结构的细部；2015 年席龙飞、龚昌奇、蔡薇编著《中国古船图说》，以船舶、古船模型图片为主要内容阐述我国古船类型；2016 年中国船级社编著出版了《中国古近代船检暨相关航政史料汇要》，收录了古代、近代各朝有关船只质量和安全检查，以及相关航政管理方面的史料；2020 年王煜、叶冲编著《中国古船录》，收录了我国历代以来各地区、水域的古代舟船 1 500 余种，其中考古发现沉船 170 余种。

在古沉船及遗址方面，2002 年广东省立中山图书馆编的《"广州秦代造船遗址"学术争鸣集》和 2012 年金行德主编的《"南越王宫苑里假船台"论文选集》，从历史、考古、建筑、造船等不同角度探讨了该遗址是否为造船遗址的问题；2002 年安徽省文物考古研究所、安徽省淮北市博物馆编《淮北柳

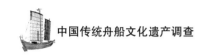
孜——运河遗址发掘报告》，发表了柳孜运河古船的现场测绘成果；2006 年南京市博物馆编写的《宝船厂遗址——南京明宝船厂六作塘考古报告》，全面详实地介绍了宝船厂遗址考古工作的全部情况。

在地方船史著作方面，2004 年辛元欧著《上海沙船》，较为系统地讲述了沙船船型演变、主要特征、操驾技术，以及明清沙船业的繁荣与衰落；2004 年马祖铭、何平搜集整理的《太湖渔家风情录》，比较详细地叙述了太湖造船的习俗，以及渔船的类型、形制、特征、结构、发展历史、渔船的岗位人员、婚俗、信仰等情况；2012 年，金行德著《广东船研究》、林士民著《宁波造船史》，详细介绍了当地造船发展历程和造船工艺；2013 年，陆传杰、曾树铭著《航向台湾：海洋台湾舟船志》，介绍了中国沿海的五大船型及台湾各式舟船的情况；2018 年广东海上丝绸之路博物馆编著《阳江木船——传统建造技术与风格》，以阳江地区木船田野调查为基础，系统阐释了阳江木船结构与名词术语、阳江传统造船技术、阳江传统造船习俗、阳江龙舟、阳江航海技术等。

这一时期，部分古船模型制作者也发表了相关论著，如 2010 年陈守成编著《宋朝汴河船——〈清明上河图〉船舶解构》，刊登了《清明上河图》中全部汴河客船以及货船的模型照片；2018 年尤泽峰、姜波编著《舢板女孩的微笑》（中国古帆船图集），通过照片和影像资料真实还原了 20 世纪 30 年代中国沿海一带船、人与港口的景象。此外，不少船史专家的论著以论文集的形式出版，如《中国古船史研究——金行德船史研究论文汇编》《行舟致远 扬帆丝路——何国卫船史研究文选》《龚昌奇船史研究文选》等。

对郑和宝船的研究著述也十分丰富，《郑和研究百年论文选》《郑和下西洋与福建》《云帆万里照重洋——纪念郑和下西洋六百周年》《郑和下西洋研究文选(1905—2005)》《郑和远航与世界文明——纪念郑和下西洋 600 周年论文集》等均刊有对郑和宝船尺寸、船型探讨的文章。

四、中国传统舟船文化遗产调查概述

本书依托中国航海博物馆近年来的研究、调查成果，梳理了 20 世纪以来中国传统舟船学术研究的情况、涉及中国传统舟船的文字和绘画等文献记载、清代以来关于中国传统舟船的既往调查;整理了目前已知的包括独木舟、木板船、古船构件属具、古船模等传统舟船实物遗存,古(沉)船遗址和传统舟船相关的遗址、遗迹,以及近年来中国航海博物馆开展传统舟船田野调查中所了解到的非物质文化遗产线索等;在研究和调查基础上归纳总结了中国传统舟船命名与称谓、船型与结构、帆装与属具、建造与工艺等方面的主要特点,通过这些独具特色的特点,展示了中国传统舟船文化遗产的独特性、丰富性和完整性,以及技术先进性和原创性,进一步彰显中国传统舟船文化遗产的宝贵价值;最后,就进一步做好中国传统舟船文化遗产的保护和传承,提出了思考和建议。

受条件所限,本书所及的调查内容和范围还不够全面和充分,如近代以来传统舟船照片和影像的记录,许多已为各地档案馆、图书馆所藏且涉及版权问题,暂未能够纳入。即便这次已经涉及的文字记载、绘画记录、既往调查资料、实物遗存、古船模型、遗址遗迹等,也难免存在疏漏,无法全面覆盖。但如果本书能对中国传统舟船文化遗产的价值有一定的体现,起到一个抛砖引玉先行者的作用,甚至能对未来在更高层面和更大范围内组织开展有关中国传统舟船文化遗产更为系统全面的调查有所促进的话,那就足够令人欣慰了。

第二章

中国传统舟船文献记载与既往调查

　　从目前所发现最早的跨湖桥遗址独木舟至今,已有约 8 000 年。而从已见的最早记载资料看,在 4 000 余年前的岩画、3 000 余年前的甲骨文中,就出现了关于舟船的描绘。除此之外,在青铜器、石刻、竹木简等载体上,也有关于舟船的记录。中国历代文献中,有许多涉及舟船的记载,历代绘画中,也有许多舟船的记录,近代以后还出现了照片和影像的记录,呈现出更为直观和清晰的效果,这些都是中国传统舟船文化遗产重要的组成部分。本章对中国传统舟船文献记载、绘画记录以及清代以来前人的既往调查进行了整理,但传统舟船照片和影像许多已为各地档案馆、图书馆所藏并涉及版权问题,本书暂未纳入。

一、中国传统舟船文字记载

　　历史上,各类文献中涉及中国传统舟船的文字记载从明代显著增多,因此本书以明代为界,分为两个时段加以梳理。

(一) 明代以前

1. 商代甲骨

古代黄河中下游的自然环境与今日有很大差异,河流、湖泽很多,雨量丰富。甲骨卜辞中有不少涉河的记载。《尚书·盘庚中》:"盘庚作,惟涉河以民迁",说的是盘庚兴起,谋划涉河以迁徙其民。商代甲骨中,也有把涉河与乘舟紧密联系起来的,说明商代已经把舟当作涉河的交通工具。甲骨文所见之"舟"字,像船形,首尾上翘,似由木板拼接而成的舟,比独木舟进步。卜辞中还有不少与舟相关的内容,如"卜,争贞:毕得舟,毕不其得舟?""乙亥卜,行贞:王其寻舟于河,亡灾?"。

2. 商周青铜铭文

上海博物馆所藏一件商代青铜鼎上书写的"蠹"字,字形描绘了一人在船尾撑船、一人站在船上肩挑货物乘船,可以说形象地记录了当时木板船已参与水上运输。

战国时期楚怀王六年(公元前 323 年)怀王命工匠铸造了一批铜质符节,赐给了鄂君启,称为鄂君启节。鄂君启节有舟节和车节两种,持这些舟节、车节的人,可在楚国域内免税从事水陆经商。安徽博物院收藏有鄂君启节。鄂君启节的舟节铭文,记载了水路商航的交通路线、沿途所经地名、舟车限量、禁运物资与有效日期等内容,涉及水路包括长江中游、汉江、湘江及其支流,流经今湖北、湖南和江西。舟节实际上是水路经商航船的通行凭证,在铭文规定的范围内,可享有一定的合法权益。

3. 战国石鼓文

战国时期留存至今的记载秦国国君游猎的石鼓文中,便有"舫舟自逮""维舟以行"的记载,讲述了秦国国君出行途中遇雨,找舫船通行的故事。

4. 西汉《算缗令》

元光六年(公元前 129 年),朝廷开始对运输货物的车、船进行征税,称"算缗"。元狩四年(公元前 119 年)颁布《算缗令》,属于当时的量船计税法规,其中"船五丈以上一算"是根据船体长度测量验收的明文法律规定,是我国史籍中最早的船舶检丈与征税管理的依据条件,在中国古代船检史上具有重要意义。

5. 东汉《释名》

东汉刘熙所撰,类似今日的辞书,共 8 卷 27 篇。其中第 25 篇《释船》专门解释船舶,总结了船的定义,解释了桅、帆、桨、篙、橹、舵等属具,说明了汉代船舶的甲板、舱底、上层建筑等船体结构,对船舶进行分类立名,也涉及一

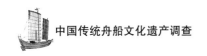

些船舶稳性等理论性内容,翔实记录了当时中国的造船成就与技艺水平。

6. 汉代与三国简牍

1973年于湖北江陵凤凰山西汉墓中,发现了船模和一批竹简,其中有几枚竹简是记录水运活动的。如竹简上写有"大奴×棹"等字句,反映了汉代江陵地区的水运与造船概况,尤其是使用了许多长桨的船。

20世纪30年代、70年代,居延汉简被陆续发掘出几万枚,多为守居延长城军官间的文书档案,年代包括西汉、东汉。居延位于宁夏、甘肃、内蒙古交界处,是西北军事重镇,有水有城。居延汉简中有水衡官员(掌上林苑及铸钱等事,兼保管皇室财物、造船、治水等)"缮治船""五百石治船""九月船出入簿""右第一船四人""毋余舱毋余茭""责卖船出"等残句,表明当时边疆有专业管理、检查、整治军船的人员,对船只出入情况进行登记,对船上士兵的人数、船只修造所需费用等进行记录。

1996年在湖南长沙走马楼发现一批数量在14万枚左右的纪年简牍。走马楼简的年代为三国时期,记载有管造船的"船曹",其中2057号简牍记载"督军粮都尉移楼船仓书",1384号简牍更是详细记载了一艘单桅帆船部分属具的名称与尺寸等,该船长约合今天的16.75米、帆宽约14.36米,有多条横向并列的竹、木竿,配有船舵、缆绳等。

7. 唐代《行船令》

唐代颁布的《行船令》,为船舶航行之法规,对"泻漏(倾倒船舱渗漏之水)""宿止(停泊)""茹船(铺舱盖舱)""安标(设置船筏航道标志)""避行(船舶避碰)"等,均有较为具体的规定。

8. 唐代《太白阴经》

唐代兵书,全称《神机制敌太白阴经》,成书于乾元二年(759年),由曾任河东节度使、幽州刺史的李筌编撰,原书10卷,经后人合并后为8卷。该书卷四《战具篇》的《水战具篇》重点介绍了楼船、蒙冲、战舰、走舸、游艇、海鹘6种兵船的形制、性能与武备等。

9. 唐代《水部式》

唐代水利、水运官署之法制,清光绪末年在敦煌石室发现了手抄本,1913年由罗振玉影印成书。该书记载了北方沧、瀛、贝、登、莱等十州水手及从事海运,以及辽旅顺口的军粮海运与水师、舵师、水手的定额等情况。

10. 唐代《志峡船具诗(并序)》

唐代王周所撰,是最早对长江上游峡江木船进行系统记载的文献,介绍了当时巴蜀木船所用的各种船具(如桅、帆、舵、棚、梢、橹)及其作用。

11. 北宋《宣和奉使高丽图经》

徐兢著,成书于宣和六年(1124 年)。徐兢曾为路允迪从官,根据奉使高丽(今朝鲜)时的见闻所撰该书,共 40 卷,原书有文有图,现图佚文存。其中舟楫 1 卷和海道 6 卷,记录了船舶建造、海上往来航路、海洋地理和航行历程等,尤其对北宋神舟、客舟这两种大型远洋海船的形体结构等记述甚详。

12. 北宋《萍州可谈》

朱彧著,共 3 卷。朱彧父亲朱服曾历任莱、润诸州主官,天圣年间(1022—1030 年)曾官居广州。朱彧的《萍州可谈》多记其父见闻,记录了宋代广州的市舶往来、海舶规模等,书中曾记载当时海舶"舟师识地理,夜则观星,昼则观日,晦阴观指南针",指出 1103 年以前,中国已将指南针用于航海。

13. 南宋《岭外代答》

周去非撰,成书于淳熙五年(1178 年),共 10 卷。周去非曾任桂林通判,书中记录了其在岭南和海外各国的目见耳闻。其中,《器用门》记述了木兰舟、藤舟、刳木舟等船的形制与工属具。

14. 南宋《入蜀记》

南宋陆游撰,共 8 卷。该书是他在乾道六年(1170 年)去夔州(今重庆奉节)任通判时,以日记体裁记述沿途(今 6 省 30 多个县市)的见闻,记载了长江水系各水道间换船、启航开船、过滩过闸、引水导航、靠泊以及船名、船员、船上生活与习俗等内容。

15. 南宋《吴船录》

南宋范成大(1126—1193 年)撰。范成大,苏州吴县(今苏州吴中区和相城区)人,该书是他在淳熙四年(1177 年)自四川制置使召还,取水路回故里吴县时写的游记,对沿途的水路、舟船、航行等均有描述。

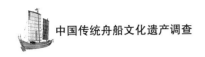

（二）明清时期

明代以后记载舟船的著作大量问世,据范中义考证,仅记载明代海船的文献就有40余种,包括兵书、实录、会典、方志、笔记、文集等。本书按照兵书类、船政类、漕运类、出使类等分类列出相关的主要文献。

1. 兵书类文献

1）明代《筹海图编》

成书于嘉靖年间,由胡宗宪的幕僚郑若曾实际编纂而成,共13卷,详细记载了沿海的海防战船,并附船图。

2）明代《武备志》

成书于天启元年（1621年）,由茅元仪编纂,共240卷。茅元仪之祖茅坤曾任职兵部,做过胡宗宪的幕僚,熟悉海防。茅元仪出生将门,亲历战阵,博采历代兵书2 000余种,经15年辑成《武备志》。书中以图文对照方式详述各类战船。尤为重要的是,《郑和航海图》即附载于此书中。

3）明代其他兵书

这些兵书类文献对明代军船的形制、种类、性能、用材、装备等进行了详细说明和描述,有的还附船图。主要包括如下文献:成书于嘉靖年间的唐顺之《武编》、戚继光《纪效新书》（18卷本）;成书于隆庆年间的俞大猷《洗海近事》;成书于万历年间的邓钟《筹海重编》、王在晋《海防纂要》（又题为《皇明海防纂要》《宝明海防纂要》）、谢杰《虔台倭纂》、王鸣鹤《登坛必究》、何良臣《阵纪》、何汝宾《兵录》、侯继高《全浙兵制考》（又题为《全浙兵制》《两浙兵制》《两浙兵制考》）、范涞《两浙江海防类考续编》;成书于崇祯年间的周鉴《金汤借箸》等。

4）清代《舟师绳墨》

清乾隆时期林君升著,为训练水师而编撰的管驶之法,堪称水军教科书。

2. 船政类文献

1）明代《南船纪》

成书于明嘉靖二十年（1541年）,沈启撰,根据其曾任南京工部营缮司

主事以及多年主持龙江船厂的经历而写,共 4 卷,历数了龙江船厂所承造的
20 余类船舶(如黄船、战船、巡船、哨船、快船、海船)的图式、构件名称、尺
寸、建造用料、工匠与用工、船价等。

2)明代《龙江船厂志》

成书于明嘉靖三十二年(1553 年),为龙江船厂后期主事李昭祥所撰,
是在辑录当时官方文书、档案卷宗和吸取《南船纪》等前人成果的基础上,根
据其亲身经历,深入实际、调查统计而撰写的。该书附有龙江船厂的全貌布
置图,记载了该厂所造船舶的类型、结构、造船物料等。

3)明代《船政》

成书于嘉靖二十五年(1546 年),由明代南京兵部车驾清吏司(即船政
分司)主持修撰。卷首刊有《快船图样》《平船图样》,是明代部颁造船图式,
具有官方权威性,图中详标全船各部位、构件名称,书中还详细规定了船只
各部位、构件的规格,详记造船用料及价格等,是嘉靖年间南京兵部修造船
只的官方文书档案。

4)明代《船政新书》

成书于明万历十六年(1588 年),由明代南京兵部车驾清吏司主事倪涷修
撰。该书继承《船政》,除无图式外其他均较《船政》有更详尽的补充。卷四《客
问》通过问答方式,对南京船舶修造、航运制度、管理、人员雇募等进行了解答。

5)明代《南枢志》

成书于明崇祯八年到十一年(1635—1638 年),属南京兵部志,实际作
者为张可仕。该书卷六十三记有马船、快船、平船、黑楼座船、黄船等沿革历
史及船只修造,并附《马、快、平船图》《六百料马船图》《三百料马船图》《快船
图》《平船图》等图。

6)明代其他船政文献

主要包括如下文献:刘安《南京工部职掌条例》,涉及修造船只物料价
格;祁承爜《明南京车驾司职掌》记载南京的马船、快船运送上贡北京物品及
长江渡口摆渡船管理等情况。

3.漕运类文献

明清两代,漕运由专职机构管理,文献往往出自与漕运有关的官员之

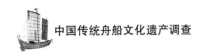

手,对漕运制度的记载也较为完备,内容涉及漕船的类型规格、修造用料、河运海运等情况。

1) 明代《漕船志》

又称《清江漕船志》,由席书编撰于弘治十四年(1501 年)、朱家相增修于嘉靖二十三年(1544 年)。该书是席、朱二人根据其先后主持清江船厂(在今江苏淮阴)的经历所撰,记载了明代清江船厂和卫河船厂(在今山东临清)这两个漕船厂所造的浅船(河船)、遮洋船(海船)两种明代漕船的数目、尺寸式样、损毁与使用年限、用料与料价等修造和管理制度。

2) 明代《漕运通志》

明代记漕政最系统的专志之一,嘉靖四年(1525 年)成书,共 10 卷。作者是嘉靖初曾任漕运总兵的杨宏和海州知州的谢纯。该志卷五《漕船表》记载了一千料海船、四百料钻风海船、四百料浅船等漕船的船数、规格、建造等内容。

3) 明代《漕政举要录》

由明正德年间总督漕运的邵宝撰写,共 18 卷,其中,第七卷为舟楫之政。

4) 明代《漕书》

张鸣凤撰,共 8 篇,其中,第 5 篇为《漕船》。

5) 清代《钦定户部漕运全书》

清雍正十二年(1734 年)始纂,定制十年一修,初为抄写本,嘉庆十七年(1812 年)刻印成书。道光十九年(1839 年),户部潘世恩等领衔续纂,达 92 卷,道光二十四年(1844 年)刊。光绪二年(1876 年),载龄等再度续编,达 96 卷。该书记述了漕运事例、通漕运粮等,其中《浅船额式》一卷,详述原定船式、改造船式和"九验"之法,以及漕船历次尺度变更,并附有工料则例、三修则例等。

6) 清代《漕运则例纂》

成书于乾隆三十四年(1769 年),共 20 卷,杨锡绂编辑,记载了漕船额式、数量、建造管理等。《漕船额式》一卷,记载了 1680 年漕船尺度改制,反映了当时漕船的发展。另记"九验"之法,是当时比较完整的船舶检验制度。

7）清代《运漕摘要》

成书于乾隆五十七年(1792年)，共3卷，张光华编纂。该书以乾隆十年(1745年)侯鼎谟《运漕记录》(一名《运河纪略》)为蓝本，记述了雍正二年(1724年)江西新造粮船形制的变化，以及造船选料的要点等。

8）清代《江苏海运全案》

贺长龄编纂，共8卷，是清道光年间江苏海运漕粮的文件汇编，记述了当时各种海船的船型、结构、性能与船舶用材，是了解清代商船海漕与船舶概况的资料。

9）清代《浙江海运漕粮全案》

黄宗汉、马新贻主编，共20卷，清咸丰、同治年间，太平军占镇州、扬州等运河沿线重镇，清廷浙江漕运于咸丰三年(1853年)起被迫改为海运，该书即汇辑当时有关海运的奏折、章程而成。原编8卷、续编4卷为黄氏纂辑，新编8卷为马氏纂辑。

4. 出使类文献

有些记载明代海船的文献，是作者根据亲身经历编撰的，如郑和下西洋的随行人员，根据其出访经历撰书，介绍出访经历和郑和宝船等情况。还有些是明清时期出访琉球的文献。

1）明代《瀛涯胜览》

马欢撰。马欢通晓阿拉伯语，郑和下西洋时任随行翻译，曾3次随郑和远航亚非各国，归来后，以亲自经历写成此书。

2）明代《西洋番国志》

成书于宣德九年(1434年)，巩珍撰。巩珍为郑和第7次下西洋的随行人员，往返3年，凭翻译转询各国事迹，归国后撰成此书。

3）明代《星槎胜览》

成书于正统元年(1436年)，费信撰。费信曾4次随郑和下西洋，据其见闻，写成此书。

4）明代《三宝太监下西洋记》

明代以郑和下西洋为体裁的文学著作，罗懋登著，成书于万历二十五年(1597年)前后，共100回。该书依据马欢《瀛涯胜览》和费信《星槎胜览》，

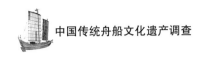

描述了郑和宝船、郑和船队等情形。

5）明代《使琉球录》

成书于嘉靖十三年（1534 年）。陈侃于嘉靖十一年（1532 年）奉命出使琉球，当年到福建建造封舟，次年船成，出航赴琉球，历时 5 个月，归来后写成此书。该书记述了封舟的规模、尺寸，以及舵、桅、锚、橹等配置与使用情况等。

6）明代其他出使文献

这类文献均是根据出使经历所撰，内容包括记载出使琉球的封舟的情况。主要包括如下文献：明嘉靖年间高澄《操舟记》、郭汝霖《重编使琉球录》，万历年间萧崇业《使琉球录》、谢杰《使琉球撮要补遗》、夏子阳《使琉球录》等。

7）清代《使琉球纪》

张学礼撰。康熙元年（1662 年）兵部副理事官张学礼与行人司行人王垓奉命出使琉球，先在福建造船，次年五月自福州出发，此书对二人出使经过、所造封舟规模等均有记录。此次所造册封舟，较前代为大，而其长阔比也有所不同，可借此了解明清两代造船技术的沿革变化。

8）清代其他出使文献

主要包括如下文献：张学礼《中山纪略》，汪楫《使琉球杂录》，徐葆光《中山传信录》，乾隆时期周煌《使琉球国志略》，嘉庆时期李鼎元《使琉球记》。

5. 其他类文献

1）明代《天工开物》

成书于明崇祯十年（1637 年），宋应星著，共 3 卷 18 篇。该书《舟车》一篇介绍了船舶命名方法、船舶分类、铁锚锻造、帆舵设置应用原理等，记述了漕舫、遮洋浅船、钻风船、江汉课船（六桨课船）、三吴浪船、东浙西安船、福建清流船、福建梢篷船、四川八橹船、黄河满篷梢、广东黑楼船、广东盐船、黄河秦船、没水采珠船、扬帆采珠船等 15 种船型。

2）明代《三才图会》

成书于明嘉靖至万历年间，由王圻与其子王思义编，共 106 卷。该书

"器用门"有舟类一节,记载了筏、舟、民船、兵船、游船、渔船等 37 种船舶,皆附图解说。

3)明代《广志绎》

成书于明万历二十五年(1597 年),浙江临海人王士性(1547—1598 年)著。这是一部根据作者经历与见闻所写的笔记体地理书,共 6 卷,记录了明代两都、河南、陕西、山东、山西、浙江、江西、湖广、广东、四川、云南、贵州等地关塞险要、物产民俗、赋役漕运等情况。如卷三《江北四省》记述了明初从江南运粮到北方的海路、海运等情况,注明每段海路的距离、行船方向、所需风向及可停泊港湾;卷四《江南诸省》记述了明代浙江沿海的渔业、造船工匠;卷五《西南诸省》记载了合浦一带船民采珍珠等情况。

4)清代《广东新语》

成书于清康熙三十九年(1700 年),屈大均著,共 28 卷。其中,卷十八《舟语》,共 12 条,记载了当时广东地区的操舟用船、民船与战船类型,来广东通商的外国船舶,广东地区民间赛龙船等情况。

5)清代《川船记》

清代谢鸣篁的《川船记》,被认为是中国第一篇专门记载川江木船的文献,文笔生动,描写形象。

6)清代《河工器具图说》

成书于道光十六年(1836 年),麟庆编著,共 4 卷。麟庆在道光年间累任江南河道总督。该书卷二所记浚河船"清河龙",卷三所记抢护之捆厢船、戗桩船,皆为河道工程的专用船舶。

7)清代《峡江救生船志》

清光绪四年(1878 年)罗缙绅撰著,共 2 卷,附《峡江图考》《行川必要》,是研究清代川江航道舟船、标险、救生、引航等的珍贵文献。罗缙绅为平江人,曾官任宜昌水师总兵,在《峡江救生船志》中记录了清光绪二年(1876 年)峡江自巴东以下至宜昌虎牙滩一段的所有救生船只的组织、编制、管理章程、分设等文件。《峡江图考》绘制了上起万县湖滩,下至宜昌虎牙滩三峡沿江两岸的绝峭陡壁与江中恶石险滩,并注以文字说明水文特点,有标险和引航的作用。

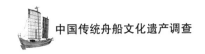

二、中国传统舟船绘画记载

除文字记载外,历代也有不少以绘画形式记录中国传统舟船的,包括岩画、器物纹饰、石刻、砖纹、壁画、书画等。这些记载目前主要分布于各地区博物馆、档案馆、图书馆等收藏展示机构。以我们的调查所及,列举如下。

(一) 珠海宝镜湾舟船岩画

该岩画位于广东珠海高栏岛宝镜湾,于 1989 年被发现。经考证其是距今 4 000 余年新石器时代晚期南越先民所绘。岩画中有不少船型图案,船身有华丽的装饰,周边有汹涌的波浪,展现了乘风破浪的大型船队,说明先民们在 4 000 多年前对造船、航海、洋流等都有了一定的掌握。

(二) 澳门寇娄舟船岩画

澳门寇娄岛卡梧湾,发现有船形岩画,图形较模糊,看起来像带着桅杆的船只,伴随这个图像出现的还有很多人工做成的小圆穴以及"米格纹"。

(三) 战国船纹青铜缶

中国港口博物馆藏战国船纹青铜缶为国家一级文物,属骆越文化青铜器。器身腹部中间的主体纹饰为四组羽人竞渡纹,下部以弧形边框线为舟,舟上坐着的羽人呈竞技状,表现出舟上羽人手舞足蹈的情态。羽人竞渡纹是中国古人航渡活动的记录。

(四) 战国羽人竞渡纹铜钺

宁波博物院藏战国羽人竞渡纹铜钺为国家一级文物,1976 年出土于鄞县云龙镇甲村石秃山。器物下方以边框底线表示狭长的轻舟,上面坐着四个头戴高高羽冠的人,双手持桨,正在奋力划船前进。这反映了越人驾水驭风的能力和"以舟作马"的生活方式。

（五）战国水陆攻战纹壶

四川博物院藏战国水陆攻战纹壶为国家一级文物,1965 年出土于成都百花潭中学。器物通体用金银嵌错出丰富多彩的图像,画面分四层,其中第三层左侧为步战仰攻,右侧为水陆战争。

类似这种水陆攻战纹的青铜器,还有故宫博物院所藏的宴乐渔猎攻战纹图壶、中国航海博物馆所藏的战国水陆攻战纹铜壶,此外,河南汲县山彪镇战国墓出土的水陆攻战纹铜鉴、河南辉县赵固村出土的燕乐射猎刻纹铜鉴和山西长治战国墓出土的鎏金残铜匜等器物上也有类似的水陆攻战纹图案。

（六）船纹铜鼓

船纹是云南、广西、贵州、四川等地发现的石寨山型铜鼓(战国时期至东汉初期)、冷水冲型铜鼓(西汉至唐宋)胸部的主要花纹,这类铜鼓在广西壮族自治区博物馆、云南省博物馆、广州博物馆等多个博物馆皆有收藏。石寨山型铜鼓的船纹是写实的,冷水冲型铜鼓的船纹是图案化的。各类铜鼓的船纹有长有短,有大有小,船上羽人数量不一。船纹有的是古代竞渡习俗的写照,有的是祭祀河神宗教仪式,有的是渔猎生活的反映。

（七）汉代船纹铜提筒

南越王博物院藏汉代船纹铜提筒 1983 年出土于广州西汉南越王墓。器身最为突出的是 4 艘首尾相连的大船组成的羽人船纹图案,每艘船有羽人 5 名,有的划桨,有的击鼓,有的持兵器,有的在争斗。船首倒挂一具人头,船首尾各竖羽旌,船旁还绘有海龟、海鱼、水鸟等图案。羽人船纹图案反映的是"羽人"战士提敌首级或执宰俘虏等情形,表明西汉时期的南越人已有建造大型海船的能力。

（八）汉代船图石刻与画像砖

各地发现的石刻与画像砖,如山东嘉祥武梁祠石刻《泗水捞鼎图》、山东嘉祥满庄石刻《升鼎图》、山东滕县石刻《苇束船图》、山东济宁两城山石刻

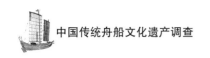

《渔船图》、山东沂南汉墓石刻《渡船图》、四川郫县(今成都郫都区)石刻《水嬉图》、四川新都莲池画像砖、河南新野土桥画像砖、广州楼船纹画像砖等，都刻有舟船的形象。

（九）东晋顾恺之《洛神赋图》

北京故宫博物院藏《洛神赋图》(宋摹本)，是目前所见较早描绘双体画舫的画作。图中所绘两条并列的画舫，船上重楼高阁，装饰华美，可见东晋时双体船的制造技术已经十分成熟。

（十）北周至元代敦煌舟船壁画

公元6—13世纪的北周至元代，在敦煌莫高窟、西千佛洞和安西榆林窟，有舟船图像的50多个洞窟中，共保存了130多幅绘有古代舟船图像的敦煌壁画。其时间跨度近七百年，舟船的样式达十多种，按其驱动方式，可分为人工驱动的小筏、小木板船、楼船、庐船、双尾船和靠风力驱动的帆船、楼帆船、双尾庐帆船等，其中一部分是人工与自然两种驱动方式兼有的。壁画中的楼船没有一艘是战船，几乎全部是游船，这可能与壁画所表达的佛教思想内容有关。

第45窟的海船壁画，除了生动地描绘一群撑篙、摇橹的船夫与妖魔鬼怪、狂风恶浪奋力搏斗外，还在桅杆的顶部清楚地画出五级挂帆扣，以示该船可根据风力随时调整速度，这在敦煌石窟所有舟船图像中是绝无仅有的。在船的尾部，有一船夫把棹掌握航向，此棹有舵的作用，但只能在江河湖泊中使用。这幅画描绘了唐代舟船及其行进的情景，在敦煌壁画中很有代表性。

（十一）隋展子虔《游春图》

北京故宫博物院藏《游春图》，是隋代展子虔的作品。图中描绘了水上泛舟的场景：在波光粼粼的水面上，漂浮着一只小舟，船尾有船夫摇橹，船中有棚，里面端坐三位女子，正在享受春日水上风光。

（十二）唐李思训《江帆楼阁图》

台北故宫博物院藏《江帆楼阁图》，画家从近似俯瞰的角度来描绘近景，将山林树木、亭台楼阁、旅人等融汇在视觉中心处。而远远望去，江水荡漾，有三叶扁舟静静地漂荡在水面之上。

（十三）五代董源《潇湘图》

北京故宫博物院藏《潇湘图》，画中一艘小船正向岸边徐徐而来，小船首尾两位船工正奋力驶船，船上坐着一位红衣人，似是远道而来的官员，其身后有位侍者为他撑伞。岸上站着几个人，对着渐渐靠近的船只纷纷挥手或作揖。

（十四）五代郭忠恕《雪霁江行图》

台北故宫博物院藏《雪霁江行图》描绘了雪霁之后两艘巨型船舶在江边行进，用白描的手法对船只做了细致而精确的记录，桅杆结实而笔直地竖于船上，杆上一根根桅索从不同方向拉下，纤细而硬直，船的结构与船上的物件描写详尽而严谨，还穿插了水手及一些人物的活动，情节生动。

（十五）五代卫贤《闸口盘车图》

上海博物馆藏《闸口盘车图》，是一幅描绘市桥舟车生产活动的民俗画卷。该图描画的是一所官署经营的面米坊，左中大堂装置一座大水磨，大堂两旁各有一座围着栏杆的高台，台前是一条河道，左边石阶有一个红衣人正等待渡船过来，右边有一艘渡船正要去往对岸，岸上两人正向撑船者招手。

（十六）北宋高平开化寺舟船壁画

位于山西高平县（今高平市）的开化寺，有一幅《入海求珠图》壁画。画中所绘的古船是一艘北宋时期的海船，其造型尖头、方尾、尖底，首低尾高，船中部设桅杆，帆、舵、橹、篙等俱全，从形制上看像是福船。

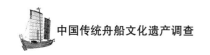

（十七）北宋张择端《清明上河图》

北京故宫博物院藏《清明上河图》，描绘了北宋都城汴京的社会经济生活。在长达5.25米的长卷上，画有各种视角的舟船24艘，其中客船11艘，货船13艘，近景中每艘船都有细致而精确的描绘，为后世留下了能反映当时造船技术成就不可多得的船舶图样。

（十八）北宋张择端《金明池争标图》

天津博物馆藏《金明池争标图》是现存较早的龙舟竞渡题材绘画，描绘了汴京郑门外西北的金明池上龙舟水戏争标的宏大与热闹场面。北宋汴京每年三月一日，金明池便有龙舟竞渡和竞技表演，皇室也会亲临池上水殿阅视。

（十九）北宋王希孟《千里江山图》

北京故宫博物院藏《千里江山图》属长卷形式的江南山水图，其中所绘的船舶外形均为低帮平底，属于在内陆河湖行驶的船舶。画中客船和货船的样式、结构与张择端《清明上河图》卷中汴河的漕船、客船比较相似，画卷对漕船的解构十分到位，精细表现了可眠式桅杆、尾舵、大橹和船篷等细节。

（二十）北宋许道宁《秋江渔艇图》

美国纳尔逊·阿特金斯艺术博物馆藏《秋江渔艇图》，又名《渔父图》《渔舟唱晚图》，画中群山远峰之下开阔的江面上，散布着数只渔艇。船上渔夫有的在张网捕鱼，有的在收网捞鱼，有的在专心撑船，各自忙碌。

（二十一）南宋马远《寒江独钓图》

日本东京国立博物馆藏《寒江独钓图》，画中一叶扁舟漂浮于江面，篷顶堆着蓑衣和笠帽。船尾微微上翘，一位渔翁独坐垂钓，全神贯注地看着随流水漂浮的钓丝。四周空茫茫一片，给人一种江天空旷、寒意萧条的气象。

（二十二）南宋马远《秋江渔隐图》

台北故宫博物院藏《秋江渔隐图》，画中的小舟停泊在芦苇丛中，一老渔翁怀抱木桨，蜷伏在船头酣睡。

（二十三）南宋李嵩《赤壁图》

美国纳尔逊·阿特金斯艺术博物馆藏《赤壁图》，图中暗礁石壁，漩流急浪，孤舟泛波，名士闲坐，抒怀古之情。

（二十四）南宋李嵩《天中戏水图》

台北故宫博物院藏《天中戏水图》，中心位置绘有端午节时帝王游湖所乘的龙舟，龙头上有栩栩如生的龙角，龙须，睁大有神的龙眼，张开的龙嘴，红阔的口舌，清晰的鳞片，向上卷起的尾巴；层楼的殿宇，描绘得工整规矩。

（二十五）南宋李嵩《巴船下峡图》

北京故宫博物院藏《巴船下峡图》，画中两艘客船航行于大江湍流之中，通过两艘船和船夫们的形象，具体生动地描写了人和自然界搏斗的紧张场景，歌颂了人战胜天险的意志和力量。

（二十六）南宋玉涧《远浦归帆图》

日本德川美术馆藏《远浦归帆图》，描绘了黄昏时刻渔船捕鱼归来的景象。画中江上小舟已将船帆落下，稳稳地停在江面上，船上有两个渔翁。江面平远开阔，归帆点点，船上的渔夫在摇动桨橹，归心似箭。

（二十七）南宋夏珪《长江万里图》

台北故宫博物院藏《长江万里图》是我国古代绘画中描写长江的艺术珍品之一，尤其是卷中的三峡部分图段，绘有木船过峡时船工与惊涛骇浪搏斗的情景，真实地反映了三峡航运的艰辛。

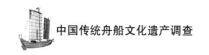

(二十八）南宋李唐《江山小景图》

台北故宫博物院藏《江山小景图》中的几艘江船,刻画细致,捕鱼、垂钓、掌舵、收帆等人物,尺寸虽不足盈尺,但历历生动。

(二十九）南宋马和之《柳溪春舫图》

台北故宫博物院藏《柳溪春舫图》描绘崖壁柳荫,溪水垂柳,船坞码头,春舫一艘,船工轻轻摇橹,随水推进。

(三十）南宋佚名《江天楼阁图》

南京博物院藏《江天楼阁图》,生动形象地描绘了宋代内河船的技术状态和建造水平。画中一艘宋代的载客江船,甲板上有客舱,搭有遮阳、避雨的凉棚,两舷缚有原木、竹子捆成的橐,推进用篙,采用可眠桅,尾部采用升降舵。

(三十一）南宋佚名《江帆山市图》

台北故宫博物院藏《江帆山市图》描绘了江河中的航运船只,图中一艘巨舟驶向岸边,其他船只则泊于水边,其中有三艘舱房很长的船。由此图可以看出南宋人所用货船的具体构造,船的主桅在船前,船的上层建筑外形、特点都刻画入微,船舵也十分明显。

(三十二）南宋佚名《柳溪捕鱼图》

上海博物馆藏《柳溪捕鱼图》描绘了江南水村捕鱼的生活场景。该图抓取了最生动的捕鱼瞬间,船头两人正倾尽全力拉动渔网,另一人持长篙网兜向大网中探身捞鱼。该图对一艘双体渔舟的描绘非常精细,船首的高竿、船前的大网、船上踏板、船舱、船尾的锅灶台、船篷内挂的葫芦等,历历在目。

(三十三）山西繁峙县岩山寺南宋海船壁画

岩山寺坐落于五台山麓,四壁布满壁画,精工至极,是我国壁画遗产中的瑰宝。其中,南壁西侧画的是一艘遇难商船,船舶在海上颠簸,桅杆折断,风帆飘落,船夫奔走抢险,舱中人仓皇不知所措。这是我国古代航海船舶的珍贵形象资料。

(三十四) 宋代海船纹铜镜

铜镜是中国古代人生活的实用器,其纹饰的产生与流行,与当时的社会生活和时代风尚有一定的关系,具有鲜明的时代特征。海船纹就是宋金时期出现在铜镜上的一种新纹饰。海船纹铜镜又叫船舶镜,在全国很多地方都有发现和收藏,如中国国家博物馆、中国航海博物馆、吉林省博物院、延边博物馆等。

(三十五) 元何澄《归庄图》

吉林省博物馆藏《归庄图》是元初北方最具影响力的画家何澄根据晋陶渊明《归去来辞》所作。该图"问征夫以前路"的画面中,陶渊明手持龙头杖,立于船头,目视前方。

(三十六) 元盛懋《秋舸清啸图》

上海博物馆藏《秋舸清啸图》近景绘江岸之滨,近岸水面上有一艘篷舟,船头斜坐着一位逸士,船尾有一童子正在摇橹。画面中景是一江宽阔的秋水,远处对岸群山连绵不绝。

(三十七) 元盛懋《三峡瞿塘图》

北京故宫博物院藏《三峡瞿塘图》,画面中一艘大船正穿过狭窄水域,此时波涛汹涌,水流湍急,两岸峭壁陡立。三峡的波澜壮阔与人们驾驭船只的沉着冷静,构成了一幅生动壮观的画面。

(三十八) 元唐棣《烟波渔乐图》

台北故宫博物院藏《烟波渔乐图》,画面中溪山平远,云雾弥漫,在一片宽阔的河口上,渔夫正在捕鱼。两艘渔舟行驶于江心,渔夫手持渔网,在河

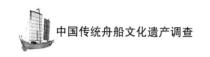

中撒开,另外两艘渔舟停驻岸边。

(三十九)元吴镇《洞庭渔隐图》

台北故宫博物院藏《洞庭渔隐图》,描绘了东洞庭的湖山景色,水面平静无波,一叶扁舟漂荡其间,远望是连绵的山坡,表达了宁静淡泊的心境。

(四十)元王蒙《花溪渔隐图》

台北故宫博物院藏《花溪渔隐图》,画面中两岸桃树花开,渔人泛舟垂钓,茅舍人家,呈现出一幅真实可及的渔隐景象。

(四十一)元王振鹏《龙池竞渡图》

台北故宫博物院藏《龙池竞渡图》,描绘的是北宋宋太宗赵光义在金明池举行龙舟竞渡活动的情景。全图以连成一片的庞大建筑宫殿为背景。金明池水面上分布着大大小小的船只20多艘,船上共有200多个人物。除大多在划舟竞渡外,还有一些人在击鼓奏乐、摇旗呐喊,人物造型栩栩如生。

(四十二)元张渥《雪夜访戴图》

上海博物馆藏《雪夜访戴图》,描绘的是晋代王徽之在雪夜乘小舟去拜访朋友戴逵的故事。画中王徽之坐在船舱,瑟缩寒冷,缩颈袖手看书,艄公则以袖裹篙,河岸古树枝干遒劲。

(四十三)元佚名《滕王阁图》

台北故宫博物院藏《滕王阁图》,描绘了滕王阁高台之下江波浩渺,渔舟往来,高低错落的楼阁亭台,殿内文士雅集的画面。

(四十四)明唐寅《金昌送别图》

唐寅的《金昌送别图》描绘了江南景色,远山归帆,柳溪水岸,泊船岸边,数人正相互揖手作离别之状。

（四十五）明唐寅《溪山渔隐图》

台北故宫博物院藏《溪山渔隐图》，画面中渔舍水榭坐落于丹枫之中，水面舟艇数只，舟上渔人或垂纶放钓，或拍掌击节和歌。

（四十六）明仇英《莲溪渔隐图》

北京故宫博物院藏《莲溪渔隐图》，画面中清溪水田，绿荫丛树，数栋房舍坐落其中。对面云山起伏，一高士在侍者陪同下伫立沉思，近处水边一舟上两人端坐舱内。

（四十七）明仇英《浔阳琵琶图》

北京故宫博物院藏《浔阳琵琶图》取唐白居易《琵琶行》诗意。图中两舟并列，一舟华丽宽敞，为青州司马白居易送客的行舟；另一舟微露船头，为犹抱琵琶半遮面的商人妇的乘船。

（四十八）明谢时臣《巫峡云涛图》

美国克利夫兰美术馆藏《巫峡云涛图》，画中巫峡山峦重叠，高耸险峻，白浪滔天，气势磅礴，一叶扁舟正在行驶。

（四十九）明姚绶《秋江渔隐图》

北京故宫博物院藏《秋江渔隐图》，近岸画坡石、水草、古木，远景画沙渚远岫，画中部湖水静寂无波，近处湖中有一人坐在舟头凝神垂钓。

（五十）明姚绶《溪山闲棹图》

姚绶的《溪山闲棹图》，描绘了山水之中隐士泛舟湖山，孤身一人在乌篷船上，无人掌舵，小船在水中漂泊不定的情景。

（五十一）明姚绶《三绝图册》

上海博物馆藏《三绝图册》，画面中一人扁舟独钓烟江，心存高远。

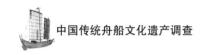

（五十二）明张宏《舟泊吴门图》

上海博物馆藏《舟泊吴门图》,描绘了苏州阊门内外景色,左下方堤岸垂柳下停着几艘乌篷船,画面下方的水城门口聚集众多争着进出城的船只,沿城墙边还整齐停泊着一排船,远处水面上更有数船一路行来。

（五十三）明代《抗倭图卷》

中国国家博物馆藏的《抗倭图卷》是一幅表现明嘉靖年间苏州、松江一带抗击倭寇侵略的历史画卷。图中绘有当时的战船以及水上鏖战的场面。

（五十四）明袁尚统《洞庭风浪图》

南京博物院藏《洞庭风浪图》,是苏州画家袁尚统有关行旅题材的山水画作品。画中水烟缭绕、风浪大作的洞庭湖上,两艘客船正在紧张靠岸。近处城楼上两人扶栏远望,关切地注视着正在风浪中前行的客船。城楼下密集地聚集了停泊的船只,凌乱地露出高于城墙的桅杆,桅杆上悬挂的旗帜在风中剧烈飘拂。

（五十五）明周臣《渔乐图卷》

北京故宫博物院藏《渔乐图卷》,描绘了江南水乡渔人作业生活的场景。作者细腻地捕捉了渔人们的各种动作,扣鱼、撒网、垂钓、捞虾、织网等。

（五十六）明钱贡《沧洲渔乐图卷》

中国国家博物馆藏《沧洲渔乐图卷》,以生动细密的笔法描绘了江南地区的渔户生活,捕捉渔家生活细节。

（五十七）明佚名《望海楼图》

台北故宫博物院藏《望海楼图》,画中楼阁矗立于城墙之上,下瞰大江,江边大船小舟描绘细致,船尾上翘,船舵一半露出水面,尾部结构清晰可见,前部桅樯直立,桅索紧绷。

（五十八）清袁江《山水图》

袁江《山水图》扇页描绘了江南景色，一边是浩渺的江水，一边是雄奇伟岸的山峦，严整的山石与富有动感的轻舟相呼应，形成鲜明对比。

（五十九）清杨大章《渔乐图》

杨大章《渔乐图》扇页描绘了舟船数艘，渔民满载而归，再现了卸货、分拣、称重的忙碌劳动场景。

（六十）清黄慎《九龙滩驾潮图》

大英博物馆藏《九龙滩驾潮图》，绘有纤夫于九龙滩头拉纤过险滩的情景，山高林密，水流湍急，无论是船上的水手，还是岸上的纤夫，都铆足了劲，奋力过险滩。

（六十一）清吴宏《柘溪草堂图》

南京博物院藏《柘溪草堂图》，画面远处为较为平缓的山峦，湖岸丛树掩映下的临水小村，村边坐落着一小板桥，一扁舟自远方来泊于桥头，舟中一人捧物躬身而出，岸上溪边另一人缓步走来作迎接状。

（六十二）清王翚、杨晋《康熙南巡图》

《康熙南巡图》共 12 卷，其中第一、第九、第十、第十一、第十二卷现藏于北京故宫博物院，第三卷现藏于美国纽约大都会艺术博物馆，第七卷现藏于加拿大阿尔伯塔大学美术馆，其余五卷下落不明。此图展现了康熙第二次南巡(1689 年)离开京师沿途所经各地的山川城池、名胜古迹、风土人情、地方风貌等，其中也出现了数量不少的舟船。

（六十三）清徐扬《姑苏繁华图》

辽宁省博物院藏《姑苏繁华图》全长 12 米多，画面"自灵岩山起，由木渎镇东行，过横山，渡石湖，历上方山，从太湖北岸介狮和两山间入姑苏郡城，

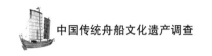

自葑、盘、胥三门出阊门外,转山塘桥,至虎丘山止"。据统计,画中出现有近四百艘船,包括大小官船、货船、客船、杂货船、画舫以及竹筏等。

(六十四) 清徐扬《乾隆南巡图》

中国国家博物馆藏《乾隆南巡图》共 12 卷,描绘了乾隆十六年(1751年)第一次南巡的情景。其中第二、第四卷均为水路运行,画中约有 1 000 多艘船首尾相接,旌旗招展,形成一条水上长龙,岸上有拉纤河兵 3 000 多人。当时苏杭地区经济富庶,是南方繁华都市,画卷上处处可见丝绸、彩布搭盖的彩棚,河道上有龙舟灯舫,场面浩大,气势恢宏。

(六十五) 清《集字号大同安梭船图》《一号同安梭船图》

台北故宫博物院藏《集字号大同安梭船图》《一号同安梭船图》,是同安船的重要图像史料,描绘了同安船中吨位最大、火力最强的一级、二级战船。同安船为清中叶兴起的新型海船,不仅广为民间使用,也被海盗利用,最后成为清朝外海水师的主力战船。

(六十六) 清江萱《潞河督运图》

中国国家博物馆藏《潞河督运图》创作于清乾隆时期,是当时通州的坐粮厅官员冯应榴为了记述当时北运河重镇通州的繁荣景象,请著名画家江萱绘制而成的。从天津到通州的这一段运河历史上称作北运河,又称潞河,全图从一片汪洋的水域画起,那是每年春季第一批漕船到达通州的时候,河岸边垂柳依依,桃花盛开,一艘艘满载漕粮的船只行驶在水面上。

(六十七) 清黄壁《董卫国纪功图》

中国国家博物馆藏《董卫国纪功图》由黄壁绘于康熙十六年(1677 年),主要描绘康熙平定"三藩之乱",时任江西总督的董卫国率部水陆两军前往进剿吴三桂的过程。图中绘有清代的内河战船。

（六十八）清佚名《蔡毓荣南征图卷》

吴三桂起兵后,康熙调兵平叛,以蔡毓荣专督湖广,守荆州。中国国家博物馆藏《蔡毓荣南征图卷》描绘了蔡毓荣水师与吴三桂水师在洞庭湖激战的情形。

（六十九）清佚名《靖海全图》

香港海事博物馆藏《靖海全图》全卷约分为 20 段,始于"海防定策",终于"梯航入贡",记录了 19 世纪初嘉庆年间清总督百龄奉旨平定广东海盗、张保仔归顺朝廷后班师回朝的盛况,其中绘有张保仔军战船与清朝水师对抗作战的场面,是海洋历史场景的名画。

（七十）清代"广州清明上河图"

广东人民出版社出版的《大英图书馆特藏中国清代外销画精华(第六卷)》,收录了广州港和广州府城画、广东船舶与江河风景组画。前者为长卷画,其中有各种船舶达四五百艘,被称为"广州清明上河图";后者组画共 83 幅,单纯船舶画 42 幅,船舶与江河风景画 41 幅。

三、清代以来既往调查

（一）清中期至民国时期

1. 清中后期

对中国传统舟船开展田野调查,目前最早可追溯的有清乾隆年间金友理对太湖渔船开展实地调查并编纂的《太湖备考》,以及吴庄通过实地考察编写的《信目吟》《太湖渔风》等篇。

金友理,字玉相,吴县洞庭东山人,清代地理学家。受顾炎武"经世致用"的影响,著述讲求实用。乾隆十二年(1747 年)正月十二日,金友理与其师吴莱庭雇舟从东山渡水桥起程,沿太湖至吴县、长洲、无锡、阳湖、宜兴、荆溪、长兴、乌程、震泽、吴江等十县三郡(苏州、湖州、常州)调查,至二月初八返回东山。他们"束装裹粮,遍历湖山之间,而湖外之溪渎溇港虽远必至,一一究其原委险夷"。乾隆十三年(1748 年)起,金友理参阅考证文献 152 部,历时三年有余,于乾隆十五年(1750 年)纂成《太湖备考》。该书共 16 卷,其中卷五记载了太湖地区渔船篷帆建造情况,卷十六《杂记》详细记载了太湖渔船最大者"罛船"的形制、制造、作业时间与地点、行船特征等。

吴庄(1679—1750 年),原名定璋,字友篁,号半园,苏州东山吴巷人。乾隆初年吴中重修《苏州府志》,吴庄获邀并独任采访境内名胜和溪流湖口,编纂名胜古迹与水利条目。他遍游湖山,实地考察绘图,花了 20 年心力写成了《半园诗文稿》9 卷及《太湖渔风》《信目吟》《问渔口号》等著作,但这些著作在其生前均未付梓,直到乾隆十八年(1753 年),其遗作才由吴庄后人刻版印刷。刻于乾隆十八年(1753 年)的《半园诗文遗稿》收录了《太湖渔风》《信目吟》。《信目吟》篇有《罛船说》,《太湖渔风》篇有《罛船竹枝词》,介绍了太湖罛船的形制、船民生活、渔网、水手等情形,是了解太湖渔船的极好资料。

1882—1891 年,旧海关调查了重庆地区的 48 种货运民船和宜昌地区的 24 种船型,涉及船舶类别、载重、原发地、用途、船夫数、上滩纤夫数等项,调查成果分别见于《海关十年报告:重庆(1882—1891 年)》和《海关十年报告:宜昌(1882—1891 年)》。调查的重庆民船,包括敞口麻秧子、辰州麻秧子、辰边子、辰驳子、辰条子、桥眼船、千担哥、金银锭、秋秋船、秋子船、冲盐棒、厚板、小辰驳子、桡拐子、牯牛船、瓜皮船、贯牛舵、贵州麻秧子、锅铲头、老鸦秋、柳叶帮、橹板、马耳哆、毛板、毛鱼秋、南河船、楠板麻鹊尾、鹅儿子、扒扞船(竹筏)、扒窝子、百甲头、柏板麻鹊尾、半头船、三板船、收口麻秧子、大河船、太红船、刀口船、提篮船、钓钩子、船龙、船龙子、草药船、东瓜船、乌江子、乌龟壳、烟火船、阴阳合等。调查的宜昌船型,又分成南船和川河船,前者主要航行于长江中下游,后者主要航行于长江上游,川河船有麻阳子、麻雀尾、辰驳子、鳅船、辰条子、辰扁子、桡摆子、沽阳子、鹅儿子、扒窝、划子、五板、脚船、三板、跨子等。

2. 民国时期

1) 福建省渔业调查

1932 年 8 月起,厦门大学生物系聘请集美水产学校 2 名毕业生为调查员,开展福建省渔业基本调查,2 年多后调查方告完毕,1935 年形成《福建省渔业调查报告》。报告内容包括福建省沿海渔业总体概况和 17 个县渔业调查情况。对于每个渔业县,均介绍了如下情况:渔区概况(位置、地势、交通、风俗、教育、物产);渔场概况(渔村、渔获物、渔期、渔夫);渔业种类(渔场、渔期、渔船、渔具、渔法、渔获物、渔获金、渔业资本、鱼之处理)。对部分渔船还详细介绍了不同部位的用材情况、工属具数量、涂料、船龄、造船费、船员等情况,并附相关渔船的作业示意图。

2) 交通部统计与调查

据 1935 年《交通年鉴》,交通部统计全国主要港口(包括上海、宁波、海州、镇江、芜湖、南通、温州、汉口、宜昌、九江、长沙、湖口、天津、龙口、秦皇岛、青岛、烟台、威海卫、厦门)注册登记的容量在 200 担①以上的木帆船,1931 年为 1 700 艘,1932 年为 2 486 艘,1933 年为 9 350 艘。该年鉴还列表介绍了 1934 年全国各省市容量不及 200 担的木帆船概况,包括木帆船的种类、总数量、总担数、航行主要河流水域等。

3) 福建永安县经济调查

20 世纪 30 年代,福建省银行进行经济调查,1940 年 6 月编印形成《福建省永安县经济调查》报告。该报告第六章《交通》之水上交通一节,介绍了永安县溪流通行的大船、甲二船、鸠尾、麻雀、竹排等 5 种小型民船及其主要尺度。

4) 闽东八县渔业调查

1941 年,高哲理奉命调查福建闽侯、长乐、连江、罗源、宁德、福安、霞浦、福鼎等县,历时 3 个月,考察渔业情况,形成《闽东八县渔业调查报告》。报告介绍了这些渔业县所用的舢板、艋艚、缯艚、缆艚、钓艚 5 种主要渔船,

---

① 1 担=50 千克。

并对每种渔船的主尺度、桅帆布置等做了简介,另附相关渔船的作业示意图。

5) 全国沿海各省渔业渔船调查

抗战时期,我国沿海渔业损失严重。1945 年抗战胜利后,为摸清沿海渔业损失状况、做好善后救济工作,行总农业业务委员会①派李象元主持调查,将全国沿海分为 4 个区:由费鸿年等 5 位委员调查广海区,蔡增祥等 4 位委员调查闽浙区,王濂生等 2 位委员调查上海区,王贻观等 3 位委员调查华北区。调查结束后,先择其部分数据资料,编制简表,题为《中国沿海各省渔业调查》,从广东省起,由南向北,分期在《行总周报》上发表。这份调查资料详细说明了全国沿海各区各地的渔业、渔船(大部分是传统的木质风帆渔船)的调查情况,主要包括如下内容:① 渔业调查情况,包括渔船种类名称,战前原有数量,战后现有数量,战时损失数量,造船厂名称,各厂造船能力,各厂技工人数,厂址规模,渔民人数等。② 渔具网具调查情况,包括渔具种类,使用地点,使用季节等。③ 渔船调查情况,包括渔船名称,用材,长、宽、吃水等主尺度,数量,单价,总价值等。④ 渔业团体调查情况,包括团体名称,成立年月,团体人数,业务概况,战时损失等。

《中国沿海各省渔业调查》先后在《行总周刊》第 30、第 33、第 34 期及《农渔附刊》第 2、第 3、第 5 期发表后,行总农业业务委员会在整理这些调查资料时,又特别将传统的篷帆渔船单列出来加以详细叙述,由李象元署名发表了《中国篷帆(渔)船概述》一文,分 5 期刊发,从概况、渔期与渔获物、渔场及停泊港湾、船舶构造、所用渔具、船员人数及职务分配、经营方式、渔法等方面,详细介绍了 22 种渔船和帆船。

6) 北方大港港址渔业调查

北方大港港址是指"西自石臼坨②西之西滩,东至老米沟口③"一段长约 40 千米的海岸,是孙中山在《建国方略》中选定的,位于今天的京唐港。《北

---

① 1945 年底,中华民国国民政府行政院善后救济总署(以下简称"行总"),在上海福州路成立行总办公室,总管行总业务。1946 年 3 月,行总农业业务委员会,兼管渔业部分的善后救济工作,招聘渔业专家和技术人员王以康、李象元、王重、王贻观、侯朝海、蔡增祥等为专门委员。
② 在今唐山乐亭县石臼坨岛。
③ 在今唐山乐亭县老米河入海口。

方大港港址渔业调查报告》分述张网、大网、延绳钓、围网及挂网5种渔业概况，内容涉及这些渔业所用的渔船（如张网船、霸州船、浦河船、钓船）及其主尺度。

7）江浙和福建沿海帆船调查

1947年夏秋季节，王振铎对江浙、福建诸省沿海的船坞、船场、码头进行了广泛的调查和研究。走访期间，王振铎与各省船场技工、船上技师进行了传统造船技术和传统航海技术的访谈和调研，做了调查笔记，并附插图多幅。从披露的资料看，王振铎调查笔记的内容涉及以下内容：浙帮、闽帮航行于东海、黄河及长江的各式帆船种类；帆船一些部位的名称（俗称）及简要说明；船工岗位；新船下水典礼情况；天后娘娘神话；"下三钉"与"请圣人"礼仪；风、针、潮等航海行船知识、技术与特点。在此基础上，王振铎为前中央博物院绘制了传统三桅帆船草图并复制了帆船模型，该船模现收藏于南京博物院。

8）太湖渔船调查

1930年出版的《工商半月刊》刊有一篇题为《太湖一带之渔业状况》的调查报告，记载了太湖渔船的分布数量、船工数量以及其中最大者罛船的尺寸、桅帆、捕鱼作业方式等。1934年出版的《湖社①十周年纪念特刊》收录了《湖属土产调查》一卷，其中有一篇《湖属太湖一带之渔业》，其记载与《工商半月刊》上的《太湖一带之渔业状况》几乎一致。1939年出版的《吴兴农村经济》，是上海的中国经济统计研究所1934年以来对吴兴地区开展实地调查的成果报告。该报告在第一章《概况》第三目《渔业》中记载了太湖的罛船、张网船、蓬船、打网船、油丝网船等大小各型渔船及其数量、从业者、船工、船价等内容。

9）黄河中游舟船调查

1933年，应太原经济建设委员会之邀，华北水利委员会委派工程师王华棠、刘锡彤、吴树德考察黄河中游。6月6日，考察队员从天津出发，由平绥路至包头，从陆路视察河套，抵达宁夏后，返程乘舟顺流调查黄河，至河曲

---

① 湖社，指湖州旅沪同乡会。

上岸,转太原于 8 月 15 日返津,历时共计两个月余。此次考察的宁夏河套一段,是黄河水利的精华所在,考察队员对河道现状、农田灌溉、航运等进行调查,并就考察情况编写了《黄河中游调查报告》。该报告第四章"航运"主要介绍如下内容:黄河中游的通航时间;船筏种类(包括 6 种,即皮筏、木筏、七站船、五站船、高帮船、小划子)、构造特征、航行情形;航运改良建议;航运货物等。

10)绥远河套调查

河套中学教员韩梅圃曾经对黄河后套开展调查,辑成《河套调查记》,后由绥远省民众教育馆于 1934 年 7 月刊印。《河套调查记》内容十分全面,包括地理、庶政、农业、工商、物产、水利、教育、垦务、风俗等。其中,第二篇《庶政》中的"交通"一节,记载了通行于宁夏与包头间的黄河"船筏"情况,对七站板、高板大船、牛皮筏子、羊皮筏子等均有简要记述。

11)涪陵经济调查

1935 年 3 月,铁道部筹议建筑长渝铁路,特派工程踏勘、经济调查两队同时开展调查。5 月,经济调查队分为四川、湖南两组,从汉口分别出发。其中,四川组由汉入川,调查了重庆、涪陵、万县三地,至 8 月返回汉口。在形成的《长渝铁路沿线经济调查分地报告》的《涪陵经济调查》甲编"概述"第四部分"涪陵之交通概况"中,介绍了涪陵地区的舟船情况,内容如下:① 经由长江往来涪陵的木船分渝涪帮、中路帮、合阳帮、津綦帮、仁和帮 5 个帮,介绍了每帮的木船数量、木船尺度及价值大小、行驶航区、载货等情况;② 木船所运的米、盐、糖等大宗货物的运费;③ 黔江(即乌江)的航道情况、各类货物的运费以及行驶于黔江的 4 种船型(厚板船、杂货船、蛇船、煤炭船),介绍了每种船型的数量、尺度及价值、行驶航区、航期等。

12)四川船型调查

抗战时期,航政局为改良四川船型,曾进行调查。1939 年,《四川经济月刊》刊载的《川江木船业概况》报告,记载了椿盐棒、黄瓜皮、五板、三板、毛叶秋、南河船、麻秧(敞口)、半头(小南河船)、艄船、挂子船、广船(麻雀尾)、敞口(山麻秧)、厚板歪尾、蛇船、辰驳子、小江船(稽船)、扒窝、老鸦秋、安岳船、半头船、千担船、合渝敞口、倒栽椿(降炭瘟)、黄豆壳、巴河船、金银锭、十八包(四脚蛇、赶叫)、老穆秋、当归船、毛板、滚筒子、舵笼子、东河船等 33 种川江木船的形态特征和航行区域。

(二) 近代外国人相关调查

1. 个人

1) 法国人弗朗索瓦-埃德蒙·帕里斯(François-Edmond Pâris,1806—1893 年)

帕里斯做过军官、学者、博物馆保管员等。14 岁(1820 年)时,他进入海军学院,接受系统的军事和航海训练,强化了海事绘图的能力。1826 年开始,他随法国军舰做过三次环球航行。其间,他收集了大量关于大西洋、非洲、印度洋、太平洋等地区传统舟船的第一手材料,并对材料进行加工整理和分析研究。他的调查方法被后人归纳为"观察、绘图、描述、比较、分析"五大步聚,包括对船体形态、构造配置等方面的观察审视。在条件允许时,他还登船实操,理解舟船操纵原理与方式,并利用其卓越的绘图能力,展示船体结构特征以及航行、抛锚、停靠等动态,使用专业术语对舟船特征进行描述,从水文、风向、树种等自然条件和社会、宗教等社会因素,对当地传统舟船进行分析,与其他区域的船舶进行对比,为传统舟船研究开启了新方向。

帕里斯通过三次环球航行得到的各地传统舟船的调查成果,主要收录于 1841—1845 年出版的《论欧洲以外民族的舟船建造》(*Essai sur la Construction Navale des Peuples Extra-Européens*)。该书分文本和图集两卷,对中国区域,他记录了自己在广州、澳门等地所见的战船、海关船、运输船、渔船、渡船、花船、生产生活船等 17 类,绘图 20 张。此外,1840 年出版的《奉法国政府指示执行的环球旅行专辑》(*Album Pittoresque d'un Voyage Autour du Monde Exécuté par Ordre du Gouvernement Français*),也收录了一张帕里斯关于澳门木帆船的绘图。帕里斯记录的中式帆船数量不多,但他对所见的每一类船,均做了较为详尽的记录和描述,并与其他地区的舟船进行了一定的比较,尤其是他的船舶绘图具有重要意义。帕里斯"绘制了大量具有造船工学意义的测绘图和水彩画,是摄影技术发明以前最精准的船舶画作",为我们研究 19 世纪中国南方沿海地区的帆船提供了极其珍贵的资料。

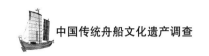

2) 法国人路易·奥德马尔(Louis Audemard，1865—1955 年)

奥德马尔也曾接受海军学校的教育，并在法国海军服役，跟随舰队来到中国。1900—1914 年，他利用休假等时间，收集了从渤海到海南岛沿海以及整个长江沿线地区的中式帆船资料，对所到之处的传统舟船进行了调查，形成了由绘图、照片及文字记录构成的调查笔记。

1957—1971 年，荷兰鹿特丹海事博物馆整理了奥德马尔的调查成果，出版了《中国帆船》(*Les Jonques Chinoises*)法语版 10 卷本(分 9 册)。《中国帆船》不仅对中国南北水域的主要船型做了较为全面的分类介绍，还突出地对中式帆船的历史、结构、技术工艺、修造场景与工具、船舶工属具、部位构件、漆装绘饰、船舶的航行与作业、船上生活与习俗等进行了分类研究和对比研究。据不完全统计，奥德马尔记录的中国帆船种类约 500 种。因此，从记录范围、研究内容和帆船总数等方面看，奥德马尔的调查成果可能是西方人对中式帆船最为详细和全面的研究资料。

3) 法国人艾蒂安·西戈[①](Étienne Sigaut，1887—1983 年)

1911 年，西戈作为法国邮轮公司(Compagnie des Messageries Maritimes)的职员，先后两次(1911—1912 年、1923—1928 年)被派驻到上海。离开邮轮公司后，他以独立经纪人的身份继续活跃在上海，一直在中国逗留至 1947 年。在中国期间，西戈对从渤海至南海不同类型的传统帆船进行了细致的观察和调查，用绘画、摄影和绘图等方式对中式帆船加以记录，原始资料搜集后，他继续通过分析和比较进行研究。据许路介绍，西戈全部完成的调查笔记包括 63 份文件，其中有关福建帆船和舟山、宁波帆船的部分最为全面，现收藏于法国巴黎的国家海事博物馆(Musée National de la Marine)。

对中式帆船的记录、调查和研究，他不仅延续了帕里斯等人开创的科学传统，还对中国本土多种多样的帆船类型、船只造型、船上布置、工属具设备以及涂装绘饰等技术和文化细节，给予了特别的关注和呈现。他撰写的论文《一种中国北方船型》(*A Northern Type of Chinese Junk*)[②]充分体现了

---

① 也译作艾蒂安·席高特或艾蒂安·希格。
② 这篇论文介绍了一艘注册于青岛，建造于山东胶州的一个小港口——金口的北方船(属山东—江苏一带典型且古老的的船型)，船长 63.5 英尺(19.35 米)，宽 16 英尺(4.88 米)。

这一点。西戈的调查资料非常罕见,在当时我国船史学界几乎还未有引用和研究。

4) 法国人让·布热德[①](Jean Poujade,生卒年不详)

布热德也是一位舟船民族志学者,他曾极为细致地对泰国的中国帆船进行了实地调查和研究。他在《暹罗的中国帆船》(*Les jonques des Chinois du Siam*)一书中,以一艘搁浅于贡布市海滩的中国帆船为测量底本,记录了船体各关键部件详细的测绘数据并绘图。他从结构、装饰上将其与暹罗的其他中国帆船及暹罗本土船舶加以对比,推断这些中国帆船很可能来自云南沿岸,为往来航行于亚龙湾及香港的商船。

5) 英国人伊冯·阿瑟·唐纳利[②](Ivon Arthur Donnelly,1890—1951 年)

英国人唐纳利 20 世纪初来到中国,先后居住在天津、重庆和上海,一直到 1945 年后才返回英国。1908—1913 年,他拍摄了许多有关上海和长江沿岸日常生活的黑白照片,1920 年在上海出版《中式帆船:黑白画集》(*Chinese Junks: A Book of Drawings in Black and White*),并以此为基础,增加了文字说明,在 1924 年出版了著名的《中式帆船与各地方船型》(*Chinese Junks and Other Native Craft*)。这本书记录了中国沿海从北至南的最有典型意义的、现在几乎消失了的木帆船 27 种,包括海船 23 种、河船 4 种,并配有草图、速写画,其中,青州商船、杭州湾船型、舟山群岛船型、宁波商船、温州渔船、福州杉船 6 种海船配有彩图。文字部分则着重描述各种船型的结构、性能、装饰等特点,并从实用性、审美角度对各种船舶进行了具体、生动的分析和比较。1925 年,唐纳利还出版了一本介绍中式帆船与各地方船型的小册子《中式帆船模型》(*Chinese Junk Models*)。

6) 英国人夏士德[③](George Raleigh Gray Worcester,1890—1969 年)

西方对中式帆船做过深入考察并取得十分突出成果者,当属英国人夏士德。夏士德 1919 年来到中国海关工作,在长达 30 年的时间里,他在中国河流和海岸漫游,专心研究中式帆船。他前往外国人通常难以到达的许多

---

① 也译作让·普加德。
② 也译作伊玛·阿瑟·唐涅利。
③ 也译作夏德、伍斯特、沃斯特等。

地方,把当地的船、人及相关风俗习惯做文字记录和绘图速写。历经 8 年多的调查研究,他撰写了至少 10 本关于中国沿海和长江流域中式帆船的系列著作(见表 2.1)。

表 2.1　夏士德关于中式帆船的 10 本著作

序号	类型	书　名	年份
1	海关内部出版物	*Junks and Sampans of the Upper Yangtze*《长江上游的帆船与舢板》	1940 年
2		*Notes on the Crooked-bow and Crooked-stern Junks of Szechwan*《四川歪头船和歪屁股船的笔记》	1941 年
3		*The Junks and Sampans of the Yangtze: A Study in Chinese Nautical Research. v. 1. Introduction*；*and Craft of the Estuary and Shanghai Area*《长江之帆船与舢板第一卷：长江口与上海》	1947 年
4		*The Junks and Sampans of the Yangtze: A Study in Chinese Nautical Research. v. 2. The Craft of the Lower and Middle Yangtze and Tributaries*《长江之帆船与舢板第二卷：长江中下游与支流》	1948 年
5		*A Classification of the Principal Chinese Sea-going Junks (South of the Yangtze)*《中国主要海洋帆船的分类(长江以南)》	1948 年
6	正式出版物	*The Junkman Smiles*《船工笑了》	1959 年
7		*Sail and Sweep in China: The History and Development of the Chinese Junk as Illustrated by the Collection of Junk Models in the Science Museum*《中国的帆船和橹船——用科学博物馆收藏的中式帆船模型来说明中式帆船的历史和发展》	1966 年
8		*The Floating Population in China*《中国的漂浮人口》	1970 年
9		*The Junks and Sampans of the Yangtze*《长江之帆船与舢板》	1971 年
10	未出版作品	*The History of the Yangtze: Its Trade and Ships*《长江的历史：它的贸易和船舶》	1948 年前

夏士德对长江流域和华南沿海的中国传统木帆船做了长期的实地调查和测绘,著作中涉及中式帆船 300 多种,再配上详细的文字记录和叙述、生动有趣的手绘速写、精准比例的工程制图,为我们留下了关于中式帆船的宝贵历史资料。其中,《中国主要海洋帆船的分类(长江以南)》(1948 年)提出了根据四个方面(船首、船尾及舵、涂装及装饰、帆装)特征来识别中国南方各地海船的方法,尤其是根据这些首尾特征及其区别,将中国南方沿海帆船概括成四大类型:江苏船、浙江船、福建船和广东船。该书还采用图文对照的方法,分九个地区介绍了各地总共 93 种的船名和船型。1971 年版的《长江之帆船与舢板》是在 1947 年、1948 年《长江之帆船与舢板》两卷本的基础上,加上《长江上游的帆船与舢板》和《四川歪头船和歪屁股船的笔记》的内容补充、修订而成的,记录的长江流域中式帆船达 200 多种,内容包括这些帆船的名称、概况,并附有许多线型图。

7) 葡萄牙人阿图尔·莱昂内尔·巴尔博扎·卡尔莫纳[1](Artur Leonel Barbosa Carmona,1889—1965 年)

卡尔莫纳 1907 年加入葡萄牙海军后,大部分时间在澳门服役和工作。1919 年,他倡议建成澳门第一座海事博物馆,后来长期负责管理澳门港务局,其间他撰写并于 1954 年出版了葡萄牙语版《中国的葡式帆船、传统帆船及华南地区的其他船只》(*Lorchas*,*Juncos e Outros Barcos Usados no Sul da China*)。这本书的第一部分主要通过水彩画、草图、照片、模型等介绍了澳门及周边地区的渔船、交通船及其他各类船舶 40 多种;第二部分简要介绍了造船的主要木材、渔具网具、工属具及船上设备等。

8) 俄国人瓦连京·A.索科洛夫[2](Valentin A. Sokoloff,1904 年生,卒年不详)

美籍俄裔工程师索科洛夫 1904 年出生于俄国西部,毕业于俄国军事学校,曾在上海 AT&T 公司任制图室主任。索科洛夫 16 岁时就对中国船舶产生了浓厚的兴趣,1923—1949 年,他在上海定居。其间,他认真考察中国沿海帆船,以高超水平的手绘图记录了中国沿海及长江的 20 余种代表性木

---

① 也译作阿图尔·莱昂内尔·巴尔博扎·卡莫拿。
② 也译作瓦连京·A.索高罗夫。

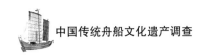

帆船。1982年出版的《中国船》(*Ships of China*)一书,在记录中国木帆船的同时,还特别关注了中式风帆的平衡斜桁四角帆、撑杆帆这两种典型的帆装形制及各地30多种桅顶装置等,并附手绘图。

9)美国人德鲁(Drew,生卒年不详)

20世纪10年代,南中国艇舶传道会的成员美国修女德鲁写有《南中国艇舶传道报告》(*Reports of South China Boat Mission*)一书,反映了疍民的生活方式与习俗特色。

2. 日本机构

1)"临时台湾旧惯调查会"

日据台湾时期,出于需要,日本的"台湾总督府"于1899年聘请京都大学教授冈松参太郎等,筹划台湾固有旧惯的调查,1901年4月成立"临时台湾旧惯调查会",设两个部:第一部以调查有关法制的固有旧俗习惯为主要工作,第二部以调查有关农工商经济的固有旧俗习惯为主要工作。1905年,该调查会第二部出版《调查经济资料报告书》上下两卷,下卷记录了台湾地区的木船及竹筏,并分成四类:① 商船,用于与对岸往来;② 按边船,用于与沿岸往来;③ 渡船,用于港内往来;④ 渔船,供渔用。该报告书记录了台湾地区舟船的船材及船具、船眼睛及旗章、舟船的许可证、舟船的制造费、舟船的船员、船员雇佣期间及准备、舟船的借贷、舟船的航海损失、行会组织与舟船的关系、舟船的船税、舟船的官米运输等相关资料。

2)东亚同文会

东亚同文会于1898年11月在日本东京成立。上海的东亚同文书院于1900年5月成立于南京,同年8月迁到上海。为服务于日本侵华,上海东亚同文书院学生深入中国各地,开展实地调查,搜集数据,编写调查报告。日本东亚同文会,便基于这些调查数据和调查报告,于1907—1920年,在日本东京编辑、发行了一部中国各省份的地方志(全18卷),每卷1 000页左右,涵盖除东北、内蒙古、西藏、台湾以外的所有大陆地区。在调查中,详细记录了各省相关水系民船的船型种类与名称,后来又补充编撰。

3)南满洲铁道株式会社

1927年,日本南满洲铁道株式会社庶务部调查课出版《满铁调查资料第六十九编》,用四章的篇幅对渤海湾东部沿海至辽东半岛南部沿海地区的中式帆船贸易进行了详细介绍：① 第一章涉及中式帆船的名称、法规、种类及帆船业的组织习惯,绘有渤海湾、辽东半岛南部沿海所见的安东船、烟台船、锦州船、北直隶船、宁波船、潮州船(白艚船)、福建船(厦门船)、泉州船(白底船)等速写画;② 第二章涉及大连港帆船的沿革、帆船往来地及其数量、贸易情形等;③ 第三章涉及辽河上的 5 种帆船(扒网舢子、舢板、拨船、牛船、槽船,部分船附主尺度数据和平面图)以及营口港往来的 8 种帆船(橙由船①、改巧船、瓜篓船②、燕飞船、雕船、沙船、里猪、大夹船)和帆船贸易情形等;④ 第四章涉及安东港和鸭绿江的帆船航运等情况。

同年,日本南满洲铁道株式会社庶务部调查课出版《满铁调查资料第六十七编——南北满洲的主要海港河港》。该报告内容也多处涉及中式帆船：① 第二编"营口港"叙述了辽河上的 5 种帆船：拨船、舢板、刬船、牛船、槽船,并对刬船、牛船、槽船做了一定的介绍;② 第四编"吉林港"介绍了漕子船、对子船等。

1943 年,日本南满洲铁道株式会社调查部编写出版了有关苏州民船的调查报告,共有六章,对当时苏州民船的船型种类、构造布置、运载能力、船民劳力、行业公会、所有关系、经营状况、航线载货等,以文字、绘图、照片、统计表等方式做了详细阐释。关于中式帆船的访谈和调查方式,呈现出严谨、详细、规范、精确的特点。

4) 其他日本人的相关调查

日本人在重庆开埠后也曾多次开展调查。1913 年出版的有关中国政治地理的调查报告中,明确记述了三峡民船 35 种船型。

1933 年 6 月,泉喜一郎等人对磐石县(今吉林磐石市)进行调查,著有《磐石县调查》,介绍了磐石县南部辉发河上的高瀬船,以及这种船的大小两种尺度。

东北沦陷时期,日伪政权为掠夺水产资源,进行了大量的水产资源调查。其中,《松花江渔业调查报告书》(1937 年),介绍了松花江的威虎船、三

---

① 又称橙犹、灯油船。中国文献称丁油船。
② 又称瓜拉、寡拉船。

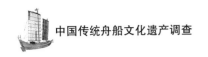

叶板船、花鞋船 3 大类渔船的构造、用法、主尺度、分布、改良要点等。

(三) 中华人民共和国成立后

1. 个人

1) 辛泰圻

1958 年,辛泰圻到太湖调查,写成《太湖渔船篷帆调查》。在 1958 年调查的基础上,辛泰圻又两次到太湖实地开展座谈调查,并结合苏州船厂程卿康提供的太湖船史料等,写成了一篇调查论文《太湖渔船》,并在 1985 年的船史研究会议上开展了交流。《太湖渔船》对太湖渔船的介绍非常全面、深入,具体包括如下内容:太湖渔船的历史与数量演变;太湖渔船的概况、主要尺度间的关系(排水量、长宽比、宽深比)、船型特点(横剖面、纵剖面与首尾形状)、结构与舱室布置。该调查论文还介绍了太湖渔船的篷帆,包括帆形,篷帆性能比较,桅杆位置与船的纵向稳定性,帆设计的有关因素、捕捞作业等,以及太湖渔船的附件,如披水板、舵、锚、舢板等。难能可贵的是,《太湖渔船》还附有几张老照片和一些手绘图,包括中纵剖面示意图,方头横剖面结构图,纵剖面结构及舱室名称图,扳水梁、硬帆与软帆示意图,帆船行风图,五帆北洋船示意图,七帆大船示意图,帆和各部件名称图,拖网捕捞示意图,披水板图,行风时披水板的放置示意图,湖船舵示意图。

2) 袁震

从 20 世纪 80 年代初开始,袁震"走访渔村,询之老成,实地调查近十年",撰文《太湖渔俗考察》(2014 年)。该文首先简要叙述了太湖大渔船形制,然后重点介绍了太湖渔民祭祀禹王等活动以及渔民在日常用船、生活等方面的习俗。

3) 朱年、陈俊才

2000 年以后,朱年、陈俊才"立足于对濒临消亡又独具特色的渔俗民间文化进行抢救性的发掘整理,通过对大量的环太湖渔村、渔家、渔船的艰苦调查和长期的民间采风",于 2006 年出版《太湖渔俗》,对太湖地理、水产、渔船、渔风、渔俗等广泛内容进行了纪实性素描和理论探索。该书述及大渔船的内容,主要包括:大渔船(包括七扇子和五扇子)的形制、结构、特征、船型来历、渔船发展沿革简史,以及包括大渔船在内的太湖渔捕历史、渔民构成及分布、船上人员岗位分工、渔具渔法、鱼汛风信、渔家号子篷语、渔谚、渔谣、渔歌、捕捞习俗、修造船习俗、渔民生活习俗、渔家礼仪习俗、渔民教育习俗、信仰祭祀习俗等,是对太湖大渔船的历史与文化全面的记录和论述。此外,在《吴县水产志》(1989 年)中也载有七扇子、五扇子的示意图,《太湖渔业史》(1986 年)附有七扇子两船使用小兜网联合作业和五扇子两船使用银鱼网作业的示意图各一张。

4) 梅小青、张柏春

内蒙古科技大学政法学院梅小青与中国科学院自然科学史研究所张柏春调查了中卫、兰州地区现存的皮筏、皮囊制作技艺,介绍了这些地区制囊制筏选用的材料、工具及环境要求、皮囊制作工序、皮筏的框架制作,并结合文献记载,对黄河上游地区的传统皮船(包括羊皮、牛皮制作的皮囊、皮筏与皮船)技术进行研究,于 2007 年发表论文《黄河上游地区传统皮船技术的调查研究》。

5) 林士民

宁波市文物考古研究所林士民,早年曾参与浙江河姆渡遗址的考古发掘工作,1979 年曾负责宁波和义路东门口北宋海船的考古发掘工作,为了解与保护木质船舶的建造工艺,对宁波沿海地区的舟山、镇海、象山、宁海、奉化等市县进行了实地考察调查,获得了一批宝贵的照片与口碑资料,2012 年出版《宁波造船史》。该书介绍了宁波木质帆船的历史现状、象山帆船工艺、宁海县打造的古船、宁波造船的风俗民情等情况。

6) 崔策、谭玉华

广东省博物馆崔策、中山大学人类学系谭玉华身处广州,一直以来比较关注广东地区的木帆船,并开展、参加了相关调查:2015 年 1 月,崔策与谭玉华一起赴阳江、江门两地走访船模师傅,考察木船修造厂;2015 年 3 月,崔策、谭玉华参加中国航海博物馆组织的调查,赴阳江市区与海陵岛、台山市广海镇,走访船模师傅,考察木船修造厂,参观渔家风俗馆等。根据调查,崔策在 2015 年发表了《广东沿海木帆船初探》一文,简要介绍和归纳了阳江一带的木帆船种类、结构与建造工艺等内容。谭玉华则结合实地调查与中

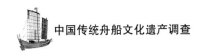

外文献等资料,出版《岭海帆影:多元视角下的明清广船研究》,讨论了广船的技术特征,包括船舶用材、船体结构、船舶属具、船舶装饰、船载武器、船舶生活等内容。

7) 李涛、高红丽

白洋淀上有个远近闻名的造船之乡——马家寨。河北大学的李涛、高红丽两位老师,通过深度的工匠访谈和较长时间的田野调查,与造船工匠同吃同住,出资请工匠还原建造一艘当地木船,对白洋淀地区传统木船的造船技艺进行了较为系统的记录、整理和研究,并于 2015 年出版《中国科技口述史研究:以河北传统造纸和造船为例》。书中介绍了马家寨传统造船的类别、结构、选材、工具、铁活与工艺,并附两篇访谈录。

8) 李心怡

中山大学历史学系硕士研究生李心怡,两次赴广东阳江市闸坡地区调查木帆船建造技术,主要通过与黄伙生、蔡数两位造船师傅进行交流并近距离接触船模制作过程,了解闸坡木帆船建造技术与造船文化,于 2018 年完成硕士毕业论文《阳江闸坡传统木帆船调查研究》,在论文中介绍了阳江闸坡的传统木船、传统造船工艺、造船文化等内容。

9) 张依莉

无锡造船业历史悠久,内河船舶种类丰富。中国造船工程学会船史学术研究会副主任委员、无锡船文化研究会会长、江苏联合职业技术学院教授张依莉,对无锡及周边地区造船业进行调查,对工匠进行采访,并且向无锡市提交了《关于收集整理我市传统船舶制造工艺技术的建议》相关提案。2019 年底,在政府有关部门支持下,张依莉等人和章桂兴等造船老匠人一起,复原建造了一艘无锡西漳船,现停泊在西漳公园的湖荡。

2. 机构

1) 全国海洋渔船调查

全国海洋渔船调查是在水产部和第一机械工业部的领导下,以各省水产研究(试验)所为主,分别进行的。除了普查初期,第一机械工业部九局曾在广东、福建、浙江等省做过几种主要船型的调查外,全国规模的普查工作是在 1958 年下半年以后进行的。协作单位包括有关高等院校、渔船设计研究部门和生产单位。在调查工作开始前,曾按海区或省区,分别举办短期训练班或座谈会,以统一调查方法。数百人参加调查工作,如福建曾先后组织集美水产专科学校师生和各地造船技工 100 余人参加福建地区的调查,上海水产学院师生 30 余人参加浙江地区的调查,各地水产行政部门、船厂和人民公社也给予了大力支持。通过对有经验的渔民、渔工的座谈访问,获得了不少关于渔船性能方面的资料。绝大多数的省区在 1959 年第一季度就完成了调查任务。

这次调查范围包括辽宁、河北、山东、江苏、浙江、福建、广东 7 省和上海市,调查了风帆、机帆渔船 208 种。1959 年 4 月,编审工作组开始编写《中国海洋渔船图集》,从调查的 208 种渔船中选取记载编录了具有代表性的 120 种船型资料。其中,风帆渔船收录了 78 种,按自然海区划分为黄渤海区、东海区、南海区;按主要作业方式,分为 6 大类:刺网渔船、围网渔船、拖网渔船、定置网渔船、钓渔船、其他渔船。

《中国海洋渔船图集》概述了黄渤海、东海、南海三大海区的自然环境、渔业概况、渔船的船型种类、渔船特征、典型渔船与发展趋势,介绍了每种渔船的主尺度数据(总长、满载水线长、船宽、满载水线宽、型深、型吃水、排水量)、性能相关的系数、桅帆舵的用材及尺度、分布地区、载重范围、使用渔具、作业区域、船舶性能及优缺点等,且附有基于调查测绘取得的图纸,包括线型图、基本结构图(或布置总图)、中剖面图、帆装图。

2)福建省木帆船船型调查

福建省木帆船船型调查,于 1960 年由福建省交通厅组织的木帆船船型普查办公室领导和推进,并从各专区抽调造船技工、梢工、木管干部共 44 人,进行短期培训后,派回各地进行普查与测绘。全省共调查了 69 种不同船型(内河 47 种,沿海 22 种)。为给各地木帆船的技术革新和改型提供参考,又从中选出福建省优良船型 8 种和专区有代表性的较优良船型 11 种,分沿海、内河两部分。其中,沿海船型 9 种,包括:丹阳船、驳仔船(大嶝式)、白底船、跃进式船(晋八号)等;内河船型 10 种,包括:雀船、蟑式船、三合一船、青蛙船、沟船、半桷角船(半雌雄)、蛙式船、湖头驳、浅水船、改良船等。

这 19 种船型的资料汇编成《福建省木帆船船型汇编》。对每一种船型，汇编均详细介绍了其主尺度数据(总长、满载水线长、船宽、满载水线宽、型深、吃水、排水量)、性能相关的系数、桅帆舵的用材及尺度、船型概况、船舶性能、技术改进意见等，且附有基于调查测绘取得的图纸，包括线型图、基本结构图、帆装图、剖面图等。

3) 浙江省木帆船船型调查

1960 年，浙江省编印《浙江省木帆船船型普查资料汇编》，介绍了筛选出的 18 种优良船型：西漳船、绍兴船、东风号(改良绍兴船)、海宁船、菱湖船、象牌船、杭驳船、长船、百官船、乌梢船、衢型船、大舨船、舴艋船、大岱艇、三合一、绿眉毛、卤蛋船、马赖船。该汇编详细介绍了上述船型的航区、型值表、主尺度数据、与性能相关的系数、历史与使用等概况、性能特征、改进意见，并附每种船型的船型性能调查表和图纸，包括线型图、基本结构图、帆装图、剖面图等，以及在附录中收入普查工作中使用的木帆船简易测量法。

4) 江苏省木帆船船型调查

江苏省木帆船船型调查，由江苏省交通厅组织的江苏省木帆船工作组实施。工作组先后参观了南京、镇江、泰州、扬州、常州、无锡、苏州、南通等长江两岸 8 个重要城市的民船建造厂，召开包括造船、机械工作者等参加的座谈会，最后整理形成了《江苏省木帆船船型调查报告》。

该报告对江苏省当时的木帆船运力做了统计，介绍了分布于江苏省各地区的 25 种木帆船船型，具体是：南京驳船、六合鸭稍子、茅桥驳子、西漳式驳船、长航驳子、关驳子、粮划子、快口子、泰州鸭稍子、码头驳船、邵伯划子、箍板子、淮船、小渔船、绍兴船、常熟米驳、蠡墅船、唯亭船、黄埭船、湖船、网船、南通驳船、吕泗渔船、海吊子(海船)、关快。该报告还总结了江苏省木帆船的相关技术特点，介绍了木帆船的技术革新情况等。

5) 福建省渔船调查

福建省渔船的调查是在福建省水产局的领导下，由福建省水产科学研究所负责、集美水产学校师生协作参加的，于 1958 年 7 月开始在福建沿海 15 个渔业重点县(市)进行，至 9 月底结束，历时 3 个月，比较详细系统地总结了福建省海洋渔业生产中具有重要地位的 50 种渔船。福建省江河渔船的调查是从 1959 年 6 月开始进行的,但限于人力,只调查了闽江、九龙江两片水域的 6 种渔船。两次共调查的 56 种渔船均被收入《福建省渔船图集》。

《福建省渔船图集》将福建省海洋渔船按主要作业方式分成 8 大类:刺网渔船,4 种;围网渔船,7 种;拖网渔船,5 种;定置网渔船,14 种;钓渔船,14 种;敷网渔船,1 种;其他渔船,4 种;机帆渔船,1 种。图集还将 6 种江河渔船,按分布水域分成 2 大类:闽江渔船,4 种;九龙江渔船,又分为钩钓船、平头仔 2 种。

《福建省渔船图集》分别对海洋渔船、江河渔船进行了总结,概述了全省渔船的分类、数量统计、分布地区、共性特征及原因、发展趋势等,介绍了每种渔船的主尺度数据(总长、满载水线长、船宽、满载水线宽、型深、型吃水、排水量)、与性能相关的系数、桅帆舵的用材及尺度、分布地区、载重范围、使用渔具、作业区域、船舶性能及优缺点等,且附有基于调查测绘取得的图纸,包括线型图、基本结构图(或布置总图)、中剖面图、帆装图,部分渔船还附重要构件图及正视图。与其他图集不同的是,《福建省渔船图集》还专门附了一些渔船图,方便读者更加直观地辨认这些渔船。

6)浙江省渔船调查

1958 年 12 月,在配合浙江省海洋渔具调查的同时,在浙江省水产厅的直接领导下,由中国科学院上海水产研究所和浙江省海洋水产研究所共同负责进行浙江省的海洋渔船调查。调查初期,第一机械工业部九局第二产品设计室派员指导。调查期间,温州、舟山等船厂和各地公社的渔民给予了大力支持,2 个多月基本完成了浙江全省范围内 70 余种渔船的实地调查和测绘,再选出典型的、具有发展前途的、重点地区的、具有一定代表性的渔船 48 种,包括风帆渔船、机帆渔船和渔轮三大类,于 1959 年 3 月汇编形成《浙江省海洋渔船图集》的初稿,12 月完成了校对和修正。《浙江省海洋渔船图集》介绍的风帆渔船,按其主要的作业性质,分为 5 大类 38 种:拖网渔船类,8 种;围网渔船类,5 种;刺网渔船类,6 种;定置网渔船类,16 种;钓渔船类,3 种。

上述每种风帆渔船均附主尺度数据(总长、满载水线长、船宽、满载水线宽、型深、型吃水、排水量)、与性能相关的系数、桅帆舵的用材及尺度、分布

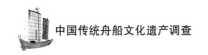
地区、载重范围、使用渔具、作业区域、船舶性能及优缺点等,且附有基于调查测绘取得的图纸,包括线型图、基本结构图(或布置图)、中剖面图、帆装图。

7)四川省船型普查

中华人民共和国成立后,四川航运管理机构对全省船型进行了普查,认定中华人民共和国成立前四川木船船型共有72种。20世纪80年代,四川省交通厅刊印了《四川内河航运史料汇集》,系统整理了近代关于川江木船的调查材料,内容包括名称、行驶区域、船型特征、载重量等,涉及70多种船型。

8)长江流域渔具渔法渔船调查

长江流域的渔具渔法渔船调查是国家科学技术委员会《1963—1972年科学技术发展规划(草案)》水产部分"全国重点淡水渔区渔具渔法调查和淡水区渔船船型的调查研究"的组成部分。通过调查主要淡水区的渔具渔法渔船,总结经验,提供技术资料,为改进和发展生产提供依据。

根据水产部的指示,长江流域的渔具渔法渔船调查由水产部长江水产研究所和上海水产学院共同负责,于1962年春,抽调科技人员、教员和学员组成调查工作组。调查组先以江苏太湖为试点开展工作,并编印《太湖渔具渔法调查报告》。随后,在此基础上,1963年调查组分为两组,一组调查湖南、湖北,另一组调查江西、安徽,重点调查长江干流及主要支流、湖泊。1964年上半年,上海水产学院组调查江苏省及上海市,下半年,两组合并调查了四川省,共同完成了长江流域6省1市(四川、湖南、湖北、江西、安徽、江苏、上海)重点渔区的调查工作。1962—1964年的3年调查,上达长江上游金沙江的屏山,下至崇明入海口,积累了大量第一手资料,总共调查了渔具渔法351种、渔船52种。1965年着手整理调查资料,选出具有代表性的渔具渔法161种、渔船42种,1966年上半年完成了《长江流域渔具渔法渔船调查报告》(全二册)。

《长江流域渔具渔法渔船调查报告》(第二册)中的《渔船》介绍了经审查选择后的10类共42种船型,其中的风帆渔船部分包括7类共36种木帆船,具体为刺网渔船类4种、围网渔船类6种、拖网渔船类9种、地拉网渔船类2种、张网渔船类1种、钓渔船类7种、其他渔船类7种。上述每一种木帆船,均详细介绍了其主尺度数据(总长、满载水线长、船宽、满载水线宽、型深、型吃水、排水量)、与性能相关的系数、桅帆舵的用材及尺度、船型特征、船用渔具、作业区域及优缺点等,且附有基于调查测绘取得的图纸,包括线型图、基本结构图、帆装图、剖面图、属具(舵)图、静水力曲线图。

9)中国船舶科学研究所调查

1957 年 11 月,交通部上海船舶科学研究所筹备处和一机部船舶工业管理局造船科学研究所合并成立中国船舶科学研究所。该所组织力量在各省开展了木帆船的调查研究,对江苏省木帆船和广东、福建、浙江三省的主要渔船开展了分析研究,并进行船模试验。

10)泉州湾古船发掘领导小组调查

1973 年 8 月泉州湾后渚港发现一艘沉没在海滩的古船。11 月,省、地、市有关领导部门组织成立泉州湾古船发掘领导小组,下设调查研究组,福建省博物馆、地区文化组、地区文物管理委员会、厦门大学历史系、泉州市文物管理委员会、泉州海外交通史博物馆等单位均派员参加。为做好古船的发掘、保护、研究等工作,调查研究组通过几个月的座谈、调查、访问、参观等方式,收集资料,探索问题,由于时间短促,仅在内部辑录形成《古船资料辑录》。这本《古船资料辑录》就是此次调查的部分文献资料的摘录和座谈、访问纪要摘辑的结集,内容还包括有关单位和研究人员对泉州湾古船问题来函辑要、关于宋元木船的一些问题、调查访问的摘要等。

在调查访问的摘要部分,收录了 6 篇调查访谈摘要,访谈对象包括后渚港搬运工人、泉州造船厂老技术员与老工匠、当地老教授、航海船民等。这 6 篇调查访谈摘要,每篇都很短,却涉及不少造船内容,包括:当地造船的木材选用;部分古船构件的俗称;当地沿海航船的航线;一些地方的代表船型及特征;主要尺度之间的比例关系推算;舱料的成分及变化;三层水底板的厚板数据;船钉、木桩①及布帆、竹篾帆等问题。

1987 年由泉州海外交通史博物馆出版《泉州湾宋代海船发掘与研究》,收录了泉州湾宋代海船的发掘报告及相关专题的学术论文 20 余篇。

---

① 古时船用定泊工具,以木为主体结构,与石碇不同,本书保留古籍文献中的写法,以便区分。

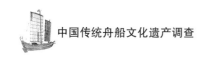

11）中国科学院自然科学史研究所调查

中国科学院自然科学史研究所戴开元、周世德、徐英范在广东进行造船史调查，在海南岛万宁县（今万宁市）和文昌县（今文昌市）发现了一种结构特殊的木船（即缝合木船），对万宁县的缝合木船进行了测绘，并探讨了广东缝合木船的来源，发表了《广东缝合木船初探》一文。

12）泉州海外交通史博物馆调查

泉州海外交通史博物馆成立于1959年，1993年在原国家交通部部长彭德清的大力支持下，与中国海外交通史研究会共同创办成立中国古船模研制中心，并于1995年2月召开中国古船模研制中心第一次工作会议。经过16年多的调查研究，包括在泉州及附近地方开展相关船型的口述史采访、文献资料的搜集、惠安峰尾镇黄氏造船家族《船尺簿》收藏等工作，选择各地历史上具有典型性或代表性的古船近200种，包括汴河船系列、长江船系列、福建海船系列、古代战船系列、游船系列、出使船系列以及郑和船队、郑成功舰队等，邀请专家、手艺精良的工匠或船模师傅开展船模研制工作。该馆对中国传统舟船的调查成果，主要体现在这些研制船模上，它们也成为该馆重要藏品。

13）中国航海博物馆调查

2011年9月，中国航海博物馆与上海市航海学会在苏州及太湖水域开展传统木帆船遗存联合调查，发现一艘五桅木帆船（五扇子）。2012年8月，中国航海博物馆与北京郑和与海洋文化研究会名誉理事长、原海军装备技术部部长郑明考察了太湖水域遗存的七桅木帆船（七扇子）、寻访了造船工匠及渔民。上述两艘传统木帆船，皆为晚清年间建造，调查时保存状况尚好。

2016年，中国航海博物馆成立船模研制中心，并开始联合国内相关涉海类文博机构、学者，赴辽宁、天津、山东、上海、福建、广东、广西等沿海地区，以及太湖、洞庭湖等水域，开展传统舟船田野调查，实地考察木船修造厂，采访修造船工匠及渔民，考察船模作坊与传统舟船遗存。之后，组织力量开展了太湖七扇子实船测绘，复原研制太湖七扇子（左船及右船）、福建传统木帆船八阶段建造流程、清代"泰兴"号等一系列船模。

2017 年,中国航海博物馆响应船史船模界的呼声,组织举办了第一届中式木帆船模型展评大赛,制定《定制船模评定标准》《中式木帆船模型建造考证指南》,出版《匠心问舟：第一届中式木帆船模型展评大赛集萃》。2020年,梳理汇总阶段性调查成果,编著出版《中国古船录》。

14）广东海上丝绸之路博物馆调查

2015 年,广东海上丝绸之路博物馆成立课题组对阳江木船传统建造技术与风俗等开展调查,由武汉理工大学教授顿贺参与指导,中国航海博物馆也派员参与并提供相关资料。自 2015 年起,课题组共进行了 3 年多的田野调查,赴阳江及附近沿海走访当地船厂负责人、造船师傅、渔民、拆船修船师傅等,主要调查当地船型、船体结构、造船技术、造船习俗和文化等内容。

2016 年,课题组承担阳江市哲学社会科学课题"阳江木船传统造船工艺与风俗抢救性保护"。2018 年 12 月出版《阳江木船传统建造技术与风俗》一书,介绍了阳江木船的种类与特征、现存的木船修造厂、造船家族、阳江木船的结构与名词术语、传统造船技术与习俗、阳江龙舟、航海技术等内容。

（四）既往调查小结

清乾隆时期,太湖当地学者就对独具特色的太湖大渔船开展了实地考察并做了较为翔实的记录,这在中国古代治学领域和古籍文献记载方面,是不多见的。因为中国历代文人对各类工匠的技艺和实践并不是那么注重,很少有人愿意花时间和精力去做类似的实地调查。

民国时期,出于社会管理、经济发展和军备等方面的需求,相关各省几乎均有对传统舟船进行调查与统计,为我们今天研究传统舟船保存了比较丰富的第一手资料,具有很重要的价值。

近代以来,法国人帕里斯、奥德马尔、西戈、布热德,英国人唐纳利与夏士德,俄国人索科洛夫、葡萄牙人卡尔莫纳,以及日本相关机构,对我国澳门、台湾地区、大陆沿海与长江等地区的中式帆船开展过比较详细的调查,真实地记录了这些地区多达上千种中式帆船的面貌、形态、特征及其技术、历史、人文等信息,客观上形成了一批调查资料与研究成果,是我们今天开展船史及相关领域研究不可多得的宝贵资料。

近代以来这些外国人关于中国传统舟船的田野调查和相关著述，大多还自发或不自觉地采用了帕里斯等人对于舟船民族志调查所采用的方法，不仅从技术层面，而且结合人文历史、社会经济、自然水文条件、精神信仰习俗等维度开展综合调查。对中式帆船本身，则通过近距离的观察、测绘，并以文字、绘图、摄影和船模等方式加以记录和保存。有的采用了对比研究，将中式帆船与其他地区船舶进行比较（如奥德马尔、帕里斯）；有的则特别记录了一些重要细节，如西戈对中式帆船在设计、结构、装置、工属具、涂装绘饰等方面的关注。除文字外，还利用摄影、按比例绘制的工程图纸、现场速写手绘图等方式记录信息。尤其是按比例绘制的工程图纸，与中国古代文献的示意图记录方法明显不同，对今天我们对传统舟船开展技术研究具有更高的参考价值。

另外他们中有些人还以船模这种直观的形式对中式帆船的外观和结构进行了记录。英国人夏士德不仅为自己的上司海关总税务司梅乐和监制了 16 件中国船模，还亲手制作了 11 件船模，这 27 件船模现藏于英国伦敦科学博物馆；法国人西戈监制了近 20 件中国船模，现藏于意大利威尼斯海军博物馆。

中华人民共和国成立以后，百废待兴，在发展国民经济、开展社会主义改造、促进渔业生产和水运事业的过程中，交通、渔业、水产等部门在特定历史背景环境下，对中国传统舟船组织开展了非常系统的普查和记录，留下了极具研究价值的宝贵技术与图文资料。国内相关机构和个人，先后开展过的一些调查，也留下了不少调查成果。

第三章
中国传统舟船主要遗存和非遗线索

中国传统舟船的实物遗存,包括历年来考古发掘或传世的独木舟、木板船、船舶构件属具等,也包括一些已经发现但尚未开展发掘的古船、沉船,以及与传统舟船相关的遗址、遗迹。古船模作为一种特殊的实物遗存,既跟实体舟船紧密相关,又不同于舟船本身,是同时代传统舟船缩小比例的记录载体,也是舟船文化遗产的一种特殊类型。中国传统舟船非物质文化遗产,主要是与舟船、渔民、航海相关的民间信仰、节庆民俗、风俗仪式等,以及与修造船相关的传统工艺。修造船工艺往往通过造船工匠历代口头传承,一般很少有文字或图纸的记录。本章对中国传统舟船主要实物遗存、非物质文化遗产等进行了汇总,并将调查过程中所获知的非物质文化遗产线索进行了梳理。

一、中国传统舟船实物遗存

(一) 独木舟遗存

从舟船发展史来看,原始浮具之后是独木舟的问世,独木舟也标志着真正意义上的船的出现。独木舟在世界各地都有发现,目前发现最早的中国独木舟为中国浙江萧山跨湖桥遗址出土的新石器时代独木舟,距今约8 000年。据不完全统计,1949年以后国内外发现的中国独木舟至少有65艘,发现于河北、北京、山东、河南、江苏、安徽、浙江、福建、广东、广西、云南等省市

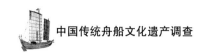

和韩国。其中,已明确断代的有 58 艘,所属年代从新石器时代一直到明代。

1. 浙江萧山跨湖桥遗址独木舟

2002 年在浙江萧山西南的湘湖村跨湖桥遗址发掘出土,距今约 8 000 年,是目前考古发现最早的中国舟船实物,被誉为"中华第一舟"。该船体残长 5.6 米,以整棵马尾松刳成。船体内侧有多处黑炭面,是火焦法挖凿船体的证据。出土时,在其周围还发现桩架结构、木桨、石锛、编织物等相关遗迹和遗物,分析此地可能是一个与独木舟有关的木作加工现场。该船现展于萧山跨湖桥遗址博物馆。

2. 浙江余姚施岙遗址独木舟

2021 年在浙江余姚三七市镇施岙自然村西侧山谷的施岙遗址第三期稻田的良渚文化层出土了一艘独木舟,首、尾均残缺,北侧船舷保存较好,南侧船舷破损严重。该船体残长 5.6 米,残宽 0.4～0.8 米,内面较平整,横断面呈弧形,板厚约 3 厘米。

3. 浙江余杭茅山遗址独木舟

2010 年在浙江余杭区临平茅山良渚文化遗址南部,一条通往北侧村落的南北向古河道中发掘出土。该舟由一整段马尾松原木加工而成,尖头方尾,全长 7.35 米,最宽处 0.45 米,深约 0.23 米。

4. 浙江杭州龙尾巴山独木舟

1972 年在浙江杭州西郊龙尾巴山山麓出土,属良渚文化遗迹,长约 3.5 米,两头微翘,头部呈梭形,尾部断平。可惜尚不及报告,舟体已被损坏。

5. 浙江温岭朝西新石器时代独木舟

1969 年在浙江温岭县箬横镇朝西村发掘,属新石器时代。独木舟较为完整,长 7.2 米,船材为樟木,船头有一方孔,船舱留有火烤后挖去炭屑而成的痕迹。

6. 山东长岛大黑山岛新石器时代独木舟

1979 年在山东长岛县大黑山岛发现,距今约 4 000 年。该舟只保存舟尾的残部,舟壁厚约 5 厘米,板面平整,有榫卯孔眼。

7. 广东揭阳龙车溪新石器时代独木舟

1957 年在广东揭阳新岭榕江上游的龙车溪古河道地下挖出。该舟由人工烧凿刳空,属新石器时代。

8. 河南息县小围孜二号夏代独木舟

2015 年在河南息县八里岔乡小围孜村前寨组发掘出土,编为二号。该舟通长 13.7 米,用材为樟树,属夏代二里头时期,为近年来在息县淮河及支流流域发现的船体最长、年代最久远的独木舟。

9. 河南息县张庄商代独木舟

2009 年在河南息县徐庄村张庄组的淮河西岸发现,2010 年发掘,年代为商代。该舟保存较完整,舟长 9.28 米,由一整段原木加工而成,树种为现分布于云南西双版纳和海南一带的母生树。船两头略窄,呈方状,其中一头有一方孔。该舟现保存在信阳博物馆。

10. 山东荣成毛子沟商周独木舟

1982 年发现于山东荣成县松郭家村毛子沟的海泥淤积层,北临黄海,距今海岸线约 2 千米。该舟保存基本完整,舟体全长 3.9 米,有 2 道低矮舱隔,将独木舟分成 3 个舱。该舟没有火烤和使用工具的痕迹,似用一段原木上部剖去四分之一,下部剖去五分之一,再凿空修整而成,切削规整,设计比较合理,已经脱离了独木舟最原始的形态,年代不会晚于商周时期。推测该舟为胶东地区古代先民从事近海交通、渔捞和滩涂采集的水上工具。

11. 河南息县月儿湾周代独木舟

2012 年在河南息县孙庙乡月儿湾村南的淮河河床里发现,属西周时期。该舟全长 5.72 米,头尾方形,头部凿一方孔,中间腹部顶端凿三小孔平行排列,底部呈圆弧形状。该舟用材为麻栗树。

12. 江苏武进淹城西周独木舟

1958 年、1965 年、1974 年,江苏常州武进县淹城遗址曾 3 次发现并清理出 4 艘独木舟,分梭形(即船形如梭,两端小,中间宽)、敞尾形(尖头敞尾,前端尖而翘,船尾宽而平)两种。1965 年出土的独木舟,敞尾形,属西周晚期,舟长 7.45 米(一说 7.1 米),用材为楮木。

13. 河南息县庞湾春秋时期独木舟

2012 年发现于河南息县城郊乡庞湾村淮河河滩,这是信阳境内淮河流域发现的第 3 艘千年独木舟,属春秋时期。该舟长 7.1 米,头部宽 0.2 米左

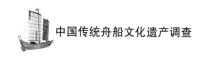

右,尾部宽 0.5 米。舟体两头呈尖状,由一根完整的原木凿成,用材为麻栗树。

14. 江苏武进淹城东周独木舟

1958 年在江苏武进县淹城遗址内城河东段发现,梭形,基本完整,属东周(一说春秋晚期至战国)时期。舟长 11 米,由整段楠木凿成,留有清晰的凿痕。

15. 江苏武进淹城春秋时期独木舟(2 艘)

分别于 1965 年、1974 年在江苏武进淹城遗址出土,均为春秋时期。1965 年出土的独木舟,敞尾形,长 4.22 米;1974 年出土的独木舟,梭形,残缺,长 4.74 米。

16. 江苏宜兴珠潭春秋时期独木舟(5 艘)

1983 年发现于江苏宜兴珠潭村,共 5 艘,多已残破。其中 1 艘残长 3 米。

17. 江苏宜兴吾桥春秋时期独木舟(3 艘)

1984 年于江苏宜兴吾桥村屋溪河残留的古河道,共发现 3 艘独木舟。其中一艘属春秋时期,较为完整,全长 8 米(一说 8.5 米),首尾渐窄略向上翘,船舷有一排椭圆小孔,舱侧用木钉固定舱板,其特征为其他地区出土独木舟所罕见。该段河道曾发现独木舟 16 艘和多处埠头(码头)。

18. 广东怀集龙头湾汉代独木舟

1983 年在广东怀集县城以北龙头湾河床挖出,属汉代。舟体完整,长 6.95 米,宽 0.45~0.5 米,深 0.41 米,用材为松木,出土时尚可于水上乘载 5 人。

19. 广东揭西竹排头溪西汉独木舟

1975 年在广东揭西县竹排头溪的河床下发现,属西汉时期。舟身基本完整,舟长 10.7 米,外宽 1.3 米,内宽 1.1 米,深 0.8 米,由一根整樟木挖成,舟尾部挖一孔作舵或摇橹用。该舟现保存于汕头市博物馆。

20. 福建连江山堂西汉独木舟

1973 年在福建连江县浦口公社山堂大队鳌江南岸的海泥层挖出,属西汉初期。该舟系用大树干削去约三分之一的纵断面,再凿成舟形。舟长 7.1 米,头部宽 1.2 米,尾部宽 1.6 米,两侧残损;用材为樟木。舟上有明显的火烧石劈与舵的痕迹,估计是可以出海的船。该舟现收藏于福建博物院。

21. 广东化州石宁东汉独木舟(6艘)

1976年在广东化州县长岐公社石宁村距鉴江东堤约80米的水塘边,洪水从地下冲刷出10艘独木舟,其中征集送湛江地区博物馆6艘(其中1艘后送至广东省博物馆)。这批独木舟的头部呈尖形,尾呈梯形,底呈鸡胸形,中间宽,头尾窄,两端略上翘,木质坚硬。2号、3号舟约为东汉后期,其余4艘与2号、3号舟同出一地,木质、形制一致,年代当相差不远,具体情况如下:

(1) 1号舟。缺头部,残长3.68米,残宽0.5米,深0.3米。

(2) 2号舟。保存较好,基本完整。通长5米,中段宽0.5米,尾宽0.2米,深0.22米。有斧、凿、钻等加工痕迹,分8舱。

(3) 3号舟。最大,但残破过甚。残长6.2米,残宽0.72米,厚0.05米。

(4) 4号舟。头尾皆缺。残长3.4米,残宽0.49米,厚0.015米。

(5) 5号舟。缺尾部。残长3.5米,残宽0.5米,深0.2米,厚0.03米。

(6) 6号舟。仅存尾部,长0.69米。

22. 江苏如东南荡河东汉独木舟

1984年发现于江苏南通如东县汤园乡长田村西北的南荡河南岸,为东汉时期或稍晚期。该舟局部腐朽,头部已缺,残长9.6米,高0.66米,上口外宽1.3米,内宽1.2米,厚0.05米。该舟由整段楠木刳成,有斧砍痕迹。舟尾有篷架,采用榫卯及铁钉交搭拼接。

23. 河南息县刘大庙魏晋时期独木舟

2013年发掘于河南息县临河乡刘大庙村淮河的河道滩地,是息县发掘的第四艘古代独木舟,属魏晋时期。首、尾部已腐烂残缺,但保存基本完整。舟体残长6.68米,首宽0.66米,尾宽0.615米,首尾厚0.15米,中部底厚0.3米,残高0.4米。该舟用材为麻栗树。

24. 浙江温州东晋独木舟(4艘)

1958年在浙江温州出土4艘独木舟,年代约为东晋时期。其中一艘长7.8米,中部宽0.64米,深0.2米;另一艘长9.55米,中部宽0.76米。

25. 江苏镇江网巾桥东晋南朝时期独木舟(2艘)

1994年在江苏镇江中山东路五条街口的网巾桥工地发现一处古代造

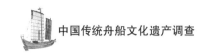

船场并发现 2 艘古代独木舟(1 号船、2 号船)遗迹。造船场及独木舟所在地层系东晋、南朝时期。两舟均为独木刳制,其中一艘长约 6.4 米,宽约 0.9 米,深约 0.4 米,未见隔舱,上铺有面板。

26. 广东化州牛牯陂南朝独木舟(2 艘)

1983 年在广东化州中垌长湾河牛牯陂河段出土 2 艘独木舟。其中一艘长 2.06 米,头宽 0.32 米,尾宽 0.37 米,深 0.13 米,底部头尾各凿有 1 个 4 厘米深的方形孔,尾部残留一截木榫。

27. 广东电白家家乐南朝独木舟

2003 年在广东茂名电白坡心镇家家乐村出土,属南朝时期。船长 5.6 米,宽 0.6 米,现收藏于茂名市博物馆。

28. 山东莱州海仓隋唐独木舟(2 艘)

2004 年发现于山东莱州土山镇海仓一村的村北海滩。这 2 艘独木舟及古船构件,均属隋唐时期,出土后送交莱州市博物馆,具体情况如下:

(1) 舟 1。保存基本完好,长 6.6 米,中部宽 0.9 米,舱深 0.45 米。该舟由一根独木凿挖而成。舟体平整,厚薄均匀,首尾两端似可置盖板,又似可安装横梁。该舟现收藏于莱州市博物馆。

(2) 舟 2。残长 9.49 米,中部宽 1.05 米,舱深 0.37 米,通高 0.45 米。该舟由两段以上独木挖空成槽,再纵向连接而成。舟身凿挖有子母口凹槽,其上开有榫孔,似可安装桅杆,又似可构筑篷架或舱房。舟尾中间有一个圆形穿孔,可能用以摇橹或置舵。

29. 安徽淮北柳孜隋唐独木舟(2 艘)

1999 年在安徽淮北濉溪县百善镇柳孜集(古称柳孜镇)附近的古运河遗址(隋代大运河的通济渠)共发现 8 艘舟船,其中,2 号、3 号为独木舟,均由香樟木而制,具体情况如下:

(1) 2 号独木舟。舟体用一整棵巨大的香樟木挖凿而成,保存较完整,长 10.6 米,头宽 0.52 米,尾宽 0.8 米,近尾部舱宽 1.22 米,舱深 0.7 米,舷板厚 6~7 厘米。船头有 2 个 10 厘米×15 厘米插装立柱的通眼,尾部有装舵或桨的竖形凹槽孔。

(2) 3 号独木舟。舟体残破严重,已暴露部分约 3 米,其余部分仍叠埋在石砌体下,未进行挖掘。舟体呈半个圆弧形,残存舱深 0.3 米,壁板厚 5.5 厘米。

30. 广东电白参桥隋唐独木舟

20 世纪 90 年代初在广东电白县沙磁江出土一大一小 2 艘独木舟,出土后送交电白县博物馆保护、陈列。较小的这艘独木舟在今林头镇参桥村出土,属隋唐时期。舟体长 6.12 米、宽 0.76 米、高 0.36 米,横截面呈半弧形,中间大,两端小,右舷靠近尾部有一带孔的木墩。

31. 河北任丘鄚州唐代独木舟(3 艘)

1988 年在河北任丘鄚州镇出土 3 艘唐代独木舟。其中一艘独木舟由一棵直径 1.6 米的大树,中分两半掏空而成,木质坚硬且富弹性。舟体横断面为半圆形,出土时舱、橹齐备,虽遭一定程度的破坏,但残存部分尚长 7 米。

32. 江苏扬州施桥唐五代独木舟(2 艘)

1978 年在江苏扬州施桥镇"78·2"工程工地唐代文化遗存的清理过程中,发现了一条南北向的河流。河床宽约 30 米,其中发现 2 艘独木舟遗迹,具体情况如下:

(1) 一号独木舟。属唐代。舟体已腐残,用材为楠木,残长 6.3 米,宽 0.7 米,口宽 0.52 米。首端尖翘,尾部平齐,舟内有对称的隔舱凹槽与横舱壁,并发现有竹篾片。

(2) 二号独木舟。年代相对晚一些,属五代时期。舟体残长 6.1 米,宽 0.6 米,两端齐平。

33. 广东电白车仔尾唐宋独木舟

20 世纪 90 年代初在广东电白县沙磁江出土的较大的独木舟,出土点在今广东电白区坡心镇车仔尾村,属唐末宋初时期。舟体长 7.28 米、宽 0.94 米、深0.6 米(一说 0.47 米),舷厚 3 厘米。舟身木质坚硬,由一条完整的巨木挖空而成。首部为双篙眼。右舷靠前处、左舷靠后处各有一桨墩。舟尾左舷处有一橹(舵)墩,各墩下部均有排水孔。

34. 北京朝阳小红门五代独木舟

1990 年在北京朝阳区小红门构件厂出沙场内发现,出土地点位于凉水

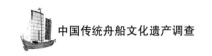

河北岸约 200 米处,属五代时期。该舟由一棵大柏树的主干刳制而成。舟体全长 9.7 米,船体中部保存基本完好,两端被水冲刷破损。据复原,舟体外径宽 1.1 米,内径宽 0.9 米,船舷厚 8~10 厘米。首尾的底部略上翘,舱内未见隔梁或隔板,仅在舱口部分位置发现一些排列密集而均匀的铁钉。舟体外侧加工得较为光滑,而舱内则仍留较明显的加工痕迹。

35. 广西北部湾明代独木舟

该舟于广西北部湾地区河道出土,年代判为明代,残长 8.3 米,残宽 0.6 米,残高 0.47 米,现展示于中国港口博物馆。

36. 河南息县月儿湾一号独木舟

2015 年在河南息县孙庙乡月儿湾村祝小庄南 750 米的淮河处出土,编为一号,年代待考。该舟通长 8.3 米,通宽 0.55 米,通高 0.4 米。

37. 广东潮安独木舟

1974 年在广东潮安出土一艘独木舟,年代待考。

38. 广东揭阳独木舟

1964 年在广东揭阳出土一艘楠木独木舟,年代待考。舟长约 12 米,宽约 1.5 米,舱内有 4 道隔梁,尾部有 1 孔。

39. 广东怀集楼边独木舟

1974 年(一说 1975 年)在广东怀集县冷坑区楼边乡出土一艘独木舟,年代待考。

40. 广西钦州大寺独木舟(2 艘)

1989 年,广西钦州大寺镇三门滩(钦州湾畔茅岭江上游)在修公路桥墩时,在河底沙层发现上下相错叠埋着的 2 艘独木舟,年代待考。其中一艘已挖出,另一艘未能取出。挖出的独木舟由整根椆木刳成,呈梭形,全长 11 米,中部宽 0.9 米,壁厚 6 厘米左右。

41. 云南通海杞麓湖独木舟

1964 年在云南通海县杞麓湖畔出土一艘独木舟,年代待考。舟长约 5 米,宽约 0.6 米。

42. 韩国珍岛中国宋代独木舟

1992 年发掘于韩国全罗南道珍岛郡古郡面碧波里海滩。该舟残长

16.85米,残宽2.34米,残深0.7米,船材厚10～23厘米。复原后,长19米,宽2.34米,深0.75米。该舟首尖尾阔,头低尾高,舟体由3段樟木连接而成,内有6道横舱壁,分成7个舱。舟体中部第3舱壁前发现用巨型樟木制成的桅座,桅座上开有2个桅夹板孔,说明这艘独木舟已用风帆为行驶动力,这是我国境内出土的独木舟暂未发现的。船体采用子母榫接并辅以铁钉加固,使用我国传统的石灰、桐油、麻丝调制的舱料填缝。保寿孔内发现8枚中国宋代铜钱。这艘独木舟是宋代晚期在中国华南地区建造的,造舟木材是中国华南地区生长的楠木、马尾松等。

(二) 木板船遗存

中国木板船至少在商代就已经出现。据不完全统计,1949年以后,国内外发现、考察、打捞、发掘,且采集到船体完残状况、主尺度、结构、特征等信息的遗存约81艘,主要发现于我国辽宁、陕西、北京、天津、河北、山东、河南、江苏、安徽、上海、浙江、福建、广东、广西、海南等省市,以及韩国、菲律宾、越南、马来西亚、印度尼西亚等国。其中已断代的有78艘,所属年代从战国时期一直到清代。

1. 河北平山中山王墓战国木船

1974—1978年,河北平山县三汲公社东部发掘出战国晚期的中山王墓。该墓的葬船坑南室东西并列3艘大船,南北各有一艘小船,有的船上有桨。大船船板用铁箍联拼,用铅皮补缝。随船出土有大桨5支,小桨2支。据研究,该船应是中山王生前御用的游艇,其造船工艺的显著特征是用铁箍连拼船板。复原后,船身总长13.1米,最大宽度为2.3米,最大深度为0.76米。

2. 陕西西安渭河汉代木船

2014年12月发现,至2015年3月下旬基本清理完毕后对船体进行临时回填。古船年代为汉代,位于渭河北岸南侧的积沙中。发现时,木船已折成东、西两段,两段残船体拼合后,通长约9.71米,中部宽约1.98米,中部深约0.83米。船底呈弧形,船体各构件间用榫卯、木钉、铁钉等连接。用于制作首封板的树种为榆属,大橹、空梁、船板圆钉为圆柏,榫板为槐属木。

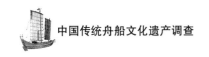

3. 江苏武进蒋家巷汉代木船

1975年发现于江苏武进县万绥公社蒋家巷生产队东南的农田水利工程处,年代为汉代。该船是独木舟向木板船过渡的一种船舶形态,与上海川沙发现的古船很接近,但川沙古船的底、舷使用铁钉相接,而该船的接合全部用木榫。船底板用樟木,船舷用柿树,接榫用花柏、榉树。木船全长估计在20米左右,吨位10~15吨。古船的出土地,可能是古代长江的一个避风江湾,也可能是修造船只的场所。该船可能通行长江。

4. 北京方庄东汉木船

1988年发现于今北京丰台区方庄小区,年代为东汉时期。木船全长14.6米,首宽3.6米(一说3.9米),尾宽4.7米,平底,方形首尾,船首稍窄,应属内河漕运船只。船体结构比较原始,主要用长条木板拼接成形,以榫卯、木钉等连接。出土地点是东汉时期古高梁河的流经之地,上游可至龙潭湖区。

5. 山东平度泽河隋代双体船

1976年出土于山东平度县新河公社大苗家大队西南的泽河东岸(北距莱州湾约15千米,古为海滩)。该船年代为隋代,是2艘独木舟中部以厚板相连的双体船。船体残长20.24米(首尾均残,推测总长23米左右),宽2~2.82米,载重约23吨。出土时不见橹、桨、碇等航行停泊工具,推测该船为舭船。用材树种为枫香、香樟,均为南方所产。该船现收藏于山东博物馆。

6. 上海浦东川扬河隋唐木船

1979年出土于上海浦东川沙县川扬河,出土地点位于唐代海岸线外侧的海滩细沙堆积层。该船可能建造于隋代,至唐武德年间尚在使用,是独木舟向木板船过渡阶段的一种船舶形态。木船残长14.5米(复原后船体总长约18米),结构简单,未见舵、碇、桅、桨、篷、篙等属具以及横舱壁和上层建筑。船底由首、中、尾3段独木以木榫搭接而成。舷侧板厚5厘米,有火烤加工痕迹,用铁钉、油灰接合。船底中段独木为水楠木,船首、船尾是樟木,舷侧板是梓木。

7. 安徽淮北柳孜运河隋唐沉船(6艘)

1999年在安徽淮北濉溪县百善镇柳孜集附近的古运河遗址共发现8

艘舟船,但只发掘出土1号、2号两艘较完整的船体和6号、7号两艘残存船体。其中,2号、3号为独木舟,其余6艘为木板船。船体修长,平底,采用榫钉接合、油灰捻缝,船身均用香樟,另用杉木、青冈栎、枣木等。具体信息如下:

(1)1号船。船身残长9.6米,含尾舵残长12.6米。复原后船长18.97米,总宽2.58米,深1.1米,排水量为13.69吨,载重量为8~10吨。底板厚6~7厘米,舷板厚5~7厘米。拖舵长4.3米,尾舱横梁上有三档舵杆限位木桩,可调节船的航向,这是继天津静海发现北宋河船带有完整的舵之后,又一具年代更早的唐代完整的拖舵。

(2)4号船。船体未能全部发掘。底板厚12~13.5厘米,首宽1.28米。材质坚硬,结构工艺精良,首部型式与扬州施桥唐船颇为相似,也在汴河(通济渠)中发现,可能是一艘唐代的歇艎支江船。

(3)5号船。船体残破损坏严重,未进行发掘。舱口宽1.8~1.9米,舱深0.6米。舱内有肋骨结构。

(4)6号船。平底,舱内存有11根肋骨。船体残长23.6米,肋骨间距0.7~1.3米。舱中间存13根空梁的方孔,尚存3根空梁。船板为硬木,板厚7~11厘米,船舱存深1.4米。据复原研究,该船总长27米,宽3.7米,深1.4米,排水量为51.5吨,载重量为30~40吨,可能是一艘内河运粮船。

(5)7号船。船体残长17.5米以上,舱内存有几根肋骨。残船体为两截木板拼成的,船体多处破损,板厚8~10厘米。

(6)8号船。发掘现场只暴露出残船的一条边板,船板厚6~10厘米。暴露残长5米左右,未发掘。

8. 江苏如皋马港唐代木船

1973年在江苏如皋县蒲西公社马港的河旁发掘,年代为唐代。船首部分已损坏,船尾残缺,舱盖板多已不存,桅杆已断,仅剩1米,但船身、船底和船舱隔板大部分完好,舱盖板上覆盖的竹篷痕迹犹存。船体残长17.32米,甲板最狭处1.3米,最宽处2.58米,船底最狭处0.98米,最宽处1.48米,舱深1.6米。船身用3段木料榫合而成。底板厚8~12厘米,舷板厚4~7厘米。全船共分9个舱。用材有松木、杉木。

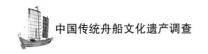

9. 江苏扬州施桥唐代木船(2 艘)

1960 年在江苏扬州施桥镇挖河工程中,发现了古代大木船(编为 1 号船)和独木船(编为 2 号船)各 1 艘,清理结束后,运至扬州博物馆展出。发现时,两艘木船紧靠在一起,2 号船很可能是 1 号船的附属小船;1 号船的年代,多认为是唐代,且很有可能正是史籍所记的航行于汴河(运河)上的歇艎支江船。具体情况如下:

(1) 1 号船。平底,用材为楠木。船尾部分已被破坏,船上的附件及舱板全缺。船体残长 18.4 米(复原后长 24 米),中宽 4.3 米,底宽 2.4 米,深 1.3 米,船板厚 13 厘米。全船大体分为 5 个大舱,其中还可能分若干个小舱。船板以榫接、铁钉钉合而成,以油灰填缝。木料上有节疤和裂痕处,则用小块木片补塞。发掘时,在该船周围及船底,清理出许多断竹缆和竹编织物残片。

(2) 2 号船。该船以一棵大楠树干刳成,两头微翘,以檀香胶合并钉补木板,圆底。全长 13.65 米,宽 0.75 米,深 0.56 米,舷、底均厚 6 厘米。船首右边有一个拴绳子的木扣,船尾有两个方形的穿孔。

10. 上海南汇黄路大治河宋代木船

1978 年在上海南汇县黄路公社新华四队的大治河中发现,年代为宋代。出土点在里护塘外侧,该层沙土是数百年来海潮涨落携带的泥沙沉淀形成的。船底大部分保存较好,船体残长 16.2 米,由 8 块横舱壁形成 9 个舱。舷侧板厚 5 厘米。船底在第 2~第 7 舱置内龙骨,有主龙骨和左右辅龙骨。船首"保寿孔"内发现铜钱 24 枚、银发钗 1 支。分析该船全长可达 18 米左右,载重量不低于 16 吨,可能是一艘九舱、单桅、平底的近海运输海船。

11. 天津静海元蒙口宋代木船

1978 年出土于天津静海县东滩头公社元蒙口村的一处古河道(俗称"运粮河")的转弯处,年代为北宋时期。出土时除左舷上半部腐朽无存、船尾在清理前遭人为破坏外,其余部分保存较好。该船底平,长 14.62 米,首、尾宽度分别为 2.56 米、3.35 米,最大宽度为 4.05 米。船中部深 1.23 米,船尾最深,为 1.71 米。船体连接结合使用铁钉和榫卯。船体主要由 12 组横梁支撑,有肋骨,无隔舱,亦未发现有关桅杆遗迹,船尾有舵。底板由 14 块纵向木板拼成。与船舷底部相接的底板为单层,板厚 8 厘米;其余底板为双重板,共厚 6 厘米。船底近中部有 2 块不规则的木板衔接贯穿首尾,起龙骨的作用,厚 8 厘米。船尾有一较完整的平衡舵,舵杆残高 2.19 米,舵叶呈三角形,底边长 3.9 米,最大高度为 1.14 米。船底多用杉木,舷部多用楸木、楠木和槐木,横梁为槐木,船肋多用檀木、枣木等硬质木材枝杈。

12. 河南滑县寺庄村宋代木船(2 艘)

2011 年在河南滑县寺庄村东北发现 2 艘古船,编号为船 1、船 2。两船形制相同,方首,方尾,平底,两端上翘,船底板与舷板皆为单层。船舷均有不同程度的损毁,从残留舷板看,布满排钉,缝隙填桐油灰。这两艘古船的建造年代为北宋,且有可能是因黄河改道而被遗弃的黄河货船,具体情况如下:

(1)船 1。船体全长 25.5 米,首部宽 4 米,尾部宽 3.75 米,船中部最宽处 5.85 米。船身共 10 个舱,船舱由上下对称的横梁构成,内铺有舷压筋,起支撑和加固作用。第 8 舱的船底中部靠前位置,有一块长 0.75 米,宽 0.35～0.25 米,厚 0.1 米的木板,上有方形孔,推测为桅底座。

(2)船 2。船体残长 23.6 米,船首残宽 3.85 米,船尾宽 3.65 米,中部最宽处 5.5 米。船身共设 10 个船舱,第 5 舱留有东西向的甲板,第 8 舱有桅杆底座,内铺有舷压筋。

13. 浙江宁波东门口码头北宋木船

1978—1979 年在浙江宁波东门口交邮大楼施工范围的遗址内发掘出土,年代为北宋时期,是一艘尖头、尖底、方尾的三桅海船。船体残长 9.3 米,残高 1.14 米,宽以龙骨为中心一半是 2.16 米。主龙骨为松木,由 3 段木材接合而成。主龙骨与首舱位置发现有 2 个保寿孔,孔内各埋 6 枚北宋早期铜钱。首柱为杉木,船壳板用杉木、松木、樟木,厚 6～8 厘米。抱梁肋骨全部采用樟木。残存的船体有 6 个舱,横舱壁多用松木,也有用杉木的。首桅底座、中桅底座分别用樟木、杂木。据复原研究,该船总长 15.5 米,型宽 4.8 米,型深 2.4 米,吃水 1.75 米,排水量为 53 吨。值得注意的是,该船装有减摇龙骨,即清道光年间刊印的《江苏海运全案》所记的"梗水木"。

14. 河南沁阳沁河一号北宋木船

沉船位于河南沁阳沁河主河道东岸码头的中部,年代为北宋时期。

2012 年 6 月发现 3 艘沉船,工作人员对其中一艘完全暴露且已无法保护的沉船进行了现场清理,编号 2012QQCC1。该船整体已走形散乱,船板向外开裂,横梁上的甲板全部不存。船通长 7.2 米,复原后宽 3.92 米,船舷上有 8 道横梁,横梁间距为 0.76 米,距船底 0.6 米。

15. 河北沧州南运河码头北宋木船

1998 年在河北沧州东光县码头桥古运河(南运河)河道发掘,初步断定沉船年代为北宋末年。船体木纹清晰,呈黄褐色,材质未见腐烂。沉船暴露长度为 6 米,宽 4 米。

16. 上海嘉定封浜南宋木船

1978 年出土于上海嘉定封浜公社杨湾村南距苏州河北岸 1 380 米的地下黑色流沙层内,年代为南宋时期,属内河沙船型。古船因受压稍变形,小部分船板和舱梁隔板木已腐朽,船身后部断缺。船体残长 6.23 米,复原后全长应为 10 米左右。该船平底,方头,两侧有橄。舱位较多,尚存 7 个舱位。船体用材有杉木、桑木等。

17. 浙江宁波和义路南宋木船

2003 年在浙江宁波和义路发掘。出土时,船首右侧缺失,但中部保存较完整,船尾已被破坏,残长约 9.2 米,最宽处约 2.8 米,深约 1.15 米,现存横舱壁 9 道,其底部见有舱壁肋骨,舱与舱之间有流水孔相通。船板厚约 5 厘米,用材为杉木及其他硬木。龙骨用荔枝木,横舱壁用香樟木。据复原研究,古船全长 12.79 米,宽 2.8 米,深 1.2 米,可能是一艘近海小型交通运输船。

18. 福建泉州法石南宋木船

1982 年发掘于福建泉州东海公社南临晋江的法石乡,年代为南宋时期。船体残破比较严重,上层建筑已无存,船体中部、前部因压在现代建筑下,尚未挖掘。现已发掘清理了古船后部的 4 个舱位,最长处有 7.5 米,最宽处有 4 米,船尾宽 1.42 米。龙骨现存部分长 7.22 米,由两段木料拼接而成,主龙骨用褐红色木料制成,尾龙骨用松木制成。底板为单层松木结构,龙骨右侧残存底板 7 列,左侧残存底板 8 列,底板厚 9~9.5 厘米不等。

19. 海南西沙群岛华光礁一号南宋木船

沉船位于海南三沙西沙群岛华光礁环礁内侧,1996 年由我国渔民发现,1998 年曾做过初步试掘。2007 年、2008 年,有关人员对该遗址进行了2 次发掘,出水文物近万件,大部分保存在海南省博物馆。残存船体总长约20 米,最宽处 9 米,推测型深 3～4 米,确认有 11 个残留的隔舱,船板层数多,大部分有 5 层,局部有 6 层,为国内罕见。船体的搭接方法主要有榫口搭接、滑肩搭接等,船板间采用大量铁钉固定船板。构件材质主要为松木。据研究,该船为尖底的福船,总长 25.22 米,型宽 9 米,型深 3.9 米,吃水2 米,建造于南宋时期的福建地区,始发港可能为泉州或闽粤沿海港口,航线为南洋航线,途经西沙群岛沉没。

20. 福建泉州后渚宋代海船

1974 年出土于福建泉州东南的后渚港海滩处。出土时,船体自舭部以上结构和桅、舵、帆、碇等属具均已不存。船身残长 24.20 米,残宽 9.15 米。据研究,该船年代为南宋末年,沉没于咸淳七年(1271 年)以后的几年间,是一艘三桅的由南洋返航的远洋贸易船。复原后,船长 30～35 米,宽约 10.5米,型深约 5 米。这是一艘典型的尖底海船,船内 12 道横舱壁将船分成 13个舱,船壳采用 2～3 层船板进行鱼鳞搭接。主龙骨两端横断面均挖有"保寿孔"。该船现收藏展示于福建泉州海外交通史博物馆的开元寺展馆。

21. 江苏太仓半泾河宋元木船

2014 年在江苏太仓城厢镇半泾河万丰村段发掘出土。实测船体残长17.4 米(一说 17.83 米),宽 4.8 米。船身保存较为完整,前端横剖面成 V形,后端横剖面呈 U 形,共 11 个隔舱,二桅。复原后,长 19.8 米、宽 5.55 米、型深 1.71 米。推测古船可能是宋元时期一艘内陆、近海两用的中小型船。

22. 广东台山"南海一号"宋代木船

1987 年发现于广东台山川山群岛与阳江南鹏列岛东帆石一带的南中国海海域,年代为宋代。2007 年底"南海一号"整体打捞出水并搬移至广东海上丝绸之路博物馆,进行室内保护、处理,2013 年 11 月底开始对"南海一号"开展全面保护发掘。除上层建筑和部分船板受损且甲板及以上大部分缺乏外,船体甲板以下保存较好。沉船船体残长约 22.1 米,最宽处约为9.35 米,船体中上部的船壳板多为三重板结构,残存 14 道横舱壁,将船分为15 个舱位。各舱间距 0.62～2.01 米不等。在一些舱位,存在纵向隔舱板,

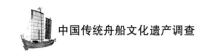

将每个船舱分成左、中、右三部分。一些舱壁板与船壳板交接处也发现了肋骨。在船尾的第14舱,发现舵孔,孔径32～35厘米。

23. 浙江温州朔门宋代木船(2艘)

2021年底发现于浙江温州朔门古港遗址,年代初步判断为宋代。其中一艘为北宋沉船,未全面揭露;另一艘为南宋沉船,已清理并整体打包提取,进入脱水、加固阶段。据分析,这艘已提取的南宋沉船可能是一艘长达20米的福船。

24. 山东菏泽元代木船

2010年发掘于山东菏泽牡丹区国贸中心工程建筑工地,年代为元代或元代以前。船体残长21米,残宽4.82米,高1.8米。除船体左侧部分残缺外,船底及右侧保存基本完好。该船为平底,有虚艄尾,敞口并带有舷伸甲板。全船有12道横舱壁及首尾封板,构成13个舱,船中心底板为平板龙骨。船舵为悬式平衡舵。沉船所用木材大部分为柏木。该船现收藏展示于山东省博物馆。

25. 山东聊城会通河元代木船

2002年出土于会通河聊城城区闸口以北的地下。船体残长17.5米,宽4.5米,共11个舱;木料为杉木,平底船,具有元代运粮漕船的特征。该船现收藏展示于聊城中国运河文化博物馆。

26. 河北磁县南开河元代木船(6艘)

1976年在河北磁县南开河村东100米处清理出6艘元代木船残骸,具体情况如下:

(1) 一号船。船体残长8.24米,后半截被毁,残存6个舱;左舷已朽,右舷残存一部分。船底板有11块尚存,但木板已朽,木质为杉木。

(2) 二号船。全船长10.08米,有6个舱;左舷已朽无存,底板及右舷板尚有残存,但大部分腐朽严重,船板为杉木。

(3) 三号船。该船残存后部3个舱,船尾已毁,仅存残舵;尚存杉木船底板11块,略朽。右舷已朽,左舷板尚有残存。

(4) 四号船。船尾端有舵孔,残存舵杆半截。船尾两侧舷板上烫有"彰德分省粮船"六字。船头已毁,舷板、底板均腐朽严重,残存5个舱,残长约

9.64 米。

（5）五号船。底板内部自首至尾有烧灼成炭的现象。舷板及梁等全部无存，仅存较完整的船底板 11 块，宽 2～2.15 米。从底板推测全船可能有 11 个舱，船长约 16.6 米。

（6）六号船。船体残朽严重，仅存半截。船板已全朽，仅能见到板灰痕及朽铁钉，据此测知船长约 3 米，底宽 1.7 米。从四号船的铭文推断，六号船为漕运粮船。

27. 江苏如东东海元代木船

1986 年出土于江苏南通如东县东海村，年代为元代。船长 12.6 米，宽 3 米，深 1.6 米，有 9 个水密舱，是一艘双桅小海船。甲板、舷侧板为杉木，横舱壁为杉木、柳木，舵承座为榉木。

28. 浙江宁波慈溪潮塘江元代木船

2014 年发掘于浙江慈溪新华村紧靠潮塘江与五灶江交汇的东北岸地，年代为元代，除首尾已残外，保存较好。船体残长 19.5 米，宽 5 米，型深约 2 米，全长初步推测介于 23～28 米。龙骨分为中龙骨、尾龙骨两段；有首桅座和主桅座，驶二道风帆，不排除有尾帆。木船残存 10 道横舱壁，推测船体应有 14 个舱。大部分横舱壁设有抱梁肋骨、扶强材、加强筋。船体中下部纵向有两条平行的纵梁，俗称龙筋。船底板保存较好，其中右舷最多可见 17 列底板并保存有双层甲板。

29. 广东珠海前锋元代沉船（3 艘）

1976 年在广东珠海金湾区平沙镇前锋八队挖鱼塘时发现 3 艘古沉船埋没在 2 米多深的泥滩中。3 艘古船并排在一起，其中一艘已挖出，长 20 多米，柚木质，船板厚 4 厘米，外裹一层铜皮，钉以铜钉，船内有烧过的痕迹。经对船板进行碳 14 测年，测出其年代为元代末期。余下的 2 艘古船仍埋没在鱼塘里，未发掘。

30. 山东蓬莱一号元代木船

1984 年发掘于山东蓬莱水城（古登州港）小海，年代为元代，最迟不晚于元末明初。船的上部与首、尾已残，船首保留了首柱，尾部仅保留了舵承座板，甲板以上部分已不存，船底板及横舱壁板大部分完好。船体呈流线

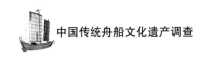

型,头尖尾方。船体残长 28.6 米,最宽处 5.6 米,最狭处 1.1 米,残高 1.2 米,有 14 个舱。从用材上看,该船有可能为南方所造。该船现收藏展示于蓬莱古船博物馆。

31. 北京通州郝家府元末明初木船

1998 年出土于北京通州潞城镇郝家府村南的运河北岸,出土后被运至北京工业大学分校院内保护,判断为元末明初货船。该船残存少许底板及右侧部分舷板。船体残长 17.5 米,残宽约 1.6 米,共计 9 个舱。木料品种杂,有杉木、硬杂木等,板厚 8 厘米。在甲板外侧设 1 根长护舷木。船板拼接以方锥形锻铁钉,从上块木板斜钉入下块木板内,缝隙处皆塞油灰。

32. 江苏太仓半泾河元明木船

1993 年出土于江苏太仓半泾河与浏河(古称娄江)交汇处,为平底沙船。出土时,船首及船尾部分残损。该船系元末明初的漕粮船,残长 19.5 米,宽 4.6 米,共有 13 个舱。用材为松木,连接牢固,建造水平较高。

33. 河北香河吴打庄明代木船

2003 年出土于河北香河县五百户镇吴打庄村西南的北运河东岸,年代最晚为明代。船体残长 11.34 米,从首至尾各舱残长分别为 1.06 米、1.4 米、1.42 米、1.1 米、1.38 米、1.7 米、1.18 米、1.68 米,横舱壁均厚 6 厘米。各舱均装有青砖。

34. 河北香河王家摆明代木船

2017 年发现于河北香河县安平镇王家摆村东的运河故道内,现场被破坏严重,有零星残断的船板。经抢救性清理,发现不完整船舱 3 个,舷板无存,横舱壁厚 3.7 厘米。该船应该是在明代后期装载山东临清所产城砖,通过漕运送至北京,途中在香河王家摆河段沉没。

35. 天津北辰张湾明代木船(3 艘)

2012 年在天津北辰区双街镇张湾村东南的北运河河道转弯处的沙土层中发现明代沉船 3 艘,具体情况如下:

(1) 1 号沉船。残损严重,整体结构无存,现场散落较多不完整的船板。

(2) 2 号沉船。船体结构保存较好,仅两侧舷板有损坏。船体长约 12.66 米,船底最宽处 2.2 米。齐头、齐尾、平底,修补痕迹明显,船底板间的缝隙,多用类似于白灰的防水涂料填补,较大的缝隙则先用碎瓷片填充,再用白灰涂补。推测有 8 个船舱。船体四周散落大量各种形态的船钉。

(3) 3 号沉船。首、尾残损无存,基本轮廓尚存。齐头,齐尾,平底,残长约 11.8 米,船底最宽处约 2.8 米,现存 5 道横舱壁。

36. 山东蓬莱二号明代木船

2005 年在山东蓬莱水城(古登州港)小海发掘出土。船体呈瘦长的流线型,残存船底部,船尾部及后面的舱壁板,以及船舷以上的船板已损坏,主龙骨、首柱、部分舱壁、肋骨、前桅座、左右舷各 11 列外板均保存较好。船体残长 21.5 米,残宽 5.2 米,舱残深 0.56 米,残存 6 道横舱壁,推断全船共设 14 道横舱壁,将全船分为 15 个舱。该船应为明代中晚期的战船,现收藏展示于蓬莱古船博物馆。

37. 山东梁山林秭河明代木船

1956 年出土于山东梁山县馆里乡贾庄村西北的宋金河支流林秭河(原黄河支流故道,可能是当时的漕运故道)。全船均系南松木(杉木类)建造,俯视呈柳叶形。船身全长约 17 米,宽约 2.8 米,深约 2 米,共 13 个大小相同的船舱。由南向北的第 4 舱及第 7 舱各有 1 根桅杆。该船可能是明初建造,用于武装护卫的一艘内河船。

38. 河南宁陵前华岗明代木船

1982 年出土于河南宁陵县前华岗村村东的黄河故道西岸,年代为明代。首、尾已残缺,船体在水线以下部分尚完好,残长 15.8 米,最宽处 4.5 米,深 1.8 米,复原后长 16 米,宽 4.8 米。船材为杨木。甲板残宽 0.93 米,厚 3～4 厘米。横舱壁残存 7 道,保存较完好的舱壁高 1.8 米,板厚 3.5 厘米。残存的侧舷板厚 4 厘米左右。残存桅底座。船底板厚 3.5 厘米。舵属不平衡舵,舵杆上部已腐朽,残长 2.57 米,上径为 17 厘米,下径为 23 厘米。舵叶由 5 块木板组成,四周用木框固定,上长 1.15 米,下长 1.5 米,高 0.91 米,板厚 3 厘米。

39. 浙江象山后七埠明代木船

1995 年发掘于浙江象山县涂茨镇后七埠村以南的海泥堆积层中,年代应在明代前期。船首只保存首柱和小部分船板,船身中后部则基本保存完好,但舵承座、舵杆等均已残缺。船体残长 23.7 米,残宽 4.9 米。尖首,方尾,尾部出艄呈燕尾状。船首横剖面呈 V 形,中部为略呈 U 形的圆弧底。中间的船底板较两旁的要厚,最厚处达 18～20 厘米。船底板内侧上面设有用整根杉木做成的纵向加强材(俗称龙筋),宽 18～20 厘米,高 14～20 厘米。舷侧板厚 14～16 厘米。在船中部右舷船板外侧,有一段用整根杉木制成的梗水木(现代称舭龙骨)。12 道横舱壁将船分成 13 个舱。据复原研究,该船总长 27.6 米,宽 5.3 米,深 2.4 米,排水量为 107 吨。

40. 广东汕头"南澳Ⅰ号"明代木船

2007 年发现于广东汕头南澳岛东南三点金海域的岛屿和半潮礁之间,当时命名为"南海二号",2009 年更名为"南澳Ⅰ号"。2007 年 6—7 月进行了水下考古调查和试掘。2010—2012 年对该沉船进行了抢救性水下发掘工作,了解现存船体纵长约 27 米,最宽的横舱壁宽 7.5 米,共发现 17 道横舱壁和 16 个舱。沉船应为明万历时期的商船,且始发地极有可能是福建漳州月港。

41. 北京通州杨坨清代木船

1998 年发现于北京通州潞城镇杨坨村西南运河西岸。发现时左舷无存,右侧腰断,后部折离船底,前部横舱壁余半。船底平,但已走形,左侧底板中前部毁失小部分,头、尾底板分别与主体底板脱节。全船主要用材为杉木,纵横龙骨为硬杂木。船首部底板厚 8 厘米,船中、船尾部底板皆厚 6 厘米,船底总长为 17.48 米,两端底宽 1.82 米,中部底宽 2.14 米。全船共计 13 个舱,横舱壁板厚 6 厘米,最大的舱纵长为 1.53 米,其余长度在 1.24 米、1.22 米不等,最小的舱纵长仅为 0.85 米。推测此船为客船,在清光绪十三年(1887 年)沉没。清理出的残船散板现存放于通州图书馆。

42. 山东鄄城郝堂清代木船

2013 年出土于山东菏泽鄄城县凤凰镇郝堂村箕山河的西岸,年代为清代。出土时仅存船首及舱部构件,船尾及船身绝大部分被破坏,但船的基本结构比较明确。船体残长约 12 米,其中船舷残长约 9.5 米。方首,平底;部位构件用平口对接,由船钉、锔钉扣连而成。首封板宽 1.62～1.92 米,厚 4 厘米。船首内部有补强材。舱口高 24～30 厘米。甲板有梁拱。残存 5 个舱,第 1、第 3、第 4、第 5 舱较大,长 1～1.8 米,第 2 舱为一个小船舱,仅长 0.3 米。

43. 河南洛阳运河清代木船(2 艘)

2013 年在河南洛阳偃师首阳山镇义井村小湾村西南洛河北岸滩地发掘了 2 艘清代沉船。沉船所在地为原隋唐洛阳城漕渠故道。两船形制结构基本相同,具体信息如下:

(1) 一号船。船体残长 20.14 米,保存较好,由 13 个船舱组成,结构较为完整,形制特殊,属典型的内河客货运输船。

(2) 二号船。船体前半部保存较好,残存前半部 7 个船舱,在船的东部、北部散落船体的木质构件,船体现存残长约 10.65 米、残高 1 米左右。

44. 江苏丰县梁寨清代木船

2014 年发现于江苏丰县梁寨镇黄河故道。与以往发现古船大多只保留船底、船体等不同的是,该船保存下来的顶板、桅杆顶端、滑轮、窗棂等多为舱面建筑构件,用材属榆木类。据分析,古船长度约 24.5 米,宽约 4.7 米,是一艘清代中期运输瓷器的商船,现收藏于江苏丰县博物馆。

45. 浙江象山"小白礁Ⅰ号"清代木船

沉船位于浙江象山县石浦镇渔山列岛海域北渔山岛小白礁北侧水下 20～24 米,于 2008 年发现,2014 年完成船体发掘与现场保护工作。出水的船体构件及船载遗物,被运至国家水下文化遗产保护宁波基地内边保护边展示。该船仅存船体底部,残长约 20.35 米,残宽约 7.85 米。残存构件主要有龙骨、肋骨、横舱壁、铺舱板、船壳板以及各类补强材等。龙骨由 3 段龙骨连接而成。残存船底肋骨 22 件,舷侧肋骨 21 件,肋骨残件 6 件,肋骨补强材与补强板各 12 件。船壳板包括内层和外层。船材树种多而杂,105 个受检样品分属 9 个科 15 个属的 18 个树种,均属硬木,大多产于东南亚热带地区。据分析,该船是一艘沉没于清道光年间的海运贸易船。

46. 广东澄海南洲清代木船

1971 年在广东汕头澄海县东里镇樟林村南洲(即东里河与义丰河交叉靠近南畔洲一侧的河滩上)出土一艘清代远洋船。船体残长 39 米,宽 13 米。船体全部由泰国楠木制成,并由泰国铜钉组合。该船未能保存下来。

47. 广东澄海和洲清代木船

1972 年在广东汕头澄海县东里镇义丰溪和洲村坪尾的河滩上出土一

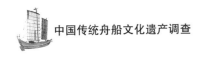

艘清代远洋红头船。船体残长 28 米,以一根巨大的泰国楠木为龙骨,船底板部分腐蚀。船舷上侧刻有"广东省潮洲府领□□双桅壹百肆拾伍号蔡万利商船"字样,每字 45 厘米见方。该船未能保存下来,但刻字舷板现收藏于澄海区博物馆。

48. 广东番禺大洲清代木船

1977 年在广东广州番禺县钟村公社大洲大队蔗田中发现一艘古船体,出土地位于珠江(当地称西海)附近,这里百年前还是一片海滩。船长 43.6 米,宽 4 米,为一艘尖头平底船,没有龙骨,船身很浅,船底至船舷板最深处为 0.62 米,船身彩绘龙鳞。推断为古代龙船,但不同于竞渡的龙舟,而是大洲村民为祭祀神灵专门建造的一种游乐之船,建造年代为清朝初年,埋藏年代可能是康熙年间或稍后。

49. 广东南关北京路清代木船(3 艘)

2014 年在广东广州南关的北京路南段工地出土 3 艘木船,分别编为 1 号、2 号、3 号,埋藏年代为清代嘉庆、道光年间,均以杉木为主要木料。1 号船的保存状况最差,推测可能属于航行于珠江内河道的小艇。2 号、3 号相对较好,与清代晚期广州"快蟹船"有相似之处。具体情况如下:

(1)1 号船。该船最小,平首,船尾已残破,残长 2.5～3.75 米,宽 1～1.65 米。船舱有隔板,两侧船板斜直,船底略弧,船体结构不明。

(2)2 号船。首尾两端略有残缺,后部舷板向两侧裂开。船体残长 19.2 米,中间宽约 3 米。首尖而上翘,船体呈狭长形。船底中部有纵向龙骨,龙骨内侧稍向上凸起。船中部内底稍平,外底略弧。船舱分隔密集,共 32 条横向构件,以肋骨为主、横舱壁为辅。船中部、前部均有类似底座结构,可能是主桅和前桅座的位置。船上没有发现舵的痕迹。

(3)3 号船。船尾部残缺,结构不明,残长 15.2 米,中部宽 2.6 米。首尖而上翘,船体呈狭长形。船舱分隔也十分密集,现存 24 条横向构件,但以横舱壁为主、肋骨为辅。船首存几条横铺木板。

50. 上海崇明"长江口二号"清代木船

沉船位于上海崇明横沙北港水域,于 2015 年发现,2022 年 11 月整体打捞出水。该船属清代同治时期,残长约 38.1 米,宽约 9.9 米,已探明有 31

个舱室。船体大部分被泥沙覆盖,首、尾和船舱等结构保存良好,是目前国内水下考古发现的体量大、保存状况完整的古代木质沉船之一。考古工作者已对古船的 4 个舱室进行了小范围的清理,舱内已发现码放整齐的景德镇窑瓷器等物品。另外,在船体及周围还出水了紫砂器、越南产水烟罐,以及桅杆、大型船材、铁锚、棕缆绳、滑轮船体构件,船体用材有婆罗双属木材和杉木等。

51. 安徽庐江齐嘴木船

2019 年枯水期,安徽庐江县齐嘴村向东约 4 千米的巢湖岸边发现一艘古代木船。据目测,该船体残长 10 米以上,残宽 4 米左右。

52. 上海吴淞炮台湾木船

2011 年,中国航海博物馆与上海市航海学会人员在上海吴淞炮台湾湿地森林公园内考察时发现一艘木质沉船的残骸,年代待考。该沉船退潮时可见,属木质船,龙骨长约 20 米,甲板全长约 23 米,船高约 2.37 米,残存 36 根肋骨。

53. 广东电白莲头西海湾木船

沉船位于广东电白县(今电白区)莲头村西海湾海域,于 20 世纪 60 年代末 70 年代初由当地渔民在沙滩底发现,年代待考。该沉船没有使用一枚铁钉,所有板材都用木钉连接,船上货物只有槟榔。

54. 马来西亚丹戎新邦孟阿瑶(Tanjung Simpang Mengayu)宋代中国木船

沉船位于马来西亚沙巴(Sabah)西北部距海岸 400 米处 12 米深的海底,是目前南海地区发现的最早的能确定为中国船的沉船。该船于 2003 年发现,由马来西亚博物馆等调查发掘,但发掘工作没有彻底完成。沉船在发掘前、后均遭盗掘和破坏。沉船所用木材是温带的地区的松树(Pinus sylvestris),多重板船体,有方头铁钉。马来西亚学者认为这是中国船,船货以青铜锣和中国南方窑口的瓷器为主。该船年代,发掘者认为是北宋,但也有学者认为是南宋。

55. 韩国新安元代中国木船

沉船位于韩国全罗南道光州市西部新安郡道德岛海域,为元代的中国福船型海船。1976—1984 年,打捞工作陆续进行了 10 次,1984 年和 1987 年还进行了 2 次复查性打捞。船体上半部已经腐朽,残长约 28 米,残宽约 6.8 米,7 道横舱壁将船分成 8 个舱。龙骨分主龙骨、首龙骨、尾龙骨,主龙骨与首、尾龙骨的嵌接处置有铜钱和铜镜。横舱壁与外板交接处设有肋骨,以中部最宽处为基准,中部以前的肋骨设在横舱壁之后,中部以后的肋骨设在横舱壁之前。外板采用鱼鳞式搭接。在第 4、第 7 号舱壁前,设有前桅座和主桅座。

56. 菲律宾里纳礁明代中国木船(Lena Shoal shipwreck)

1997 年出水于菲律宾巴拉望岛北部海域,仅存底部,船板为双层板结构,用木钉和铁钉相连,推断沉船年代应是 1480—1490 年,即明弘治时期。发掘者估计船长约 24 米,载重约为 100 吨,是一艘小型中国帆船。

57. 菲律宾圣克劳斯号明代中国木船(Santa Cruz shipwreck)

沉船位于菲律宾吕宋岛北部的圣克劳斯附近海域,因渔民盗掘而被发现。2001 年发掘,船体大部分保存完好。木板之间用榫卯和铁钉固定,圆形船底,有龙骨,这是中国船的特征。该船中共清理出 14 965 件遗物,其中,97% 为瓷器,有 8 000 多件瓷器出水时仍然完整。这批瓷器绝大部分是产自景德镇的青花瓷和龙泉窑的青瓷,也有部分是广东窑口的瓷器。发掘者推断沉船长约 25 米,宽 6 米,有 16 个船舱,年代为明弘治时间(1488—1505 年),可能曾到泰国湾一带进行贸易活动。

58. 越南平顺明代中国木船

沉船位于越南中南部平顺省的沿海港口藩切(Phan Thiet)以东 40 海里的水下约 39 米处。2001 年由越南渔民发现,2002 年进行水下考古,对船体残骸及货物进行了勘探。船体下部保存相当完好,残长 23.4 米,宽 7.2 米,共 25 个水密舱,前桅和后桅的底座保存较好,舵仅存残部。船板木材为温带松树,厚 6 厘米,双层板结构,船板之间由铁钉相连。出水瓷器约 10 万件,几乎全是福建漳州窑瓷器,且绝大部分是青花瓷。这是首次在南海地区发现的满载漳州窑瓷器的中国沉船,年代为明万历时期。

59. 印尼巴高明代中国木船(Bakau shipwreck)

沉船位于印度尼西亚卡里马塔(Karimata)海峡巴高岛附近的水下 24 米

处。1999 年,弗莱克(Flecker)对其进行了短期调查,遗址已被严重破坏,部分船板仍保存完好,但船体剖面形状和货舱结构都已不清楚。船体残长 22.7 米,宽 6.5 米,未发现龙骨,船板之间用方形铁钉连接,并用石灰填缝,残存木材经鉴定为松木。船货中有相当数量的"永乐通宝"铜钱,残留瓷器包括中国龙泉青瓷以及大量泰国窑口生产的陶瓷器。其他船货包括产自中国的铜炮、铜镜和铜锣等。弗莱克认为这是艘中国船,可能是民间私自出海的走私船。

60. 越南头顿清代中国木船(Vung Tau shipwreck)

沉船位于距越南南部槟榔岛 15 千米处水深 40 米的海底。1989 年由当地渔民发现,1990—1991 年进行发掘。沉船长度为 32.71 米,宽近 9 米,是一艘清代康熙时期的中国商船,满载康熙时期的青花瓷,约 6 万件,其中 70% 的青花瓷是景德镇民窑产品,也有部分是福建德化窑和漳州窑的产品。船上还发现了万历、顺治、康熙铜钱。

61. 越南金瓯清代中国木船(Ca Mau shipwreck)

沉船位于越南金瓯角(Cape Ca Mau)以南 90 海里处水深 32～36 米的海底。1998—1999 年进行发掘,并命名为"金瓯沉船"。船体已遭严重破坏,只残存少部分,船板上有铁钉和木钉,有水密舱结构,船材为肉托竹柏。出水 13 万件器物(包括民间非法打捞被追缴回来的器物),有中国陶瓷器、锌条、康熙通宝钱币、衣物、金属制品、石质印章等。其中,出水的中国瓷器数量最多,约 6 万件,以景德镇窑产品为多且最精良,其次为广东石湾窑、福建德化窑的产品。推测该沉船是一艘雍正年间(1723—1735 年)从中国广州启航前往东南亚某地的商船,船长约 24 米,宽 8 米。

(三) 古(沉)船遗址

这类遗址在地下或水下发现了古船的痕迹或遗物堆积,但还未发现船体遗存,或仅发现船体残骸而暂无法对古船开展实质性调查并采集船体完残状况和主尺度等信息。据不完全统计,1949 年以后国内外发现的此类遗址至少有 48 处,位于我国辽宁、北京、河北、山东、安徽、上海、福建、广东、香港、海南等地区以及印度尼西亚等国。已断代的有 41 处,所属年代从唐五代一直到民国初年。

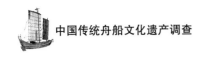

1. 福建莆田门峡仔唐五代沉船遗址

2008 年经调查确认,沉船遗址位于福建莆田东吴村东南面的门峡仔。此处大潮低平潮时水深约 11 米,在 2008 年调查的近 1 000 平方米的范围内均可采集到遗物,主要为青釉碗、罐等,年代为晚唐五代时期。

2. 上海奉贤四团宋代古船遗址

1977 年在上海奉贤县四团公社第五生产队的农田里发现。遗址点距今海岸线 10 千米,距宋代海岸线遗迹里护塘(钦公塘)外约 400 米,现场发现 1 000 余件典型的宋代瓷器。随后又在北距钦公塘、南距宋瓷堆积处各 200 米处发现木船残件,底板残长 9.84 米,宽 0.25 米,厚 6 厘米。多种迹象表明,此遗址极有可能是一艘残毁的宋代木船,从闽北的瓷器产地装运瓷器返回,至此处遭遇不测沉没。

3. 福建平潭西南屿宋代沉船遗址

2009 年发现,沉船遗址位于福建平潭大练岛北部西南屿的西南。此处低平潮时水深 35 米。遗址表面还可见船体残骸,遗物分布范围达数百平方米。2009—2010 年福建沿海水下考古调查时采集的一批遗物,均为龙泉窑青釉瓷器。

4. 福建兴化湾北日岩一号宋代沉船遗址

2008 年经调查发现,沉船遗址位于福建兴化湾小日岛西北约 2 千米处的北日岩东北面。此处高平潮时水深 16 米。2008 年调查采集到宋代遗物 10 余件,种类有青白釉执壶、盘、碗以及陶罐。

5. 福建莆田北土龟礁一号宋代沉船遗址

2008 年经调查发现,沉船遗址位于福建莆田兴化湾南日岛东北的北土龟礁北面约 300 米处。此处低平潮时水深 18 米。沉船遗物分布范围约 5 000 平方米,沉船残骸埋藏较浅,保存较差,露出海床的残存船体构件长 10 余米,宽约 1 米,仅见一道横舱壁。另见 2 块石碇。打捞出水的青釉碗,初步判定是福建北部地区窑口的产品。研究人员推测此处为南宋早、中期沉船遗址。

6. 福建龙海半洋礁一号南宋沉船遗址

沉船遗址位于福建龙海与漳浦交界海域的半洋礁北面,此处低平潮时水深 19～20 米。该遗址于 2008 年多次被盗捞,破坏较严重。2010 年 5 月发现,10 月进行初步调查,发现船体残骸之后又对该沉船遗址进行了重点调查。采集遗物主要为瓷器,另有少量漆木器、铜器、锡器和铜钱等。从出水器物与铜钱来看,遗址年代应为南宋中晚期。

7. 福建连江定海白礁一号宋元沉船遗址

沉船遗址位于福建连江县定海村东北黄歧湾水域的白礁南侧。20 世纪 70 年代末当地渔民在此处发现船板,经过 1990 年、1995 年及 1999—2000 年等多次较大规模的水下勘测、发掘,确认该处是一处宋元时期沉船遗址。船体大部分破坏严重,仅大型凝结物底部叠压的疑似龙骨部分残存了下来,龙骨残骸由长条形大型整木加工而成。据分析,该沉船是一艘主要运载瓷器和部分金属器具的贸易商船,全长 19～20 米,宽 5～6 米,有 9 个或 11 个隔舱。

8. 福建平潭小练岛宋元沉船遗址

沉船遗址位于福建平潭小练岛东礁村东面海域。此处水深 19～21 米。2008 年福建沿海水下考古调查时发现,当时已被渔民盗捞过。2009 年进行了详细的调查和局部试掘,遗址分布范围约 2 000 平方米,发现 5 块石碇,其中最长的 1 块长约 3 米,宽 0.2 米,厚 0.1 米,中间有一道凹槽。采集到的器物中以陶罐、瓶居多,应为浙江一带窑址生产。此外还有部分青白釉碟、执壶、碗、盘、黑釉盏等,为福建本省的一些窑址和龙泉窑、景德镇窑生产,年代为宋元时期。

9. 广东新会银洲湖宋元沉船遗址

沉船遗址位于广东新会县官冲乡银洲湖(西江的入海口,元朝灭宋的最后一战发生于此)。1991 年调查探明一些可能是沉船的疑点。1992 年对沉船疑点进行潜水调查,采集了一块船板。经测定,船板年代为宋末元初,与海战发生年代大致相符。

10. 广东"南澳Ⅱ号"宋末元初沉船遗址

沉船遗址位于广东南澳岛云澳镇三点金海域,是继"南澳Ⅰ号"后发现的另一艘古代沉船遗址。2015 年 7 月,广东省文物局抽调全省水下考古专业人员组成考古队,对该沉船开展水下调查与探摸工作。

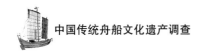

11. 辽宁三道岗元代沉船遗址

1991 年在辽宁葫芦岛绥中县塔屯镇大南铺村南面的三道岗海域,渔民偶然打捞出一批元代瓷器和一些破碎的船板,当年 9—10 月进行了预备调查。1992—1997 年共进行了 5 次正式的调查。沉船露出海底的部分长约 16 米,宽约 7 米,船体已基本朽烂,未打捞出水。

12. 福建莆田北土龟礁二号元代沉船遗址

2008 年经调查发现,沉船遗址位于北土龟礁一号宋代沉船遗址北面约 1 600 米。此处低平潮时水深约 27 米。船体朽坏严重,遗物分布较集中,南北长约 10 米,东西宽约 5 米,局部仍可见成摞瓷器整齐摆放在船舱内。采集到的沉船遗物均为元代的青白瓷,器类以碗、碟为主,与连江浦口窑同类产品相似。

13. 福建莆田北日岩四号元代沉船遗址

2008 年经调查发现,沉船遗址位于福建兴化湾小日岛西北约 2 千米处的北日岩西南面。此处高平潮时水深约 20 米。该遗址于 2006 年被盗捞,海床表面散落大量遗物,分布面积数千平方米。遗物均为青白瓷碗,年代为元代。

14. 福建龙海半洋礁二号元代沉船遗址

2014 年经调查发现,沉船遗址位于福建龙海半洋礁西南面。此处低平潮时水深 21～22 米。船体残骸为正东西向,残长约 11 米,宽约 1.5 米,船板厚 6～10 厘米,龙骨宽 16～21 厘米,厚 18～20 厘米,一端残,另一端埋藏于泥中。采集到的瓷器均为龙泉窑青瓷,器形有碗、洗等。

15. 福建湄洲湾文甲大屿元代沉船遗址

2008 年经调查确认,沉船遗址位于福建湄洲湾湄洲岛北面文甲大屿南面约 50 米处。此处高平潮时水深 13 米。沉船遗物分布范围较大,东西长约 400 米、南北宽约 50 米,此范围内发现的遗物,以青白釉碗为主,其次为盘、碟,还有少量青釉器、酱釉器。

16. 福建漳浦沙洲岛元代沉船遗址

2008 年经调查发现,沉船遗址位于福建漳浦县古雷半岛东南的沙洲岛附近。采集到的遗物有青(白)釉等元末明初时期的瓷器。

17. 海南西沙群岛石屿二号元代沉船遗址

2010 年经调查发现,沉船遗址位于海南西沙群岛海域永乐群岛中部东侧的石屿之东。此处水深 1～2 米。该遗址曾被渔民盗捞,遗迹堆积较薄,遗物散布范围大,有较多的瓷器碎片,未发现船板痕迹,但仍可推测为一处沉船遗址,推断其年代为元代。采集到瓷器(片)标本 405 件,分别产自江西景德镇窑、福建德化窑、晋江磁灶窑以及福建地区的其他窑场,均是当时重要的外销商品。

18. 福建平潭大练岛元代沉船遗址

沉船遗址位于福建平潭县大练岛西部海域。此处低平潮时水深 14～15 米。2006 年遭渔民盗捞被发现,2007 年进行抢救性水下考古发掘。船体破坏严重,首尾均残,仅残留部分船底和船板。船体残长约 7 米,残宽约5.5 米,残存 2 道横舱壁和 1 道横舱壁痕迹,间距分别为 0.95 米、0.84 米,横舱壁厚约 8 厘米,残存肋骨。采集出水瓷器标本 300 余件,均为龙泉窑产品。判断遗址年代为元代中晚期。

19. 福建漳浦圣杯屿元代沉船遗址

沉船遗址位于福建漳浦圣杯屿西南。此处低平潮时水深 26～28 米。2011 年遭疯狂盗捞,2014 年进行重点调查,遗址表面可见部分船体,出露部分长 9 米,最高处为 0.15 米,共发现 6 道横舱壁。其中最长的一道横舱壁长约 4 米,厚 8～10 厘米。采集到的标本均为龙泉窑的青瓷。推断该船是一艘运输龙泉窑瓷器前往东南亚一带的货船。遗址年代为元代晚期。

20. 山东青岛鸭岛明代沉船遗址

沉船遗址位于山东青岛琅琊台海域鸭岛南面一处明暗礁东侧。2000—2002 年先后对该遗址进行过 3 次水下考古调查,确认为一处明代晚期沉船遗址。船体已不复存在,仅留舱中货物与礁石凝结在一起,凝结物主要由铁锅等铁质器物组成,夹杂成摞的青花瓷器,还发现有一条保存十分完整的石碇(0.2 米×0.4 米×1.2 米)。

21. 福建莆田北土龟礁三号明代沉船遗址

沉船遗址位于福建莆田北土龟礁西约 1 千米。此处高平潮时水深约 5米。2008 年调查发现,年代为明代。现场共采集 6 件明代青花瓷标本,种

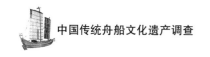

类有碗、盒等。

22. 福建平潭"九梁Ⅰ号"明代沉船遗址

沉船遗址位于福建平潭县屿头乡碗礁海域。此处水深 16～19 米。2006 年第一次调查对已暴露的船体和沉船遗物散落面积进行了初步测量和绘图,采集了部分沉船遗物。当时该遗址曾暂定名为"碗礁二号",后更名为"九梁Ⅰ号"。该沉船曾遭盗掘,遗址散落大量被破坏的器物残片。2008 年第二次调查时,发现遗址又遭盗掘,部分横舱壁已被拖离原位。已暴露海床表面的横舱壁有 6 道,最长的一道长 4 米。推断该船宽 5～6 米。判断该沉船遗址年代为明代晚期。

23. 福建平潭牛屎礁明代沉船遗址

沉船遗址位于福建平潭海坛岛西北牛屎礁。2005—2008 年调查采集了部分遗物,2005 年边防部门收缴了一批从该遗址盗捞出水的器物。这些器物主要为青花瓷器,还有少量白釉、五彩瓷器,器形以碗、盘为主,为明代中期景德镇民窑的产品。

24. 福建平潭老牛礁明代沉船遗址

沉船遗址位于福建平潭西北老牛礁海域。此处高平潮时水深约 14 米。2014—2015 年调查确认,沉船年代为明代中期。遗址曾遭不法分子多次盗捞,大量遗物散落于海床表面,面积约 200 平方米。船体残骸大部分埋于海床中,仅局部露出海床。部分船板上还可见厚 1～2 厘米的黑色木炭,应该是被火烧过的。采集标本均为景德镇窑瓷器,具有典型的明弘治、正德时期景德镇民窑青花瓷器特征。

25. 香港西贡沙咀明代古船遗址

香港西贡万宜水库修建期间,在沙咀发现明代古船遗迹。1974 年和1977 年发掘了明代古船的船板和残木,所发现的遗物中有数十粒波斯湾一带制造的玻璃珠和大量马来西亚的陶瓷碎片。香港历史博物馆展示了一件该船的船木残件。

26. 辽宁东沟大鹿岛明清沉船遗址

沉船遗址位于辽宁东沟县(今东港市)孤山镇以南的黄海海域,在鸭绿江和大洋河口交叉处的大鹿岛东口的东北方向离岸约 800 米处的海中,1978

年、1984 年曾两次被渔民发现。舵叶框木为南方的柞木，坚硬沉重。舵叶顶端嵌有黄铜板，并由黄铜螺钉固定。舵叶板的外壁有火烧痕迹，舵叶板之间采用榫合并用铁棍紧固。该遗址出水过 1 把铜锁、20 余件完整瓷器和大量的瓷器碎片以及铜镜、明代铜钱等。据分析，沉船年代可划至明末清初，可能是一艘到北方经营瓷器和其他商品的南方商船，在大鹿岛附近因火灾而遇难沉没。

27. 福建晋江深沪湾清代沉船遗址

1999 年，福建晋江深沪镇首峰村村民在深沪湾中段的帮溪口浅海作业时，意外发现一批文物，包括铜铳、铁炮、瓷盘、铜锣、锡壶等。2006 年调查初步判定其为一处明末清初的沉船遗址。沉船位于帮溪口浅海区域。此处高平潮时水深 4~5 米。沉船已遭严重破坏，船体荡然无存，除发现多块较大的岩石以外，未发现任何遗物。推断沉船应为南明（即清初）时期的战船。

28. 福建长乐大祉村清代沉船遗址

沉船遗址位于福建长乐松下镇大祉村附近海域。1996 年进行了初步调查，确认发现一艘清代至近代的沉船。沉船距岸边不远，退潮时铁制桅杆尚可露出水面，船体已深陷海床的沙层中。

29. 福建平潭碗礁一号清代沉船遗址

沉船遗址位于福州平潭屿头岛东面的碗礁海域水下 14 米处，地处闽江口以南的古航道内。2005 年因渔民盗捞被发现，后进行第一阶段的发掘，发现一艘沉船残骸，残长 13.5 米，残宽约 3 米，残高 1 米，发现一根龙骨残件，残存 16 个舱，多数横舱壁遭到破坏，出水 1.7 万余件瓷器。2008 年进行第二阶段的发掘，发现遗址仍遭盗捞，船体残骸被严重破坏，仅残长 1.5 米，残宽 0.47 米，散落大量碎船板。出水船货主要为清康熙中期的景德镇窑瓷器。初步判断沉船年代为清康熙中期。

30. 福建莆田北日岩二号清代沉船遗址

2008 年经调查发现，沉船遗址位于福建兴化湾小日岛西北约 2 千米处的北日岩东面。此处高平潮时水深约 21.4 米。本次调查采集了 5 件青花碗和 1 件陶器残片。遗址年代为清代晚期。

31. 福建莆田北日岩三号清代沉船遗址

2008 年经调查发现，沉船遗址位于福建兴化湾小日岛西北约 2 千米处

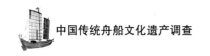

的北日岩东面。此处低平潮时水深约 24.7 米。调查发现有铜钱散落在礁石及海床表面,分布范围近 1 000 平方米,采集铜钱数十枚,其中数枚为日本、越南钱币,其余均为清代年号的钱币。遗址年代为清代晚期。

32. 福建湄洲湾大竹岛清代沉船遗址

2008 年经调查确认,沉船遗址位于福建湄洲湾南部的大竹岛北面二三百米处。此处高平潮时水深约 23 米。沉船遗物散落面积较大,在近 5 000 平方米的范围内均可采集到遗物,采集遗物均为瓷器。遗址年代为清代中晚期。

33. 福建东山冬古清代沉船遗址

沉船遗址位于福建漳州东山县西埔镇冬古村码头西堤东侧水深 4 米左右的海底。2000 年发现并进行了探查,2004 年进行了发掘。船体基本散架,船底及大部分构件尚存。底板为松木,其上均铺一层较大且规整的石块,可能是压舱石。局部出现双层木板叠压,中间隔有方木,应当是船甲板塌陷使然。龙骨依稀可辨,截面呈"凸"字形。出水文物主要有船构件、兵器和其他物品三大类。船构件主要有龙骨、船板、带缆桩。分析认为,该沉船年代应是南明(清初)时期,很可能属于郑成功或郑经的战船,船型可能是东山岛常用于海战的赶缯船,长度超过 20 米。部分出水文物收藏于东山县博物馆。

34. 广东南澳青澳湾清代沉船遗址

沉船遗址位于广东南澳县青澳湾西南约 2 000 米处,1994 年由渔民发现。2000 年对其进行水下调查,沉船文物已被盗捞,但还是采集到青花碗、碟、杯等文物。经研究人员判断其为清道光年间沉船。

35. 广东汕头广澳港清代沉船遗址

沉船遗址位于广东汕头达壕区濠江入海口广澳港的港池内,1995 年发现,1996 年进行了水下探摸,露出了部分主龙骨和肋骨,肋距超过 1.5 米,现场还散落了许多散乱的船板。1997 年调查发现淤泥已将沉船覆盖。出水遗物包括铜铳、铜印、铜暖壶及部分残碎瓷器等。其中,2 件铜铳均刻"国姓府"3 个字。推断该沉船可能为南明(清初)时期郑成功属下的一艘战船。

36. 广东汕尾白沙湖清代古船遗址

沉船遗址位于广东汕尾田乾镇白沙湖,可能是南明(清初)时期郑成功的战船。1980 年,当地渔民打捞出一些陶瓷器和一门铜炮,铜炮长约 1.3 米。

37. 广东湛江硇洲岛清代沉船遗址

沉船遗址位于广东湛江硇洲岛以西的东海湾南部海域,水深 7~9 米。2005 年进行了水下考古调查与试掘,采集沉船遗物 468 件,其中以铜钱的数量最多,占 67.5%。其余遗物有银币、银锭、陶瓷器及陶瓷碎片、铜砝码、铜灯、铜锁、铜器座、石砚、压舱石等。出水的铜钱 95% 以上是"乾隆通宝",沉船年代为清乾隆时期。

38. 海南文昌县宝陵港清代沉船遗址

1987 年发现于海南文昌县城以东的宝陵港海域,1990 年进行调查,年代为清代。沉船主体已被泥沙掩埋,金属文物凝结成块状堆积。其中有成螺旋的铁锅、铜锣等,在沉船的缝隙中还发现了一些瓷器、铜手镯、银锭和大量的"永历通宝"等物,凝结物的底层发现有船壳板的痕迹。

39. 海南西沙珊瑚岛一号清代沉船遗址

1996 年在海南西沙永乐群岛珊瑚岛东北角礁盘约 6 米深的海下发现一处沉船遗迹,在 70 米×30 米的范围内发现一批石雕器物,主要有人像、斗拱、柱础、石条、石柱、石板等。2010—2014 年进行了水下考古调查,2015 年进行了正式的水下考古发掘。该遗址没有发现船体,遗址以石质类文物为主要堆积,还发现有少量青花和白釉瓷器碎片。经研究人员分析遗址年代很可能为清代。

40. 广东珠海平沙前锋清末民初古船遗址

沉船遗址位于广东珠海平沙区前锋八队,1996 年发掘,船身已残破,有明显火烧痕迹。舱底沉积了大量的灰烬、炭屑和从木板上掉落下来的船钉。船体残长 30.6 米,最宽处为 5.4 米。船体横断面呈 U 形,龙骨从首部贯通至尾部,有密集的隔舱,部分隔舱间凿有小孔相通。船板以木榫和铁钉连接,再以油灰填封钉眼。舱底发现大量遗物,有青花瓷、黑釉瓷、白瓷、玻璃器、铜锁头、子弹壳、药丸等,还出土了西班牙银币、铜币及清代和民国时期

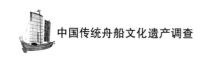

的铜钱。据分析,该船是一艘清末民初时期的广式运输货船。

41. 北京通州郝家府沉船遗址

沉船遗址位于北京通州潞城镇郝家府村南的现大运河河道南岸处。20世纪60年代第一次发现,1973年河道清淤时再次发现,船舷露出,挖出成套的景德镇窑青花碟盘与羹匙。后来又有村民潜水用斧砍断该船的柏木舵。1994年对该船开展考古勘探,得到此船的具体位置。船长约13米,宽约3米。遗址年代待考。

42. 河北故城建国沉船遗址

沉船遗址位于河北衡水故城县建国镇建国村东的运河河道,距运河左岸约80米。1966年来,河水多枯干,先后暴露陶片、瓷片和腐朽船身。遗址年代待考。

43. 山东德州北厂沉船遗址

沉船遗址位于山东德州二屯镇运河北岸。1998年,取土时发现沉船一艘,船上载有宋、元时期瓷器和铜钱若干。遗址年代待考。

44. 安徽淮北柳孜运河沉船遗址

2013年,柳孜运河遗址进行第二次发掘(发掘范围是1999年发掘区域的东侧),发现沉船一艘,但残损严重,无法提取。沉船体残长2.3米,宽0.9米。全船使用铁钉(横钉、十字钉)钉合船板,接缝处用石灰密实。船底朝上,船下有一长串铜钱。同时,在河底出土大量的石船碇。遗址年代待考。

45. 福建长乐东洛岛沉船遗址

2014年在福建长乐松下港东洛岛西侧海湾进行水下调查时发现一处沉船遗址。遗址所在海床可见一些散落的船板及船体残骸,大部分腐蚀较严重,还发现至少8块石碇,推断该遗址是为贸易船只提供避风、补给及沿岸贸易的场所。采集遗物主要以青瓷、青白瓷、黑釉瓷、青花瓷为主,年代从唐代至清代。遗址年代待考。

46. 广东饶平公鸡岗沉船遗址

沉船遗址位于广东潮州饶平县大埕东北面与福建海面交界处的公鸡岗暗礁。沉船上打捞出银锭和铜钱,铜钱均属宋代,封装于瓷罐中。开罐可见成串铜钱,绳子已霉烂,但铜钱仍保存完好。遗址年代待考。

47. 广东吴川县沙角旋沉船遗址

沉船遗址位于广东吴川县(今吴川市)吴阳镇沙角旋寮儿村离岸约 500 米处的海域。此处涨大潮时最高水位达 8 米,落潮时最低水位仅 1.5 米左右。1988 年对该遗址进行水下考古调查,但未对沉船进行打捞清理。遗址范围东西长约 12 米,南北宽约 4 米,沉船大部分被石块覆压,船板均已严重蛀蚀。潜水探视,见沉船边沿有铜片包裹,还探摸到铜钉、小铜环等遗物。遗址年代待考。

48. 印尼加斯帕岛清代中国"泰兴"号(Tek Sing)沉船遗址

"泰兴"号在清道光二年(1822 年)从中国厦门港驶往巴达维亚 (Batavia,今印度尼西亚雅加达),在航行至印度尼西亚北部加斯帕岛 (Gaspar Island)附近海域时,不幸触礁沉没。1999 年,由迈克·哈彻领队的澳大利亚一家海洋公司在贝尔威得暗礁找到了该沉船遗址并进行商业打捞,但沉船本身未发掘。经中国航海博物馆复原研究,"泰兴"号总长为 59.1 米,宽 12.93 米,型深 6.63 米,吃水 4.95 米,主桅高 34.7 米,载重 1 000 吨。

(四) 其他实物遗存

1. 其他实船遗存

一部分传统舟船实船遗存,已为各地相关博物馆或机构所收藏。如:中国航海博物馆收藏有云南泸沽湖独木舟、太湖渔船等;北京中华民族博物院收藏有牛皮筏、苗族龙舟、采莲船等;南京博物院、中国人民解放军海军诞生地纪念馆各收藏有一艘渡江战役木船;泉州海外交通史博物馆收藏有台湾兰屿达悟人的拼板舟、西藏牛皮船、海南黎族缝合船等;香港历史博物馆收藏有一艘香港渔船;宁波宝德中国古船研究所从海外购回并收藏有数艘中国内河船。

一些重要的传统舟船遗存还散失在各处,或保存状况不佳,如沿海的"金华兴"号,内陆河湖的太湖五扇子、太湖七扇子等。具体情况如下:

"金华兴"号于 2004 年 5 月被船史学者和爱好者在福建东山湾发现,同年 10 月运抵珠海香洲港。"金华兴"号为清代晚期建造的中国传统木帆船,是迄今为止所发现的年代最久、体量最大、保存最完整的海洋风帆木船实船,也是典型的广船,很可能还是整个中国海岸线最后一艘仍在使用风帆动

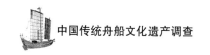

力的三桅古船。该船长 28.5 米,宽 8.2 米,主桅杆高 23.5 米,排水量约为 200 吨,船首尖而低,船尾圆满而高翘,保存有广船的开孔舵、平衡式斜桁大扇形帆及使用铁力木等硬木作为船材诸多标志性特征。目前该船保存状况不佳。

太湖五扇子,即太湖五桅大渔船。目前太湖水域仅存一艘,原船系清光绪二十一年(1895 年)由苏州太湖乡(现光福镇太湖渔港村)张元龙出资用老柏木建造的五桅拖网帆船,共 2 组 4 艘。船长 75 尺(约 25 米),宽 17.5 尺(约 5.8 米)。原 4 艘帆船经张姓三代船主,历百余年,其中 3 艘已相继沉没于太湖。2002 年,台湾建筑设计师登琨艳购入仅存的一艘,委托其苏州的朋友照顾,但未进行定期保养、维修,主桅杆遭雷击折断,舱底漏水日趋严重,不能航行,后泊于东山镇六巷村港边。2009 年,生活于太湖的向子平、沈诗醒夫妇完成对该船管理权的交接,并修复该船,后停泊于吴江横扇镇环良港的太湖大学堂附近。目前该船损坏较严重,保存状况堪忧。

太湖七扇子,即太湖七桅大渔船。目前太湖水域仅存 4 艘,具体情况分别为:① 原船主为蒋乾元,后被无锡市旅游局购买,现停泊于无锡鼋头渚风景区的三山岛。该船由蒋乾元的曾祖父于 1813 年从浙江建德购买的老柏木所造。传至蒋乾元后,曾在 1954 年进行大修,更换了少数已烂的船板。该船牌照号"太湖 01 - K283",长 25 米,宽 5 米多。② 原船主为蒋林法,后被苏州太湖国家旅游度假区购买,现停泊于吴中区临湖镇的菱湖渚风景区。该船原造于清道光二十年(1840 年),长 26.9 米,宽 4.85 米,载重 55 吨,船舱深 1.75 米。③ 原船主为张进吉,后也被苏州太湖国家旅游度假区购买,现停泊于苏州太湖国家旅游度假区内(靠近苏州海洋馆)。④ 原船主为蒋洪兴,现船主为其第四代后人蒋夫宝,现泊于苏州市吴中区光福镇的太湖渔港村。这艘蒋字号七扇子老船,属于大修重建实船,2005 年时仅残存木船的外壳,当时主要由光福镇出资修复。2018 年时,该船还能扬帆航行。2023 年时,船已损坏较多,无法航行,只能停泊在渔港村的港内,七帆中仅有二帆可升降,保存状况堪忧。

2. 传统舟船构件属具遗存

历年来,国内外还发现了诸多传统舟船构件或属具,这些遗存同样也是研究中国传统舟船的重要实证，但由于分散收藏于各个机构或藏家处，目前还很难得到系统的统计。

年代最久的，当属浙江宁波井头山遗址出土的木桨。2020 年 5 月井头山遗址出土了 3 支木桨和 1 支木桨的半成品，其中在 T5 探方的第 17、第 18 文化层发现的 1 支木桨，距今约 8 000 年，非常精致和完整，短柄带环首，背部略隆起，方头薄刃，比河姆渡遗址出土的木桨还要早 1 000 多年。

如广东饶平凤岭古港，曾出土了唐宋古船板、古船桅、铁锚等一批文物。1932 年，位于凤岭山下的凤岭古港湾曾出土了一批古船板；1946 年、1958 年、1975 年又三次在凤岭古港湾发现了古代大船桅杆，属航行远洋的"舶艚"大船所用；1955 年，凤岭古港靠东面今管陇村又发现大船桅，桅尾直径达 45 厘米；1960 年，凤岭古港东建炎大道前还出土了古铁锚，重达 1 吨多。

又如 2018 年 8 月，在上海浦东的芦潮港地区发现了一件残存的古代木船上的舵承座，据现场初步测量，残长 1.98 米，残宽 0.7 米，残高 0.44 米，舵承座的孔径约 0.45 米。

一些传统舟船构件或属具，已经在相关场馆进行陈列展示。如：山东蓬莱古船博物馆展出的明代紫檀木舵杆、唐代石碇、宋代木桩、清代铁锚等；山东莱州市博物馆收藏的一件较大型的古代木船舵，其舵叶仍有部分残存；山东荣成博物馆收藏的大型沙船舵以及展示的铁锚、橹、滑轮等；江苏南京宝船厂遗址公园展出的明代大木舵等一批构件、属具；中国航海博物馆展出的明清大木舵（2005 年打捞于长江口）、元明时期木锚、明代铁锚等；宁波宁海县大佳何镇宝德中国古船研究所展厅陈列的古代沙船舵、广船舵、福船舵；福建东山县博物馆展出的古代木石锭；广州博物馆展出的一具广州出土的高达 3.4 米的明代四爪大铁锚等。

中国传统舟船构件或属具，在国外也有一些发现。如日本的鹰岛遗迹，位于日本长崎县鹰岛町伊万里湾南岸约 1.5 平方千米的周边海域。据《元史·兵志》记载，该海域曾是元朝军队攻打日本时重要的泊船屯兵处。因遭飓风，鹰岛海域成为元军战舰的重要沉没地点。从 1981 年开始，日本考古界多次组织开展水下考古调查，曾发现碇（桩）具 20 多件，包括 4 种中国木石桩、木桩。

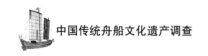

3. 传统舟船相关遗址遗迹

与传统舟船相关的遗址、遗迹，总体上比较分散，尚未系统完整地开展过统计。有的是古代造船厂，有的是古代舟船用于维修保养的船坞，有的是传统舟船帆装、属具等加工场所。

1) 江苏南京明代宝船厂遗址

该遗址位于江苏南京西北部中保村，是国内目前保存面积最大的古代造船遗址，2003—2004 年发掘。遗址内现存 3 条长方形的明代造船遗迹，原承担造船职能。在发掘的六作塘内，曾发现 3 根长 10.1 米、11 米、11.03 米的大舵杆，四爪铁锚 1 具，还有铁钉、斧、凿、钻、刀、棕绳等各类造船用品，为了解我国古代造船技术史提供了大量的实物资料。

2) 浙江嘉善钱氏船坞遗址

该遗址位于浙江嘉善干窑镇长生村让巷 12 号宅南，清道光年间由当地首富钱仲樵建造，是嘉善现存唯一的一座泊船坞，2011 年 1 月公布为浙江省第六批文物保护单位。该船坞占地 108 平方米，坐东朝西，共 4 间，通面宽 7 米，进深 13 米。坞旁有内河埠及八字河埠各一座。

3) 福建东山红柴窑染帆遗迹

该遗迹位于福建东山县铜陵镇九仙山东北侧，为 20 世纪 50 年代之前东山县最大的传统烧煮红柴水染料的柴火灶，灶的两边各放 1 个直径 1.5 米、高 2.5 米的木桶，旁边则有石砌的染池。红柴水是用荔枝木或槟榔木烧煮而成的染料，因含有天然生物碱，用于染制船用的帆布等，具有耐腐蚀和增强风帆张力的作用。清顺治至康熙年间，郑成功、施琅相继亲率舟师驻扎准备收复台湾，由于战船风帆面积大而易损易破，遂研制使用经红柴水浸染的船帆。根据《东山县志》记载，铜陵镇曾有红柴窑 30 多个，1961 年以后随着机帆船的推广使用而渐渐消失。

4) 广东澄海宋代缆绳工场遗迹

1950 年，广东澄海凤岭古港东面管陇南峙山坳处，发现了面积达五六千平方米的宋代缆绳工场遗迹，并有大量直径碗口粗、拳头粗的巨缆出土。遗憾的是，缆绳出土时已腐朽。从缆绳的直径判断，应该是远洋大船所用的缆绳。

二、中国传统舟船模型遗存

舟船的体量一般比较大,人们往往会通过制作船模来表现,古今中外都有这样的习惯。中国目前最早的船模,来自河姆渡遗址和田螺山遗址,距今约 7 000 年。船模这种伴随传统舟船而来的特殊展现形式,虽然不是传统舟船的实际遗存,但也是一种按比例缩小的记录载体,传统舟船大量相关的信息依附在古船模上,因而这些船模也是传统舟船文化遗产的重要组成部分。传统舟船模型遗存,有助于人们了解不同历史时期船舶的主要类型、技术特征、外观面貌、用途功能等。从目前调查的情况来看,这些船模遗存主要来源于考古发掘,以及庙宇、各级博物馆等机构和个人的收藏,包括海外也收藏有一定数量的中国古船模。

(一) 考古出土的船模

据不完全统计,1949 年以后,在四川、湖北、湖南、江苏、上海、浙江、广东、广西等地区的古代遗址(主要是墓葬)中发现 25 件木质和陶质的传统舟船模型(不包括舟形陶器),其中两汉船模最多有 23 件。通过这些古代船模,我们可以了解相应历史时期舟船的形制及基本特征。

1. 浙江余姚河姆渡遗址独木舟模型

1973 年和 1977 年,在浙江宁波余姚四明山北麓的姚江之滨的河姆渡遗址开展了两次大规模考古发掘,发现木桨 6 支、独木舟模型 2 件。其中一支木桨残长 63 厘米,叶长 51 厘米,宽 12.2 厘米,厚 2.1 厘米,桨柄与桨叶的连接处刻有精美的几何图案花纹;另一支木桨残长 92 厘米,整体扁平细长。2 件独木舟模型出土于河姆渡遗址的第四文化层,属新石器时代,距今约 7 000 年,均由夹炭黑陶制作,一件呈长方槽形,长 8.7 厘米,宽 2.6~3 厘米,高 2.5~3 厘米;另一件属两头削尖的梭形独木舟,长 7.7 厘米,宽 2.8 厘米,高 3 厘米。

2. 浙江余姚田螺山遗址独木舟模型

2014 年在浙江宁波余姚三七市镇相岙村的田螺山遗址距今 7 000 年左

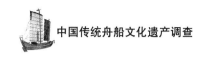

右的早期文化层底部,出土了一件完整的独木舟模型。该模型用整段原木雕凿而成,全长 35 厘米,宽近 10 厘米,高 10 厘米左右。船头是尖的,船底呈 V 字形,船尾近方形。该船在其中段挖凿出长约 25 厘米的椭圆形舱体,深约 6 厘米。该模型具有比较成熟的船体形态,已脱离了独木舟原始的形态。

3. 广东广州西村克山第 7 号墓西汉木船模(3 件)

1972 年在广东广州西村克山第 7 号木椁墓(西汉初年)出土 3 件木船模,均残,资料存于广州博物馆,未发表。其中 1 件船模,仅存船底残板,中宽,首尾收窄,残长 96 厘米。

4. 广东广州北郊柳园岗第 17 号墓西汉木船模

1982 年在广东广州北郊柳园岗第 17 号木椁墓(西汉初年)出土。出土时仅见几块船舱的残板,以及带红色、黑色彩绘的小木俑和几支残木桨。

5. 广东广州东山农林下路第 3 号墓西汉木船模

1986 年在广东广州东山区农林下路第 3 号墓(西汉初年南越国)出土。船模原为彩绘,可惜已朽坏。船底由一整段木料凿成,长 86 厘米。舷板残余 2 块,残长 62 厘米,有小钉孔。船上有 12 个木俑,分列两行,每行 6 个,为划桨水手。两行木俑中间置木桨 9 支,长 29 厘米;大桨 1 支,长 51.5 厘米。船体后半部分为两层,已塌朽,下层未见结构木板,上层有楼板 1 块,其上压着 2 块四阿顶的舱室盖板,还有舱室的柱子、舱室壁板等残件。

6. 广东广州东郊龙颈岗第 3 号墓西汉木船模

1956 年在广东广州东郊先烈路龙颈岗北麓第 3 号墓(西汉早期)出土。船模内部结构已全朽,只存船身(即船底与旁板),系由一整段木凿成,残长 91 厘米,中宽 12.5 厘米,高 8 厘米。

7. 广东广州西村皇帝冈第 1 号墓西汉木船模

1956 年在广东广州西村皇帝冈第 1 号墓(西汉中期)出土。船模通长 80.4 厘米,通高 20.4 厘米,通宽(含走道)14.2 厘米。船底由一整段木凿出,底中部齐平,首尾略翘,两舷装有较高的旁板。船头平坦,中部有两个舱室,前舱较高,后舱稍矮。舱室两侧有走道。船上有木俑 5 个,前面 4 个,各持木桨 1 支;1 个俑坐于船尾,持木桨 1 支,大概是操舵的人。这是广州汉墓出土形制结构保存最完整的一件木船模。分析此船应是一艘适合内河航行的交通船。

8. 广东广州西村增埗第 1 号墓西汉木船模

1958 年广东广州西村增埗广州冷冻厂第 1 号墓（西汉中期）出土。船底用薄木板构合，腐朽较甚，各部件散佚不全，无法拼合复原。从所存残板可知，船的规模较大，为楼船结构，有 4 个舱室。船底残存一段，长 44 厘米，宽 16 厘米。两侧舷板，一块残长 117 厘米，另一块残长 95 厘米，有钉孔。船上有木桨 3 支，腐朽较甚，其中一支稍好的残长 12 厘米，宽 1.3 厘米。船上有木俑 3 个，其中 2 个保存状况稍好，高 17 厘米。

9. 湖北江陵凤凰山第 8 号墓西汉木船模

1973 年在湖北荆州江陵县楚国故都纪南城内的凤凰山 8 号墓（西汉早期）出土。出土时零件已散乱，经拼合复原，船身系用一段整木雕凿而成，全长 71 厘米，宽 10.5 厘米，平面呈梭形。中部雕空构成底舱，舱内置横梁若干，上有盖板。船上有木桨 5 支，但未见船舵，船身亦无安舵的榫眼。该船前部有 4 个木俑各持 1 支木桨，尾部有后梢 1 支。该船模现收藏于荆州博物馆。

10. 湖南长沙伍家岭第 203 号墓西汉木船模

1951—1952 年在湖南长沙伍家岭第 203 号墓（西汉后期）发现。该船模零件众多且都有钉眼，推测当初是用竹钉或木钉钉合的，但出土时已经分散。船身系用一块整木雕凿而成，全长 154 厘米，上部外侧最宽处达 20 厘米，底部内侧最宽处达 10.1 厘米，形状细长，首部较狭，尾部稍宽，中部最广，船底横截面呈圆弧形。船上至少有 3 个舱房，左右共 16 支桨，还有一个舵在船的尾部。舵全长 100.2 厘米，舵柄长 55.2 厘米，舵叶长 45 厘米。该船模现收藏于中国国家博物馆。

11. 四川新津汉墓东汉陶船模

四川成都的新津县是四川省内岩墓较集中的地区之一，发现有汉墓群。新津汉墓曾出土过陶船模，但数量很少，属具也有缺失。香港海事博物馆收藏了一件四川陵墓出土的东汉陶船连俑船模，船首有碇，船尾有舵，甲板以上有上层建筑（分前舱、中舱和尾舱室），在前舱室与中舱室之间有 2 个背向

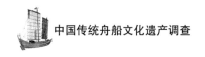

对坐的人俑。

12. 广东广州东郊红花岗东汉陶船模

1954 年在广东广州东郊红花岗一座东汉残墓中出土。船身长 42 厘米,高 17 厘米。胎质灰红色,不施釉。结构形制较简单,船体稍短而宽,首尾狭,中部宽广,底平。两舷上横架有梁担 8 根,梁担之上有立柱。舱室在中部,舱盖为拱形篷顶。4 个俑分立在篷盖上,皆作撑篙状。研究人员判断这是一艘内河运输用的简易货船(粤地称"货艇")。

13. 广东佛山大松岗第 14 号墓东汉陶船模

1962 年在广东佛山大松岗的一座东汉墓(编号为 M14)中出土一件水田附船陶质模型,为国家一级文物。其中,水田模型长 39 厘米,宽 29 厘米,厚 1.2 厘米,分 6 格,有陶俑 6 个,表现为犁田、施肥、插秧、收割等各种劳作情状;船模在水田的右后方,用一块跳板连接,表示小艇靠泊在河涌上。船模长 21 厘米,宽 7 厘米,通高 6.8 厘米。首尾翘起,呈新月形。船身被两道板隔成前、中、后三舱,中舱内有一圆形小篮。

14. 广东广州黄埔石化东汉陶船模

1975 年在广东广州黄埔石化东汉砖室墓出土,仅见陶船模底部残片 2 块。

15. 广东德庆高良东汉陶船模

1980 年在广东德庆县高良公社官村大队的一座东汉中期的砖室墓出土一件陶船模。泥质灰陶,表面呈橙红色,无釉。出土时比较完整,船长 54 厘米,高 20 厘米,前为头舱,中为楼舱,后为舵楼。头舱、舵楼下各有一块活动的底板,上面站俑。头舱站 1 个俑,高 10 厘米。舵楼下有 2 个俑,分别高 6.3 厘米、7 厘米,都作弯腰弓背,两手向前状。

16. 广东广州先烈路龙生岗东汉木船模

1953 年在广东广州先烈路龙生岗第 43 号墓(东汉初年)出土。船模较大,长 1.3 米,中宽约 0.15 米。出土时,船模结构已散乱,部分木板腐朽散失了。经部分复原,船上建有重楼,有桨 10 支和大桨(橹)1 支。大部分木板都有彩绘花纹。有色彩保存比较好的小木 4 块,为人的形状,应是船上的俑。这是广州地区首次发现楼船模型。

17. 广东广州西村克山东汉陶船模

1972 年(一说 1971 年)广东广州西村克山发掘的一座东汉墓中出土了陶船模一件,仅残存船底一段,灰白胎硬陶,资料现存于广州博物馆,未发表。

18. 广东广州上二望岗东汉陶船模

1997 年在广东广州上二望岗的东汉砖室墓(东汉晚期)发掘出土。船模泥质红陶,外表呈青灰,全长 35.2 厘米,通高 8.8 厘米,前宽 6.4 厘米,中宽 9.2 厘米,后宽 5.6 厘米。船模中部设拱形篷盖,两侧船舷有撑篙走道。首、尾各置 2 个俑。船首的一俑头扎幅巾,双手作持物状,前置一圆钵;另一俑头戴冠,立于篷前而向后张望。船尾的一俑坐在隔舱的横梁上;另一俑坐在船尾底板上,均向前伸手作持物状,似在划桨。船尾右侧舷上残存有立柱,似为桨架。

19. 广东广州桂花岗东汉陶船模

1955 年在广东广州桂花岗 2 号墓(东汉后期)出土一件陶船模,红黄色胎,无釉,器已残朽,只存船底部的一段,形制不全。船底残长 14 厘米,残宽 10 厘米。

20. 广东广州东郊先烈路第 3 号墓东汉陶船模

1955 年在广东广州沙河区先烈路十九路军坟场附近 3 号墓(东汉后期)出土一件船模。船模陶质较硬,呈灰白色,施青绿色釉,但几乎已全部脱落。全长 54 厘米,通高 16 厘米,前宽 8.5 厘米,中宽 15.5 厘米,后宽 11.5 厘米。船舱横架有梁担 8 根。船模前有锚,后有舵,两旁为司篙的走道;分前、中、后 3 个舱室:前舱室低矮宽阔,篷顶作拱形;中舱室略高,呈方形,上有圆形微凸的篷盖;后舱稍狭特高(即舵楼),篷盖为两坡式。船尾还有一间矮小的尾楼,后舱右侧附一间小房,有门互通,为厕所。船上有俑 6 个,俑高约 6 厘米,状态各异。分析此船原长可达 20 米左右,属航行于内河的中型客货混装船。该船模现收藏于中国国家博物馆。

21. 广西贵港梁君垌东汉陶船模

2010 年在广西贵港贵城镇三合村梁君垌出土一艘附鼓俑红陶船模,年代为东汉。全长 63.5 厘米,中宽 10.5 厘米,通高 21.5 厘米,分前、中、后三

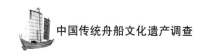

舱。前、中舱篷顶为拱形;后舱狭窄且高,两坡式篷盖,为舵楼。船头有系缆桩及挡板,还有一个鼓面饰有太阳纹的大鼓。船上有 15 个大小俑,其中舵楼 1 个,中舱 2 个,船头 12 个。在划船俑的船舷两侧,有 4 处桨架。该陶船模代表了西江流域的内河客货混装船。

22. 江苏金坛方麓东吴陶篷船模型

1983 年在江苏金坛县薛埠乡方麓茶场内的三国东吴中期墓中出土。船模泥质黄陶,通长 33 厘米,高 6 厘米,船头宽 3.3 厘米,中部宽 7.7 厘米。船身狭长,船头高而方,船尾圆而平。中部有篷,上面拍印芦席纹。船舱中有一活动隔板,板上有一凸钮,以便搜索牵引。此模型富有江南水乡地方特色,是迄今唯一所见三国东吴时期航行于内河的小型木篷船的模型。

23. 上海宝山严贞度家族墓明代木船模

1960 年出土于上海宝山的明代兵部职方清吏司员外郎赠尚宝司丞严贞度家族墓内。木船模长 38 厘米、宽 9.5 厘米、高 22 厘米,方头方艄、平底、多舱、舱顶盖有篾篷。

(二)国内机构收藏古船模

考古发掘的各类古船模,大部分已收藏于博物馆、考古机构中。传世的古船模,有的收藏于各地妈祖庙、天后宫等庙宇中,有的已被各级博物馆所征集收藏,还有一些为民间藏家和个人所收藏,较难进行比较准确的统计。

庙宇收藏古船模,主要与我国沿海地区的海神信仰有关。每当新船建成时,沿海船家便会举行相关仪式,往往会将依照实船而精心制作的船模祭祀供奉于天后宫等庙宇,以求神灵保佑关照此船一帆风顺。还有一种情况是,船舶航行遇险后如平安返回,船家会认为是妈祖等神灵保佑了自己,也会仿照真船制作成船模,送到庙宇中祭拜供奉海神。因此这些供奉在庙宇中的船模,常常被称为"替身船""许愿船""愿船"等。南方的一些庙宇中,这些供奉的愿船后来还慢慢演变成神灵所用之船(即神船),人们认为那是妈祖等神灵巡海、保佑海上平安的交通工具,如浙江洞头的妈祖庙里基本都有摆设神船,少则一艘,多则三四艘。

大部分庙宇会将此类船模供奉于供桌上,如我们田野调查所到的福建惠安青山宫,主殿供桌两侧左右对称地供奉着两件船模,船上绘有"八〇二号""八〇三号"编号,皆为典型的三桅三帆尖底福船,舷墙上绘有十二生肖动物图案,船首区域立有"肃静""回避""代天巡狩四大总巡"的牌子,为巡海神船之意。据了解,胶东威海天后宫最多曾经供奉有几百艘船模,一层层整齐安放在供桌上,大多是福建、广东、浙江船型。也有的庙宇会将船模悬挂供奉起来,田野调查中也有所见。如位于辽宁丹东孤山镇的大孤山天后宫,始建于清乾隆二十八年(1763年),光绪六年(1880年)因大火焚毁重建,建成时为我国北方规模较大的海神娘娘庙。调查时在其海神娘娘大殿见有6件木船模型,其中2件以铁链高高悬挂在殿中,年代也较为久远。在天津天后宫、山东板桥镇天后宫、浙江舟山沈家门天后宫等处,也都有悬挂船模的情况。

博物馆、考古机构收藏的古船模,首先是历年来考古出土遗物。如中国国家博物馆收藏有湖南长沙出土的1.54米西汉"十六桨木船模"、广州东郊出土的54厘米东汉"陶船模"等,其他考古出土的古船模,基本也已都收藏于各省级和地市博物馆、考古机构中。一些博物馆对传世古船模也有所征集收藏,如上海市历史博物馆,征集收藏有至少5件古船模,包括上海沙船、花屁股福船、闽南青头船、华南沿海货船、清末民初福建商船等。又如广东省博物馆,也征集收藏有明清广船、清代银质缉私船等古船模。宁波宝德中国古船研究所,近年来从世界各地征集购买中外传统舟船和船模,其中也有部分中国古船模。台湾长荣海事博物馆,历年来也收藏有一定数量的古船和船模。

近年来,随着国家对海洋文化的重视,我国涉海类专题博物馆包括与舟船相关的博物馆数量增长明显(参见附录一"中国舟船相关博物馆一览"),这类专题博物馆对传统舟船更为重视,也征集收藏了一定数量的传统舟船遗存和古船模。出于陈列展示和古船复原研究需要,这类博物馆还研究和制作了相当数量的传统舟船模型,虽然不是传世的古船模,但大部分经过复原研究制作,也具有一定的参考价值。

(三)海外中国古船模

晚清以后,借参加国际博览会的契机,中国传统舟船模型曾数次走向海

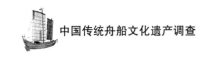

外,并为西方人关注和收藏。如今,比利时、英国、荷兰、意大利、美国、澳大利亚等国的相关博物馆、图书馆收藏有一定数量的中国古船模,反映了当时中国沿海及内地的客船、货船、远洋商船、渔船、农船等较有代表性的船型种类。此外还有一些西方人士,为中国传统舟船的爱好者或研究者,也带了一些古船模到海外。

据统计,大清海关曾 8 次组织中国船模赴国际博览会展出,分别是:1873 年,维也纳世界博览会,参展船模 60 件;1876 年,费城美国独立百年博览会,参展船模 24 件;1878 年,第三届巴黎世界博览会,参展船模 52 件;1880 年,柏林国际渔业博览会,参展船模 14 件;1883 年,伦敦国际渔业博览会,参展船模 65 件;1884—1885 年,美国新奥尔良博览会,参展船模 2 件;1904 年,美国圣路易斯世界博览会,参展船模 171 件;1905 年,比利时列日世界博览会,参展船模 171 件。这些出国参展的船模,受种种原因和条件所限,很多没有返回中国。比如 1904 年,海关关长梅乐和从各省市征集中国船模参加圣路易斯世界博览会,展会结束后,参展的 171 件中国古船模"滞留"美国无人管理;1905 年比利时举办世界博览会,清政府与比利时达成协议:由比利时出资运输船模,展品归比利时所有,这些船模至今仍收藏在比利时,其中比利时安特卫普河边博物馆收藏了至少 105 件。

对中国传统舟船感兴趣的西方人,也曾专门定制和收藏船模。例如,梅乐和曾定制几十件中国船模,在 20 世纪 30 年代从中国运到英国。法国人西戈于 1911—1912 年及 1926—1928 年两次以法国邮轮公司代表的身份驻留上海,并收集和定制了 20 余件中国船模运到欧洲,其中部分船模现收藏于意大利威尼斯海军博物馆。1932—1940 年,美国加州大学洛杉矶分校地理学教授斯宾塞博士和他的妻子,生活在长江中游港口城市宜昌,他们收藏了 40 多件中国船模,带回美国后一部分赠送给朋友,另有 31 件捐给了美国得克萨斯农工大学。

深圳大学海洋艺术中心曾开展实地走访,统计获知漂泊在海外的中国古船模约有 257 件。这些船模主要包括了中国两大类木帆船,一是中国南北沿海的海船,二是长江、运河等内河船型。目前海外收藏中国古船模的国家,以比利时、英国、荷兰、意大利和美国居多,其他如德国、西班牙、澳大利亚等也有零星收藏。

2015 年 11 月 1 日—6 日召开的第 17 届国际海事博物馆协会（ICMM）
年会上，安特卫普、鹿特丹等地的海事博物馆曾提出计划，拟对英国、德国、
荷兰、比利时等海事博物馆进行调查，希望整理出西北欧的中国古船模藏品
数据库，继而开展对这些中国古船模的鉴定、研究等活动。

1. 比利时

1904 年、1905 年参加美国圣路易斯、比利时列日这两届世界博览会的
中国船模因历史原因，均留在了比利时，并先后辗转于布鲁塞尔皇家艺术及
历史博物馆（The Royal Museum of Art and History，1905—1925 年）、安特
卫普市海事与贸易博物馆（The Municipal Maritime and Trade Museum，
1927—1950 年）、比利时国家海事博物馆（National Maritime Museum，20
世纪 50 年代至 21 世纪初），2011 年入藏于新建的安特卫普河边博物馆
（Museum aan de Stroom）。河边博物馆由前国家海事博物馆、民族博物馆、
民俗博物馆及安特卫普市历史博物馆合并而成。这批船模因多次搬运有的
已毁坏较严重，到 20 世纪 90 年代，这 171 件船模仅修复还原 92 件。1993
年，比利时国家海事博物馆以这批船模为主题，举办长达 8 个月的"摇晃的
船"专题展。据该展览图录，当时展出的船模共 108 件，其中，92 件源于参
展 1904 年美国圣路易斯世界博览会和 1905 年比利时列日世界博览会的展
品，11 件来自比利时海事管理局，3 件来自一个名为 Beuckeleers 的个人收
藏，1 件来自博物馆捐赠，1 件来自其他馆（Buthcher's Hall Museum）。目
前，安特卫普河边博物馆收藏的中国船模约 105 件，包括来自牛庄辽河、渤
海湾、丹东、山东、上海、舟山、宁波、温州、福州、汕头、广州、香港、云南、海南
等地的海船模型，以及镇江、九江、长沙、新化、武汉、重庆、雅江、龚滩河等地
的内河船模型，船型有货船、渔船、客船、兵船、水警船、救生船、龙舟、舢
板等。

2. 英国

20 世纪 30 年代，梅乐和将他定制收藏的晚清和民国时期约 27 件中国
船模从中国运到英国，于 1937 年在伦敦自然博物馆（后改名为伦敦科学博
物馆）展出并全部捐给该馆。1938 年伦敦科学博物馆（London Science

Museum)编写展览的图录《中国帆船模型汇刊——中国海关总税务司梅乐和爵士搜集》(*Illustrated Catalogue the "Maze Collection" of Chinese Junk Models*)和1966年夏士德在伦敦出版的《中国的帆船和橹船——用科学博物馆收藏的中国帆船模型来说明中国帆船的历史和发展》(*Sail and Sweep in China — The History and Development of the Chinese Junk as Illustrated by the Collection of Junk Models in the Science Museum*)两本资料介绍了这批船模的情况。这批船模不是伦敦科学博物馆的常设展品,现在被集中存放于该馆在伦敦城外的罗顿收藏品仓库里。该馆收藏的27件船模,包括安东商船、杭州湾商船(绍兴船)、北直隶商船、宁波商船、福建商船、厦门渔船、华南商船、汕头(拖网)渔船、广东渔船、劳恰船、海南船、小花船、船屋、香港港内舢板、红鞋子、台湾兰屿独木舟、台湾航海竹筏、扳罾渔筏、雅河竹筏、苗族部落小船、苗族木筏、涪州歪屁股船、黄河充气皮筏、长江上游红船、长江上游侉子船、芦苇运输船、两节头等,船型有商货船、渔船、客船、居住船、渡船、救生船等。

英国国家航海博物馆(National Maritime Museum)也收藏了至少10件中国古船模。其中4件是曾任中国海关海务部门巡江事务长的英国人夏士德捐赠的,他1938年在中国服役时请中国木匠制作了多件船模,其他的几件捐赠者不详。这批船模主要包括清代战船(广东船型)、溜子船(峡江水警第三号)、花屁股(福船型)、鸭形舢板、鸡形舢板、安东商船(东953,并附随船舢板)、北方五桅沙船(胶1510)、绿眉毛、龙舟、珠江花船等,船型有战船、水警船、商货船、水上竞赛船和居住船等。

大英博物馆(The British Museum)收藏有世界各地的舟船模型,其中至少有2件中国船模,1件是木质画舫,1件是陶瓷质的游船;根据我们的实地走访与调查交流,英国杜伦大学东方博物馆(Oriental Museum of Durham University)至少收藏了1件中国船模,从其形制判断,是类似漕舫的平底船。

3. 荷兰

荷兰是曾经的航海强国,对东方帆船也非常感兴趣,荷兰许多博物馆都收藏有中国古船模,这些船模只有少量展出,多数存放在库房内。据不完全统计,阿姆斯特丹海事博物馆(Maritime Museum Amsterdam)至少收藏了

38 件 1750—1900 年的中国古船模；鹿特丹海事博物馆（Maritime Museum Rotterdam）大约有 22 件；阿姆斯特丹热带博物馆（Tropenmuseum Amsterdam）约有 13 件。

阿姆斯特丹海事博物馆收藏的中国船模，很可能是一位到中国做过沿江、沿海田野调查的收藏家的藏品，主要包括丹东贸易船、渤海贸易船、江苏平底货船、平底战船、平底帆船、长江上游平底帆船、平底运木船、平底拖网船、福船、福州三桅帆船、福建运木船、香港舢板、鸭形舢板、鸡形舢板、叭喇唬船、花船、大运河屋船、港口船、麻秧子、歪屁股船、蛇船等。

鹿特丹海事博物馆收藏的中国船模，主要包括珠江花船、福建运木船（花屁股）、广船、快蟹船、劳恰船（葡式中国船）、水保甲船、福建货船、荆帮船、广东沿海货船、歪屁股船、广东内河货船、侉子船、收口麻秧子、龙舟、平底运货帆船、内河船、武装战船等。其中有的船模因年久失修而无法展示。

阿姆斯特丹热带博物馆收藏的中国船模，主要包括福建商船、江南三桅海船、广东红头船、歪屁股船、舢板、贝壳平底船、核雕游览船、牙雕广州花船等。

4. 意大利

意大利收藏的中国古船模，最多的一批在威尼斯海洋历史博物馆（Museo Storico Navale）。该馆收藏的中国船模，是由法国东方海军艺术研究者西戈在 1964 年捐赠的，具体捐赠的船模数量不详。但从该馆三楼展厅展出的情况看，有近 20 件。

西戈在中国期间，对从渤海至南海不同类型的传统中国帆船进行了细致观察和调查，用绘画、摄影和绘图等方式对中式帆船加以记录和保存。除理论研究外，西戈还专门收集和定制了一批中国船模。西戈定制的船模，记录工作细致，许多船模上标注了该船的原始信息，如一件上海货船模型在支架上标注有"上海天生港崇明载货：750 石，装猪 400 只"的字样。

威尼斯海洋历史博物馆收藏的中国古船模，主要包括福船"金永余"号（运木船）、绿眉毛船"定海金可大"号、宁波船"金恒大"号、江苏崇明沙船、广东七艞船、福船、厦门渔船、涪陵龚滩河歪屁股、舟山渔船、浙江小钓船、上海

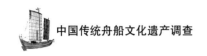

舢板、宜昌舢板、小型收口麻秧子、收口麻秧子、北直隶船、海南船、绍兴船等。

5. 美国

美国收藏的中国古船模,目前所知主要在美国得克萨斯农工大学,约有31件,由斯宾塞博士捐赠。当年斯宾塞博士在中国定制这些船模不是为了简单的收藏,而是开展目的性极强的学术研究,他给船模制作者看了他在长江沿岸拍摄的一些帆船照片,要求制作者依据这些照片制作模型。在将近两年的时间里,斯宾塞博士收藏了45件船模,主要是湖南、湖北、四川等水域的船型。船模运到美国后,部分被送人,另31件在1974年交由得克萨斯农工大学收藏并举办了"中国帆船模型展"。1976年,斯宾塞博士出版著作《华中的帆船:得克萨斯农工大学里的斯宾塞船模收藏》(*Junks of Central China: The Spencer Collection of Models at Texas A&M University*),介绍了其中的29种船型。

得克萨斯农工大学收藏的这批中国长江流域帆船模型,主要包括赣船、平条子、乌江子、麻秧巴杆、重檐板、铲子、赣船老河口秋子船、襄阳扁子、荆帮划子、小荆帮划子、荆帮船、便河划子、拖扁子、水保甲船、饭馆船、宜昌驳船、宜昌划子、宜昌龙舟、五板、邮政船、收口麻秧子、宜昌麻秧子、麻阳侉子船、巴东小河划子、香溪豆荚、巫山神驳子、歪屁股、老划秋等。

6. 其他国家

德国德累斯顿茨温格宫的中国瓷器展区里,有一件陶瓷中国船模,制作年代为18世纪,船型近似九江客货船。西班牙马德里海军博物馆(Museo Naval de Madrid)在展区里也展出了一件陶瓷中国船模,属陶塑叠船。澳大利亚的动力博物馆(Powerhouse Museum)则至少收藏了9件中国船模,如天津船和象牙雕刻的广州花船等。

三、中国传统舟船非遗线索

根据联合国教科文组织《保护非物质文化遗产公约》,"非物质文化遗产"指"被各社区、群体、有时是个人,视为其文化遗产组成部分的各种社会实践、观念表述、表现形式、知识、技能以及相关的工具、实物、手工艺品和文化场所"。与传统舟船相伴随的传统工艺及其汇集场所,是中国传统舟船非物质文化遗产的重要内容,也是中国航海博物馆近年来田野调查的重点内容之一。从2011年至今,中国航海博物馆的调查覆盖了辽宁、河北、天津、山东北部、上海、浙江(部分)、福建、广东、广西(部分)等沿海地区,以及长三角、太湖、洞庭湖部分内河水域,调查人员通过实地走访,对传统舟船修造船工匠、渔民、船员等开展口述调查,了解了各地与舟船、渔民、航海相关的民间信仰、节庆民俗、风俗仪式等非物质文化遗产状况,了解了传统舟船修造船技艺及其传承方式,掌握了一定数量的传统舟船非遗线索(参见附录二"中国航海博物馆传统舟船文化遗产田野调查日志")。

(一) 现存木船修造场所

1. 环渤海地区

这一地区是目前使用木质机动渔船最多的地区之一,仍有不少木船修造厂及工匠在从事木船修造工作。

辽宁地区,主要有瓦房店市长兴岛镇八岔沟港、庄河市黑岛镇滨海公路附近、庄河市王家岛镇顺航船舶维修点、庄河市栗子房镇兴隆岗造船点、庄河市南尖镇南尖港码头、营口市鲅鱼圈、盘锦远航船厂等处,仍见有木质机动渔船在修造。盘锦远航船厂位于辽宁盘锦大洼区二界沟镇,二界沟是盘锦的古渔港,早在清代就有移民从关内来到二界沟,以捕鱼和造船为生。二界沟的渔船基本上都是当地自造的,距今已有200多年的历史。2016年调查时,该船厂有十几艘木质渔船正在或等待维修保养,有三四艘木质渔船正在建造中。

河北地区,主要是濒临渤海、位于大蒲河入海口的秦皇岛市昌黎县大蒲河船厂。昌黎自古渔业生产、造船业比较发达,当地沿海渔民将民间传统工艺制造木壳渔船俗称"排船"。在1998年海南省召开的科技大会上,这种船被定为昌黎船型。大船全部手工打造,木料有榆木和松木两种。造船工人们骑摩托车上班,常年在露天环境下作业。

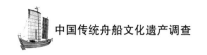

山东北部地区,曾在莱州渔村看到两艘架起待修的木质机动渔船,一艘较大的长度近 20 米,一艘较小的长度有 10 米左右,刚捻完缝。

2. 浙江、福建沿海

这一地区航海、造船历史比较悠久,随着经济与社会的发展,木质渔船淘汰较快,木船修造厂数量急剧减少。个别船厂经转型发展,承建仿古木帆船。

浙江舟山岑氏木船作坊,因业务转向建造仿古木船和开展船模文创而获得生机,先后建造绿眉毛、"鉴真"号、"安福舻"号等中大型仿古木帆船 20 多艘,还将部分场地打造成木船博物馆、体验室,供游客参观体验。

福建沿海现存的木船修造厂主要集中于闽东、泉州、福州一带。位于闽东的宁德漳湾福船建造技艺从第一代开始,至今已传至第二十二代,以刘细秀(1957 年生)为代表的第二十代传承人仍在宁德漳湾造船厂工作,主要给近海渔民及养殖户建造小型木质渔船。所造渔船最大的约长 14 米。漳湾的水密隔舱福船制造技艺,于明洪武年间由闽南传入,迄今已有 600 多年历史,2010 年已列入联合国教科文组织非物质文化遗产名录。

闽东福安的沙岩、外塘、六屿、长岐等地仍有造船坊,当地俗称船楼、船寮。2017 年调查时,曾在福安市溪潭岩鹤木质船舶修造厂(前身为沙岩船寮)见到仍在维修小型木质渔船,舷号为"闽福安渔 21511"。

泉州港在宋元时期繁荣一时,造船业也很发达,造船工匠多分布于泉州的崇武、峰尾、连城(黄崎)等地。2018 年原崇武造船厂的工匠叶志本,在崇武霞西港附近海边建造了一艘仿古的崇武"大排",命名为"海丝九号",船长13.2 米,含主桅高 12 米。

闽江下游的闽侯、长乐、连江等地,曾经造船厂众多,造船技艺精湛。来自闽侯方村乡造船世家的方诗建,以闽侯工匠为技术团队,注册成立了南京闽方船舶公司,为南京宝船厂遗址公园建造郑和宝船等,还承接了一些仿古船的建造工作,先后为日本建造"七洋"号、"泰期"号仿古木帆船,为大连市建造"大福龙""大福凤"钢包木仿古游船。

3. 两广及海南沿海

调查发现,两广及海南沿海渔民仍有不少在使用木质机动渔船出海捕鱼。调查所见的木船修造场所,主要分布于粤东饶平、粤西阳江与台山、广西北海市及海南琼海潭门镇。

2014 年调查时,饶平县洪洲镇海边仍有两三处木质机动渔船的修造点。2015 年调查时,台山市广海镇仍有 2 个木船厂。一个是华长船厂,是当地修造木船规模最大的船厂,船材采用非洲的梢木,调查时船台上有 2 艘长约 30 米的木船正在同时建造。另一个是长房船厂,调查时船台上有 1 艘长约 30 米的木船已建成正准备下水,该厂每年可造 20 多艘大型渔船,但当时木船业已趋于衰落。

广西北海市是北部湾地区修造木质渔船比较集中的地方,2015 年调查了此地的 3 个船厂。一是北海市海城区地角上寮第二造船厂,调查时船台上有 4 艘长约 30 米的木船正在同时建造。二是银田造船厂,调查时船台上有 5 艘长约 30 米的木船正在同时建造。三是冠头岭造船厂,调查时船台上有 2 艘木船在建。

海南琼海潭门镇,是久负盛名的千年渔港,从宋元时期开始,当地渔民就从这里前往广袤的南海捕鱼。2017 年调查时,仍能看到部分木质渔船,港内还有木船正在维修保养。

4. 长三角等其他地区

长三角水网密布,自古舟船兴盛。近年来和全国其他地区一样,传统舟船在长三角也逐渐衰落。目前在苏州、绍兴等江南水乡,还有一些制造传统木船的厂家,主要是为旅游景区建造旅游木船、观光木船等。

如苏州的苏明船厂,由传统舟船第四代传承人开办,并拥有一批建造木船的技术工人。绍兴的松陵造船厂,厂长也出身于传统造船世家,20 世纪 50 年代一批当地的"船作师傅"就进入船厂工作,传统技艺得到了较好的传承,除建造木船外,松陵造船厂还和当地 8 位 70 岁以上的造船工匠合作,发起成立"绍兴古船文化研究小组",复原制作传统木船模型。常熟的湖海古船厂,厂长韦文禧是第六代航海世家,祖辈清代落户常熟浒浦镇从事航运业,其父曾自有五桅大沙船。长三角地区人们思想意识比较领先,上述三家船厂传统工艺已分别申报入选了苏州市级、绍兴市级和江苏省级非物质文化遗产名录。

近年来,旅游木船、观光木船和仿古船等还保有一定的市场需求,有的地方面向旅游船市场出现了传统木船厂聚集化、品牌化的情况,如江苏兴化竹泓镇,规模化的木船厂达 20 多家,与木船建造相关的企业共 60 多家,形成了"竹泓木船"品牌。在广东佛山、浙江金华等地,也有一些旅游木船产业,只是规模远比不上兴化竹泓镇。客观上,由于旅游等市场还有一定的需求,这些木船厂的存续以及聚集效应,对传统舟船技艺的传承起到了积极的作用。

(二) 修造船工匠

从调查情况来看,传统舟船修造船工匠的分布,与渔村、港口、船厂等地点密切相关。许多修造船工匠,平时就是船厂附近的居民或本身就是渔民,船厂有订单或修造船旺季时,便到船厂工作。特别是实施禁渔期政策以后,每年的禁渔期往往成为渔船修造的旺季,而有的渔民此时又兼职为造船匠人,凭借一技之长到船厂打工。2011—2019 年,我们在相关调查中,寻访到掌握传统造船技艺的工匠、船老大、渔民等共 72 位,其年龄情况如表 3.1 所示。

表 3.1　修造船工匠年龄情况

地　　区	调查人数/位	20世纪20年代出生	20世纪30年代出生	20世纪40年代出生	20世纪50年代出生	20世纪60年代出生	生年最大者	生年最小者
辽宁沿海地区	10	无	3	4	1	2	1935	1965
山东沿海地区	5	无	无	3	2	无	1943	1953
福建沿海地区	30	无	6	12	11	1	1933	1963
两广沿海地区	17	无	1	6	9	1	1934	1960
太湖及周边地区	10	1	无	4	5	无	1920	1958
小计	72	1	10	29	28	4	1920	1965

辽宁沿海地区共 10 位,分别是:瓦房店市东岗镇林家沟村大衣屯衣宝龙,庄河市黑岛镇冷家村冷屯王世和,庄河市王家岛镇韩世伦,庄河市栗子房镇兴隆岗杨春家,锦州市太和区王家街道上朱口胡同陈福祥,锦州市太和

区后三角村李宝志，盘锦市大洼区二界沟镇孙青山、蒋梦山、张兴华，营口鲅鱼圈蔡香远。

山东沿海地区共5位，分别是：莱州市永安路街道海庙于家村于明涛、刘玉祯，蓬莱市新港街道刘家旺村谢心达（曾参与山东蓬莱一号元代木船的修复），烟台市长岛砣矶岛西村刘延安、庞贤乐。

福建沿海地区共30位，分别是：宁德市霞浦县沙江镇沙江村王则美，宁德市福安市溪潭镇上湾村陈吕谦、陈吕光兄弟，宁德市福安市下白石六屿村郑文祥，泉州市蟳埔村黄乌锥；泉州市惠安县张板镇浮山村曾珠全，泉州市惠安县崇武镇莲西村叶志本，泉州市惠安县洛阳镇西方村汪文枝、郭廷宇，泉州市惠安县小岞镇前锋村洪玉生、洪扣生、康泉金、陈清水，泉州市惠安县小岞镇西南村庄玉春，泉州市泉港区峰尾镇黄文同，石狮市蚶江镇汪再兴，福州市方诗建、林宏惠，福州市仓山区盖山镇吴山村林瑞好、林瑞洛兄弟，漳州市东山县铜陵镇柯茂彬、陈文水、颜镇、李永南、许汉滔、沈庆、洪两宗、孔炳煌、吴添才，漳州市东山县陈城镇沃角村郭镇波。

两广沿海地区共17位，分别是：潮州市饶平县洪西镇陈天佑，阳江市江城区周世赏、赵汉，阳江市海陵岛闸坡镇黄伙生、蔡数，湛江市硇洲岛梁克界，廉江市安铺镇罗枢，廉江市营仔镇蔡华连，雷州市乌石镇李智辉、杨和汉、麦家庆、余同，湛江市徐闻县水尾村陈立昌、陈立顶、陈许养、陈美桂、陈明修。

太湖及周边地区共10位，分别是：上海市浦东三林镇孙永亭，上海市金山嘴渔村姜品云，苏州市相城区太平街道沈桥村徐海林，苏州市光福镇渔港村蒋林生、朱元方、蒋夫宝、蒋林法，无锡市锡山区柏庄一村章桂兴，绍兴市东湖镇松陵村傅长水，绍兴市越城区老船工傅志林。

目前不少修造船工匠或造船世家传人，已转行建造仿古实船或制作传统舟船模型，有的还成了各地的非遗传承人。如无锡的章桂兴，15岁时跟随爷爷和伯父学习建造木质渔船，后成为无锡县交通船厂技师，退休后制作了50余艘船模助力大运河申遗。2019年复原建造了一艘13米长的无锡西漳船，成为建成开放的西漳公园一景。2022年，章桂兴申请的"江南木船制造技艺（西漳大船制造技艺）"入选第五批无锡市非物质文化遗产代表性项目名录。又如福建漳州东山县铜陵镇的孔炳煌，其祖父孔文章于民国时期在镇上开造船作坊,建造东山大艚等渔船。1983年孔炳煌进入东山水产造船厂,后又自己承包建造木质渔船,近年来孔炳煌转向制作古船模型,2018年他所申请的"东山海船钉造技艺"入选福建省第四批非物质文化遗产代表性项目名录。全国类似的情况还有不少,如:辽宁盘锦大洼区二界沟镇的张兴华,河北保定安新县白洋淀姜琳祥,山东烟台长岛刘延安,江苏苏州薛祥娜、徐海林,浙江舟山岑国和,浙江嘉兴张作明,浙江绍兴傅志林,浙江泰顺潘连守,福建东山吴添才,广东阳江蔡数,海南临高张明,湖南长沙王芳德,江西九江刘兴林等。

(三)民间信仰

人们在与江海舟船打交道的过程中,面临的风险高,发生的灾祸多,自然而然地产生敬畏和恐惧心理,在此基础上便形成了形形色色的民间信仰。传统舟船相关的海神信仰,与民众自然崇拜有关,并与祖先崇拜、英雄崇拜及宗教信仰等结合起来,具有鲜明的地域特色、时代特色和功利倾向。

其中最具代表性的海神,当属妈祖。妈祖又称天上圣母、天妃、天后,原名林默(960—987年),最早被家乡福建莆田沿海一带的民众信奉。随着舟船航行范围的拓展、海上贸易的延伸,继而广泛传播到国内沿海和国外华人所在地区,成为船工、水手、渔民、海商最为敬仰的海上保护神,在世界范围内也有一定的影响力。元明以后,妈祖又作为漕运保护神,一路北上逐渐在京津冀地区传播开来,如天津始建于元代的直沽天妃宫,凡是由直沽海口经海河进入北运河的海运漕粮船只,其船员都会在直沽天妃宫祭祀妈祖,既标志着海漕的终结,也标志着河漕的开始。女性海神中,还有不少地方性的,如威海、即墨等地区流行的仙姑信仰。威海仙姑始于宋辽时期,一说姓郭,一说为麻姑,其事迹主要也是帮助行船者平安脱险。

还有一些在中国具有跨区域影响力的水神,如龙王。龙王信仰在中华大地广泛存在,在古代船工、渔民、船商群体中,龙王是作为他们的水上保护神这一角色出现的。如江苏宿迁段皂河镇,在大运河畔建有龙王庙。该庙始建于清康熙年间,供奉着金龙四大王,每年农历正月初八、初九和初十,为宿迁龙王庙的庙会之日,参加的人数很多,附近山东、河南、安徽的商人也会慕名前来。

海神、水神信仰往往还具有突出的地域特色。如在太湖水域,早先渔民的来源比较复杂,因而太湖渔民的神灵信仰也十分庞杂,与佛、儒、道三教也有杂糅,他们既信仰本地的神灵,也信仰外地的,相互融合,大体分为四种:一是太湖渔民崇敬的民间保护神,如禹王、天妃;二是为民造福的清官神,如刘猛将、胥王;三是救民于水火的凡人神,如王泥相公和塘陆相公;四是渔民心中敬畏的民间邪神,如五通神、黑虎神。

(四) 节庆民俗

传统舟船的非物质文化遗产中,各类娱乐节庆活动也是非常重要和富有特色的,其中赛龙舟和送王船有着较强的代表性。

赛龙舟在我国历史悠久,也是许多地区和族群非常重要的民俗活动。截至 2017 年,除港澳台以外,华东、华南、华中、西北、西南 5 大地区共有 13 个省份拥有 25 个龙舟非物质文化遗产项目,其中,国家级非物质文化遗产项目 4 项,省级非物质文化遗产项目 18 项,市级非物质文化遗产项目 3 项(见表 3.2)。作为非物质文化遗产项目的各地赛龙舟与龙舟活动,传统意义上的举办目的包括:纪念屈原、陆兆鱼、越王勾践、舨王、李冰、孔明等人物;祭奉龙神以祈求祛除瘟疫病灾;通过庆祝插秧成功、庆祝秋收、岁时节令避邪消灾等表达敬畏自然之情;纪念苏东坡和王弗的爱情,表达马氏族群对故土的怀念等其他原因。

表 3.2 各地申报的龙舟非物质文化遗产项目

地区	省份	龙舟非物质文化遗产项目
华东	福建	☆福建端午节习俗(云淡海上龙舟竞渡)
	江苏	☆湖甸龙舟会
	江西	☆分宜洋江赛龙舟☆青云谱舨王赛龙舟 ☆龙南杨村龙舟赛
	上海	★端午节(罗店划龙船习俗)△摇快船
	浙江	☆龙舟竞渡

（续表）

地区	省份	龙舟非物质文化遗产项目
华南	广东	☆赛龙舟（九江传统龙舟、三人燕尾龙舟竞技、小榄赛龙艇、石歧赛龙舟、东凤五人飞艇赛、南头五人飞艇赛） ☆端午节（端午龙舟习俗、黄圃赛龙舟习俗、端午逆水赛龙舟） ★赛龙舟
	广西	☆桂林龙舟习俗 ☆信都龙舟节
华中	湖北	☆端午节（洪湖凤舟、汉江龙船会、泽林旱龙舟）☆马家潭龙会
	湖南	☆龙舟赛
西北	陕西	☆汉滨区龙舟习俗
西南	贵州	★苗族独木龙舟节 ★赛龙舟 ☆赛龙舟
	四川	☆五通桥龙舟竞技 ☆端午龙舟会 ☆瑞峰端午龙舟节
	重庆	△木洞龙舟 △龙舟竞渡

注：★国家级非物质文化遗产标记，☆省级非物质文化遗产标记，△市级非物质文化遗产标记。资料来源：彭瑶于2017年发表的论文《25项非物质文化遗产龙舟的研究》。

时至今日，全国各地在端午期间举办的龙舟赛事，则更多地体现了一种团结合作、同舟共济、齐心协力的精神，体现了一种激流勇进、拼搏向前、奋发争先的激励。

送王船是闽台沿海地区民间长期以来盛行的一种敬奉海神的传统活动。在历代人们移居海外的过程中，送王船活动也传播到东南亚等地，至今已有数百年历史，其祭祀仪式及活动期间的文娱表演，都带有浓郁的地方特色。2020年12月，中国与马来西亚联合申报的"送王船——有关人与海洋可持续联系的仪式及相关实践"项目，被列入联合国教科文组织人类非物质文化遗产名录。送王船活动源于古代航海者"为禳人船之灾，有放小舟、彩船之举"，所送的是"代天巡狩"的王爷，传统的送王船仪式主要是航海者祈求神灵保驾护航的活动，而今则演变成为群众性的传统民俗文化活动。该活动虽仍带有宗教色彩，但代表的是赏善罚恶、匡扶正义、天下太平、风调雨顺等民众良好的祝愿，并伴随着闽南舞龙舞狮、腰鼓表演、宋江阵、南音、歌仔演唱、拍胸舞、高甲戏和木偶戏等,已演变成盛大的展演娱乐活动,成为大陆与台湾同胞、海外华侨华人之间民间文化交流的重要纽带,是一种既蕴含中国传统文化内涵,又具有重要文化价值的民俗活动,发挥着联系海内外亲人情谊、增进共识、寻根谒祖、促进民间文化交流的社会功能。

一些地方还基于滨水沿海民众自发组织的传统舟船民俗活动,升级发展出多种节庆活动,如渔灯节、休渔放生节、开渔节、航海日、海洋日等。开渔节,沿海多个地区均有此节日,如舟山开渔节、象山开渔节、阳江开渔节和太湖开渔节。浙江的开渔节最初为渔民自发形成于舟山沈家门渔港和象山渔港一带,在 1998 年"国际海洋年"之际,象山县举办了第一届中国开渔节。此后每年 9 月初,象山开渔节(也称中国开渔节、石浦开渔节)便如期举行,历时一周左右,表达渔民出海平安祝愿的传统祭海仪式、宏伟壮观的开船仪式是两大最具特色的活动。

(五) 风俗仪式

滨水临海的船工、渔民、船商等,还有许多居家、生产、饮食、服饰、婚嫁、丧葬等方面的风俗。

居家风俗中,较有代表的有住家船、浮水屋、水棚等。水上居民(主要是疍民)常年漂泊在江河湖海上,以舟为家。所谓住家船,就是水上住家的船,一家几代人居于船上。船上有伙舱、睡舱等,船户甚至还在船上养猪、养鸡。如旧时上海黄浦江的江北住家船,这种船固定在江边,船户用石柱垒起固定船体的平台。所谓浮水屋,即漂于水面的房屋,用竹、木做材料,紧缚成矩形,敷板于其上建屋,浮水屋随潮水涨落,主要流行于水上作业的人群中。近年水产养殖业兴起,这种建筑应用于沿海一些虾场、网箱养鱼场,如阳江闸坡港,有许多这种浮水屋,并成为观光旅游的一景。所谓水棚,则是南方沿海一种独特的传统民居,依水而建,用杉木、蔗壳、稻草等构成,插入泥沙中,涨潮时高出水面尺许,退潮时远望如浮在水面,主要见于珠江各支流、韩江、漠阳江沿岸,海南沿海各港,以及港澳地区等。

生产风俗中,较有代表性的有山东长岛的出海风俗。旧时初次上船出海的长岛青少年,都要腰系红腰裙布,挂香荷包,以示平安吉祥。渔船春季

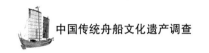

初次出海时,船桅上挂大吊子,船老大到船头焚香烧纸,祈求海神保佑,伙计敲锣放鞭炮,在张篷号子声中同家人道别。

服饰风俗中,较有代表性的有惠安女服饰。福建惠安女传统服饰主要有如下特征:头披鲜艳的小朵花巾捂住双颊下颌,上身穿又短又狭的斜襟衫,露出肚皮,下穿又宽又大的黑裤。这种服饰在全国独具一格,引人注目。曾有打油诗将惠安女传统服饰形象地概括为"封建头,民主肚,节约衣,浪费裤"。

在太湖地区,各种与传统舟船相关的风俗也很有特色。

首先是造船方面,太湖渔民俗称造船为"打船",造船是渔家的头等大事。渔民对新渔船的打造十分重视,前后要办3次酒宴:新船建造开工时,东家宴请工匠和亲友吃"开工酒";新船建造时在"上梁板"(打造新船的第一板)用墨斗弹出"定星线"后,东家也要宴请工匠和亲友吃"定星酒";新船造好下水前,要行"扎喜钉"仪式,下水的当日清晨要在船头举行隆重的敬神仪式,在热闹的鞭炮声中众人齐心合力将新船推、拉入水,新船成功下水,东家则宴请宾客吃"顺水酒"。

其次是饮食方面,太湖渔船上人们吃饭时多在船艄席地而坐,各人都有固定的座位。船老大因手不离舵,平时一般固定在船舵边吃饭,船上的小孩、妇女则在船舱内用餐。平时渔民们吃饭的速度都很快,可谓是狼吞虎咽。

再次是婚嫁方面,太湖渔家也有独具特色的婚俗。长期以来,由于渔船大小、捕捞作业方式、渔具渔法等不同,太湖渔家自然、自愿地形成了一个个渔帮组织,渔民结婚大多在本帮内进行,如大船帮和小船帮之间就互不通婚,其婚礼程序等也不同。在太湖渔民中,早定亲、攀小亲成风,早婚习俗较为盛行,还流行"换亲"(一方子女与另一方子女互相婚配),甚至有三四家自愿商妥后,实行逐级轮换的"转换亲"。

最后是丧葬方面。太湖渔家的丧葬习俗,受办事场地和流动作业的限制,均比较简朴。如太湖渔船上有人亡故后,丧事人家会将船行至亲戚较集中的湖岸边抛锚停泊,将自家的船和一艘至亲的船连在一起,俗称"对船",以扩大甲板面积,方便料理丧事。

第四章

中国传统舟船主要特点

在长期的历史实践中,中国传统舟船形成了许多独具特色的特点,这些特点既体现了中国传统舟船的独特性、丰富性和完整性,也体现了中国传统舟船的技术先进性和原创性,并为世界造船技术的发展作出了极其重要的贡献。本章在文献记载、前人研究的基础上,结合我们的调查和研究,从命名与称谓、船型与结构、帆装与属具、建造与工艺四个方面对中国传统舟船主要特点进行梳理与归纳。

一、命名与称谓

中国传统舟船的命名与称谓,有着自身的独特性,可以帮助我们对相关船型的特征、形态、结构、地域、技术等方面加深认知,特别是一些船舶构件或部位的称谓,如果缺乏了解,则还可能给解读造成一定程度上的困难。

(一)传统舟船的命名

中国传统舟船,往往会根据外观形态特征、造船用料量或载货量、造船材质、涂装颜色、产地航区、构件及相关特征、载物用途、船家船户、地方俗称、官府规定等因素进行命名,产生了名目繁多的船名。明代宋应星在《天工开物》中曾说:"凡舟古名百千,今名亦百千。或以形名(如海鳅、江鳊、山梭之类),或以量名(载物之数),或以质名(各色木料),不可殚述。"

1. 以外观形态特征命名

一是描述其形状,如"长船""三角艇""歪屁股船"。长船是钱塘江水系的一种主要船型,以尖头腰大、船体修长为特征,故名。三角艇是广西北海一带的海洋拖网渔船,主要在北部湾渔场作业,因形似三角而得名。歪屁股船是乌江上特有的一种运输船,因其尾部歪斜而得名。

二是据其形状相似某物而命名,如"瓜篓""红绣鞋""西瓜扁"。瓜篓是黄渤海区域一种代表性的渔船,主要建造于山东、辽宁沿海地区,因其中部较他船鼓大、形似瓜篓果实而得名。其中,载重20吨以上、船体较大、续航能力强的称"大瓜篓"。红绣鞋是湖南钟水、江西鄱阳湖一带的货船,《金陵关十年报告(1892—1901)》称当时南京所见的红绣鞋"形状最古怪""样子很像一只鞋"。西瓜扁是清代广州口岸开放后出现的一种独特的运输船,常年活跃在珠江等水域,往来于行商货栈之间,载重约为50吨,形似剖开一半的西瓜,又称"西瓜船""西瓜艇"或"西瓜扁艇"。

三是因其运动形态与某物(一般是动物)相似而命名,如"海鹘""雕船""河鳗溜"。海鹘是唐代出现的一种江海两用战船,航海性能优异,《太平御览》记:"海鹘,头低尾高,前大后小,如鹘之状。舷下左右置浮版,形如鹘翅翼。"雕船是浙江宁波、温州沿海的一种绿眉毛船,能抗七八级风浪,远航性能好,有如海雕。河鳗溜是温州境内温瑞塘河上较普遍的一种小木船,因船的木料轻,两头尖小,像河鳗一样,划起来速度快。

2. 以用料或载货量命名

一是以船舶建造所用物料的多少来命名,如《龙江船厂志》记载明代南京龙江船厂承造的船舶,包括一百五十料战船、二百料战船、二百料巡沙船、二百料一颗印巡船、四百料巡座船、四百料战座船等。此处的"料",是指船舶建造所用的物料,即以"料"为单位来估算造船所需的人力、物资和工费,反映了造船工程量的大小。元代《河防通议》也曾记载黄河运石头的"三百料船",长"四十五尺""阔一丈",可运石"一百五十块"。

二是以船舶载货的多少来命名。古人表示载货量的大小,常用"斛""石"为单位。如北齐颜之推在《颜氏家训》中教导家人说道:"昔在江南,不信有千人毡账。及来河北,不信有二万斛船,皆实验也。"说明当时江南有二万斛船。北宋张舜民在《画墁集》中记载了他在洞庭湖口一带亲眼所见的大型货船，"观万石船，船形制圆短，如三间大屋，户出其背，中甚华饰，登降以梯级，非甚大风不行。钱载二千万贯，米载一万二千石。"

3. 以建造材质命名

我国幅员辽阔，自然环境、航运条件、生产力水平等存在不同和差异，各地居民因地制宜，就地取材，以木材、竹子、皮革等多种材质建造渡水工具和各式舟船，在命名上也有所体现。

在盛产竹子的南方地区，以竹子为原材料建造的不同形制的渡水工具，有"竹筏""竹排""竹簰""簰筏"等称谓。

我国西藏、四川、云南甚至江南地区则有"革船"。革船是指将皮蒙在竹、木框架的外表，或以皮囊绑缚在竹、木框架上而制成的皮船、皮筏。皮革种类包括牛皮、马皮和羊皮等。《后汉书》记东汉永平八年（65 年）秋，"北虏果遣二千骑候望朔方，作马革船"。所谓"马革船"，即以马皮制成的船。牛皮船，多见于西藏、四川、黑龙江等地区，有方形、梯形、椭圆形等。牛皮船曾是西藏最主要的水运工具，取材于常见的牦牛皮，可载货、渡人、捕鱼，藏语称"果哇"。布达拉宫中就有一幅壁画，描绘文成公主抵达西藏时搭乘牛皮船的情景。羊皮筏子、牛皮筏子主要见于黄河中上游的青海、甘肃、宁夏、内蒙古、陕西、山西等地区，以及长江上游等西南少数民族地区。

黑龙江、吉林与内蒙古呼伦贝尔草原等地区的赫哲、鄂伦春、鄂温克等少数民族曾使用过"桦皮船"。刊于 1721 年的《宁古塔纪略》记当地"以桦皮为船，止容一人，用两头桨，如出海捕鱼，则负至海边，置水中，遇风便归。"20 世纪 30 年代，民族学家凌纯声在松花江下游实地考察，见赫哲人乘坐的桦皮船，长 2.08 米，宽 0.45 米，船骨用杨木构成，外包以桦树皮。

传统舟船建造的主材，是各类木材，并辅以其他材料。在命名上，既有以木材命名的情况，也有以辅材命名的，但是以辅材命名的情况较少。如宜昌建造的收口麻阳子，主要航行于长江上游的恶劣水道，船壳板均用柏木，又称"柏木船"。南宋周去非《岭外代答》记岭南一带有一种穿藤捆缚船板的"藤舟"："深广沿海州军，难得铁钉桐油，造舟皆空板穿藤约束而成。于藤缝中，以海上所生茜草，干而窒之，遇水则涨，舟为之不漏矣。其舟甚大，越大

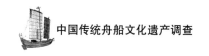

海商贩皆用之。"

4. 以涂装颜色命名

在长江流域,以涂装颜色而闻名的有"救生红船"。长江上游自古滩多水险,救生的红船最先在此诞生。为区别于其他船只,并做到醒目,船身用红色涂刷,因此得名。后来,红船扩展至整个长江流域及其他地区。

比较而言,长江以南的船型涂装颜色要丰富得多,船舶常常根据船头、船身、船底、船尾甚至船篷的涂装颜色而命名。比较知名的,有"绿头船""红头船""白头船""青头船""绿眉毛""白底船""花屁股""乌篷船"等。

(道光)《厦门志》记载雍正九年(1731年)后,清廷规定各省出洋船只"分油漆饰。……福建船用绿油漆饰,红色钩字;浙江船用白油漆饰,绿色钩字;广东船用红油漆饰,青色钩字;江南船用青油漆饰,白色钩字。……故福建船俗谓之'绿头船',广东船俗谓之'红头船',浙江、江南船分别称'白头船''青头船'。"

绿眉毛是浙江沿海一种非常有名的木帆船,多集中在宁波、舟山、温州、台州、海门一带。这种船习惯用黑色油漆在船首两侧绘出两只眼睛,而运输船为与同型渔船相区别,在两眼上方各涂一条绿色油漆,状似眉毛。

白底船是福建莆田、惠安及浙江台州等地的一种适宜于沿海内澳行驶的优良船型,用作运输船和渔船,船体涂白色。

花屁股是指用鲜艳的彩绘来装饰船尾的涂装特征。这种涂装特征在福州运木船上体现得淋漓尽致,故福州运木船也被称为"花屁股"。

乌篷船是绍兴地区用橹摇、手划或背纤的带有乌篷的船只。其船篷用烟煤和桐油漆成黑色。绍兴方言称"黑"为"乌",乌篷船因此得名。

5. 以水域或地名命名

常见的是以船舶的建造地命名,如"福建船""广东船""麻阳子""焦湖船""菱湖船""卫船""西漳船""百官船"等。

福建船(简称"福船")、广东船(简称"广船"),其意不言自明。麻阳子发源于湖南麻阳,也写作"麻秧子",主要在长江上游川江中运载货物。其中,舱口宽的称"敞口麻秧",舱口紧的称"紧口麻秧"或"收口麻秧"。

焦湖船是巢湖的一种客货兼运的大型内河木帆船,长达30余米,载货多在 400～900 担,因巢湖古称"焦湖",故名。

菱湖船在浙江有着比较悠久的历史,多航行于湖州、苏州、上海一带,最初是由湖州菱湖镇的造船工匠通过多年的建造、修正而定型的,载重 5～40 吨。

卫船是天津、河北、山东等地的船,多航行于北方海域,一般载重为 100～300 吨,小的只有几十吨,因源出于天津卫河一带而得名。

西漳船原产于江苏无锡西漳村,后来,常州、苏州、宜兴一带也有建造,活跃于 19 世纪初至 20 世纪中叶的苏、沪、杭、皖等内河航线,载重 30～100 吨。

百官船是浙江、江苏等地的内河运货船,因起源并建造于绍兴上虞百官镇而得名。该船在航行中要过坝,船体尤其是船底结构比较强。

也有以主要航行水域而命名的,如"贩洋船""洋船""横洋船""草水子"等。(道光)《厦门志》记载闽粤商人出洋贸易船为"闽粤洋船",厦门商人的出洋贸易船为"厦门贩洋船";又记闽台间的贸易船,因需要东西横渡黑水洋,故称"横洋船"。旧时,江苏常熟福山港,有苏北海门、启东籍的海洋帆船,春夏在海洋捕鱼来港出售,秋季运食盐,称为"洋船",载重 50～100 吨。草水子是湖南衡阳等地区的木船,主要航行于蒸水流域,因蒸水俗称草河而得名。

6. 以典型特征命名

一是以构件特征命名,如"明瓦船""舵楼船""天舵船"。明瓦船是绍兴乌篷船中一种比较阔气的船,因拥有"明瓦"而得名。乌篷船在两扇定篷之间,夹一扇用蛎壳薄片(呈半透明状)做成的半圆形窗称"明瓦",再加上数量的称呼如"四明瓦船"。明瓦既可遮阳避雨,又兼及船内采光,一般情况下最多可到六明瓦。舵楼船是清代以来航行于黄河的主要船型之一,因其舵柱高于艄楼、舵柄长且越过楼顶延伸至艄楼前面而得名。天舵船是湖南衡阳等地区的一种木船,属小驳船,而比较大的小驳船,舵柄安装在后艄棚上顶端,故称"天舵船"。

二是以船舶的操作或使用特征命名,如"脚划船""扯船""出山船"。绍兴的脚划船,船桨一般装在船尾,船工坐在桨后,背靠一块木板,双脚一屈一伸蹬动双桨划水,船家以脚代手、脚蹬桨划的特点,在全国都属罕见,故名"脚划船",也称"脚蹬船"。扯船是汉族民间对流行于甘肃、青海等地区一种渡船的俗称,这种船的渡河用法是以绳索系于河流两岸,船与绳索连接,摆渡时,船工抓绳用力使船向对岸滑行。至1990年,扯船仍在甘肃境内的黄河、洮河、白龙江、犀牛江等河流渡口使用。出山船主要在四川成都、新津、赵镇三港建造,以赵镇所造航行于沱江为最多。该船用普通甚至低质量的木材造成,载重30～60吨,远行至泸州、宜宾、重庆、涪陵、万县等地后,连船带货一并出售,或卸完货后将船卖掉,最远的还有出川变卖的。该船因"有去无回",故名"出山船"。

三是渔船常以渔具或作业特征而命名。以渔具命名的,如"罾船""漏尾船"和"拖风船"。河北白洋淀、浙江绍兴等地区,均有用罾(一种用木棍或竹竿做支架的方形渔网)捕鱼的渔船,称"罾船"。漏尾船是清道光年间出现的船型,对船底拖网捕鱼,使用漏尾网捕捞底层鱼类,主要分布于闽中、闽南沿海地区。拖风船是两广、海南沿海使用拖风网的拖网渔船,清代曾用作战船、货船。以作业特征命名的,如"敲舻""跳鱼船""单背船""双背船"。敲舻是一种较大的海洋捕捞作业船,是大型敷网作业的主船,主要分布于福建沿海地区。作业单位由一对大船配28～36艘小艇组成。大船指挥放网起网,小艇敲梆板发声驱鱼进网,以捕黄花等石首科鱼类为主。江苏洪泽湖有一种船,船两边附有与船差不多长的两块涂有白色的板,月黑之夜鱼见白光就朝船上跳,故名"跳鱼船"。单背、双背是浙江地区的一种海洋渔船,出海捕鱼时,单背因负载有2只舢板船而得名,常见于苍南、乐清等地;双背因负载4只舢板船而得名,常见于温州、玉环等地。

四是以船舶主要性能特征而命名。如"沙船""活水船""倒把子"。沙船是海船基本船型之一,因宜于行沙而得名。活水船是苏浙沪等地区运输淡水活鱼的一种专用船,前舱左右有进水孔,中舱装载活鱼,航行时新鲜活水由前舱进水孔进来,流经中舱后再由排水孔排出污水。倒把子在湘江水系分布最多,船身狭长、首尾窄而上翘、轻巧灵活阻力小、易上滩、有利于倒行,当枯水期在支流航行时,船不满载,方便掉转船尾朝前行驶,并以桨代舵,所以才起此名,还有歌谣夸赞这种特殊功能:"倒把子,两头尖,有水上得天。"

7. 以装载用途命名

古代运河、内河和沿海转运粮食等大宗物品的船舶，即从事漕运的船舶，通称"漕船"。"粮划"是漕船的一种，是在大运河、长江及各省内河航行的运粮船，也写作"良划"。"糖船"也是南北沿海重要的贸易船，(道光)《厦门志》记："横洋船亦有自台湾载糖至天津贸易者，其船较大，谓之糖船。"

南方地区贩运或装载日常货物的舟船，有"书船""笔船""鱼秧船""卖水舟"等。明清时期，苏州、湖州等地有流动售卖书籍、毛笔的"书船""笔船"。所谓"鱼秧船"，即春秋季节自苏州、常州出长江前往九江贩运鱼秧的船。旧时，浙江温州食用水多为井水、河水，城西南有白泉，泉水清冽可口，有人专门用船运此泉水供城中大户人家煮茶之用，故称"卖水舟"。

还有一些特定用途的船，如"标船""清河龙"。标船为天津南运河上的一种保险船，也有保镖之"镖"的意思，主要从事现银和其他贵重物品的护运。清河龙是清末一种挖泥船，船分九节，第一节挖泥，第二至第九节装泥，挖泥后运走。

8. 以船家船户命名

常见的是以船家而命名的，如"蛋家艇""连家船""家小船""姨婆船""夫妻船"。《广东新语》记"蛋家艇"曰："诸蛋以艇为家，是曰蛋家。……其船杂出江上"，其他文献也写作"疍家艇""疍艇"等。南方疍民是中国水上族群的一支，主要分布在福建、广东、广西、海南等地，其他地区如山东微山湖、江苏、上海郊区县、浙江、江西等也有几代人以船为家同住船上的情况，其船称"连家船"。苏北一带渔民夫妻或全家住在船上，又俗称"家小船"。姨婆船是江苏、上海等地摇快船等赛会活动的表演船只，因摇船者大部分是男扮女装，因此得名，也写作"夷婆船"。夫妻船是厦门、集美、龙海一带沿海渔民使用的海洋渔船，特征是以夫妻小家庭为单位，故名。

另外，还有以船户来源地而命名的，如"绍兴船""江西船"。20世纪初，绍兴人带船来上海从事运输，上海人因船户以绍兴籍居多，故称"绍兴船"。江西船是闽江上游数量极多的运输船之一，这些船的所有者就是船夫，他们来自江西，故名"江西船"，其家属同住在一条船上，数船结队而行，随货周游四方。

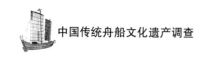

9. 其他命名方式

一是地方特定的俗称。如胶东半岛一带的荣成、文登、乳山、海阳等地把小船称为"排子""橛子",所以有"燕飞排子""鱼雷排子""尖头排子""大肚排子""高丽排子"和"流网橛子""圆网橛子""威海橛子""挂网橛子"等称呼。山东淡水渔业使用的平头方底木船,有"溜子""划子""撇子"等称呼,其中溜子又分"枪溜""生产溜""大溜子"等。

二是按官府规定命名。雍正九年(1731年)后,清廷要求各省出洋船只在船头两侧刊刻"某省某州县某字某号"字样。1972年,广东汕头澄海县和洲村出土一艘清代古船,船舷上标记有"广东省潮洲府领□□双桅壹百肆拾伍号蔡万利商船"字样,每字45厘米见方。

三是以美好寓意或吉利语、商号名命名,如"金协成"号、"金裕同"号、"顺合"号等。"金协成"号是嘉庆年间从广东前往南洋的商船,"梁头三丈七尺三寸",载重约合765吨。清嘉庆、道光年间,浙江镇海的海上贸易转盛,有南、北商号20多家,南号经营"南船",南船多航行于沪、甬、闽航线,偶尔也驶往汕头、厦门。南船"金裕同"号,于清道光二十五年(1845年)由马尾的船厂打造,载重890吨,直至1936年仍在运营。"顺合"号是民国时期浙江温岭县最大的木帆船,长31米,宽7米,载重150吨。

四是组合有关要素而命名,大致有地域、类型、特征、用途、形状、功能等要素。如"常熟驳船""常熟运棉船""无锡快""苏州石头船""松江炭船""芦墟米船""同安梭""福州运木船"等。

(二) 主要部件的称谓

与现代船舶各部件有相对统一的称谓不同,中国传统舟船部件的称谓因时、因地、因船而异,呈现出很大的个性化、差异性和丰富性。以下以田野调查的福建东山大船型为例,对传统舟船主要部件的称谓进行解析。

1. 主船体和上层建筑

艍:即龙骨,通常分三段,又称头艍、中艍和尾艍,分别对应首龙骨、中龙骨和尾龙骨。古代文献中,龙骨又称"底骨",也有将龙骨写成"艐"的情况。

艍沟:指龙骨左、右两侧所开的沟槽,以安装龙骨翼板。

舭根：即龙骨翼板，指龙骨左右两侧的第一路底板。

堵底板：又称"底板""底列板"，即龙骨以外至舭部的船底板。

侧列板：指舭部以上至下榅的船壳板，即舷侧列板，又称"身板""帮板""髈板"，明代《南船记》中称"栈板"，从下往上，又分别有"拖泥""出水栈""中栈""完口栈""出脚"的称谓。

榅：指舷侧列板向外突出的、通常呈半圆或方形的纵向加强材，又分"下榅""二榅""大榅"。也称作"稳"，如最上、最下的分别称"大稳""水稳"。在北方的称谓中，该部件通常称为"櫩"。

舷唇：位于舷侧列板最上面一道纵向加强材的上面，是主甲板最外侧的一列板，同时也是舷墙的基座。此板较厚，又称"甲板边板""甲边""甲板压板"。

舷板：又称"笨"，指主甲板。

干豆：指舱口围板。

波：指舷墙。

波门：也称"水仙门"，舷墙上的开口，用于人员进出、货物装卸、随船舢板收放等。

水蛇：也称"木龙"，舷墙下部向外突出的、通常呈半圆的纵向加强材。

波搭：也称"舷墙搭"，指舷墙上部向外突出的、通常呈半圆的纵向加强材，起到防撞和保护舷墙的作用，也可看作是"护舷木"。

扒竹：也称"伏竹""爬竹""舷墙面板"，指舷墙顶部的压板。

托浪板：又称"挡浪板""兽面板"，指自首龙骨以上的船首封板。

盖金：指托浪板顶部的压板。

龙牙：指盖金板上突起的细小木桩，用以分导碇绳。

头密斗：又称"前升甲板"，指从首封板到第一道横舱壁之间的甲板。

闸：福建东山地区对横舱壁的称谓，周边地区也称"堵""营"。用于确定主船体建造的几个初始的横舱壁，称"头闸""驶风闸""大肚闸""尾闸"等。这几个初始横舱壁的底座，则称"闸底"。

地樑：包括横舱壁的底座，以及不往上搭舱壁板的船底肋骨。

极：又称"番身"，包括边肋骨和侧肋骨。

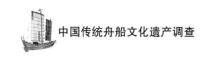
联对：横舱壁上面的竖向加强材,较宽的舱壁有左右对称的 2 根,类似门的联对,故名。船的首尾处较窄的舱壁通常设置 1 根联对。

龙秋：又称"龙须",类似首柱。

压床：指横向固定于几根龙秋顶端的横梁。

断水梁：主船体的最后面一道横舱壁。

尾八字：又称"尾燕板",指船尾部舷侧部往上伸出的呈马蹄形的结构框架。

尾担梁：指尾八字框架上面的内、外两根横梁。因此,又分内梁、外梁。

含檀：也称"含檀梁",是桅杆位置的甲板以上的横梁。根据所在桅杆位置,分"头含檀""大含檀"等。

波柱：分段式舷墙肋骨的一段,贴合于舷墙处,类似舷侧肋骨。

八字极：又称"扫帚极",指在水仙门两旁的一整根舷墙肋骨。

2. 属具及其他构件

椗：即木质的锚。

椗齿：椗身前端的齿爪。

椗筷：椗身前端横穿而过的横杆。

椗车：起椗用的绞关或绞车。

挡车：椗车的制动木杆。

帆车：安装、升降帆等所用的绞车。

鹿耳：又称"六耳",即桅夹,分"头鹿耳""大鹿耳"等。

桅堵：一般在桅杆前面,用以辅助支撑、顶住主桅的弧形木构件。三桅木帆船,一般出现在主桅位置。

梳箆齿：也称"羊角",是桅杆靠近桅夹处的木质构件,主要用于缠系帆绳。

桅斗笠：桅杆最顶端的构件,可插定风旗。

篷：即帆。因帆音同翻,不吉利,故称帆为篷。

猴抽：用于控制帆装在桅杆前后端位移幅度的绳子。

提门：又称"抱桅索",用于控制帆装在桅杆前后端位移和绕杆转动幅度的绳子。

上称：帆装顶端上面的木质横杆。

帆竹：也称"龙竹"，指帆布上下每隔一段距离横置的竹竿。

下称：帆装下端的一段帆竹。

外藤：帆装前缘、后缘最外侧的补强绳子。

内藤：帆装前缘、后缘靠内侧的补强绳子。

帆藤：帆布内侧纵横缝裹的补强绳子。

缭脚：帆装的分支子缭绳。

缭母：帆装的汇总母缭绳。

缭牌：系缭母的滑轮。

上金：也作"上斤"，是舵杆在船尾断水梁后面甲板高度位置的上夹点。

舵车：也称"尾车"，用于升降舵的绞车。

舵牙：也称"舵柄"，与舵杆连接，左右推摆，以带动舵杆转动，这是舵装置的重要构件。

尾座夹：对上金进行辅助固定的一组构件。

双筷：又称"硬筷"，指从上金往上至尾担梁处，由 2 根构件对称形成的固定框架，舵杆在其中活动。

下金：也作"下斤"，是舵杆在船尾封板处的上夹点。有的船使用的是形制有所不同的舵承座。

二、船型与结构

各种船型的形成及其在设计、布置上所呈现的特征，归根结底，主要是根据其主要航行区域、功能用途需求等所决定的。不同地域和不同历史时期的船型有所不同，且处在不断地演变、发展和融合之中。

（一）海洋船型

中国有着悠久的水运历史，曾经出现或记载过的船名可谓数以千计，适合各水域的船型同样也是种类繁多。根据水域的性质，可简单区分为海洋

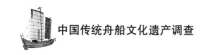

船舶(以下简称"海船")和内河船舶(以下简称"河船"),当然海船除了在近海或远洋航行外,其实也是可以驶入江河的,而河船如果结构上不合适的话,驶入大海就无法保证安全,因而尽可能在内河、湖泊航行为宜。现代船舶则通过标准规范和适航区域的审核,强化了这方面的管理。

由于各地不同的水文特点和航道条件,以及传承下来的建造方法、用料习惯等诸多不同,中国的河船种类众多、船型五花八门,不同水系、不同河流甚至同一河流的不同航段,都有许多不同的船型。相比之下,沿海地区的交流或许更容易一些,海船的融合借鉴相比河船显得好一些。虽然还是有许多不同的船名和局部的区别,但中国的海船总体上呈现为沙船、福船和广船三大船型的分类。不过,也有学者认为浙江的鸟船,应归属于浙船,在三大船型外还应补以浙船,故又有沙船、浙船、福船和广船四大船型的分类。在明代,沙船、福船和广船原属战船的不同船型,后来扩展到了民用船型。

不同海域的自然条件差别很大,各海域的船型必然也有所不同。长江以南的中国沿海属侵蚀型的海岸地貌,一般港口条件较好,水深条件也好,而长江口以及长江以北的海岸线多是以堆积为主发育而来的,近海往往滩涂多、积沙多,港口或航道水深情况比较复杂。这些因素给船型的演变带来了重要影响,不同的船型在船体型线形状、主尺度比例、船体结构特征、帆装属具特征等方面都会呈现出各自的特点,乃至上层建筑的设置也随之受到一定的影响。也有的观点仅从船体形状出发,提出中国海船船型分类可以以长江口和江苏沿海浅水沙底为界,分为航行于北方海域的平底船型和南方海域的尖底船型两大类,虽然说这确属其中的主要差异特点,但这种分类方法毕竟过于简单化了一些。所以,作者还是以沙船、福船、广船三类来具体分析。

1. 沙船船型

沙船源自长江口、崇明一带,其船型属方头、方艄的浅吃水船,船体呈现为扁浅宽大的准长方体,方形系数较大。沙船的长宽比比较大,一般为多桅多帆,中型以上的沙船一般有五桅,挂长方形平衡纵帆,形状狭长,有利于使风。在不同水域,又有安东(现丹东)沙船、北直隶沙船、江苏沙船、上海沙船和太湖沙船等的区别。在太湖水域,目前还留存有七桅七帆的沙船,俗称

"太湖七扇子"。如前所述,三大船型中总体上呈现为平底和尖底之分,沙船属于典型的平底船。平底型海船是中国海船的原始船型。古代中国的政治经济文化活动中心是在长江以北的中原地区,舟船的海上活动主要在北方沿海。长期的航海实践,使中国造船工匠们创制出适合航行于这一航区的江海两用型海船。

沙船最早出现于唐代,首先在今上海崇明一带使用,宋代称"防沙平底船",元代称"平底船"。《天工开物》中记载有遮洋船与钻风船,皆为沙船型平底海船,钻风船始于南宋,遮洋船创于元代。沙船的书面称谓,目前考证出现在嘉靖八年(1529年),此后,航行于沿海的平底船通称沙船。清康熙二十三年(1680年)海禁解除后,沙船数量迅速增长,船底结构也进行了改良,用数块厚板组成"中心底",实为两头窄中间宽的平板龙骨,又称扁龙骨,涉浅时能经受浅滩摩擦,搁沙时能承受船体重量。航行性能方面,沙船最大的特点是轻捷平稳能坐滩,"持沙行以寄泊,因底平稍搁无碍",擅长行驶于滩浅积沙的水域。明茅元仪《武备志》记载,"沙船能调戗使斗风",意思是能逆风行船,也就是在侧逆风情况下可以走"之"字形航迹来行船。但由于平底和吃水较浅,此时容易产生横漂,因此舷侧两边设置有披水板,用时放在下风一侧插入水中,以抵抗船的横漂。

中国木船的船体结构由船板和骨架组合而成,船侧板和船底板纵向布置,由多列纵向板材拼合而成。沙船型平底船的船底板古称"正底",船底板连接船首和船尾的搪浪板,与舷侧板等构件一起保证船体的总纵强度、水密性和承受船体重量。船侧下部称为舭板,又称转角板,是由一块或两三块板材组成的纵向板列,上连侧板下接底板,《南船记》中称之为"帮底"。舭板在船舶近岸浅水航行或停靠时,往往触及河床,因而选材和厚度一般要求比较高。

沙船通常具有较长的尾艄,尾艄又称虚艄、出艄,指船尾甲板的挑空延伸部分,虚艄的设置扩大了船尾使用面积,可供操纵尾帆、系缆、起锚等用。虚艄还有利于安装升降舵,由于底平吃水浅,沙船的舵往往展舷比小,舵叶近方形,俗称荷包舵,可以升降,水深时可将舵降入水中,以提高舵效,水浅时则可将舵提起,以防搁浅而损坏。沙船梁拱较大,即甲板的横向拱度从船

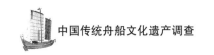

的两侧逐渐向纵向中心线拱起,既有利于甲板积水排除,还可增强甲板的刚性。较大的梁拱使得甲板横向坡度很陡,人员站立和操作困难,因而需要在甲板之上再铺设一层非水密的水平平板以方便作业活动。

沙船舷侧除披水板外,舭部一般设有舭龙骨,用以增加横摇阻尼、改善稳性和摇摆情况,中国舭龙骨技术的出现远早于西方,史料中有明确记载,包括图形的记录,例如清道光六年(1826年)刊印的《江苏海运全案》中有"沙船底图",其中的梗水木即为舭龙骨。

沙船内部舱壁通常由多块厚板拼合的横向竖壁构成,舱壁板为横向布置,可以起到保证船体横向强度和刚度、分隔内部舱室、提高抗沉性以及支承甲板构件等作用。舱壁既有水密的也有非水密的,水密隔舱即使意外进水也不会波及相邻其他舱室,从而增强抗沉性能。舱壁和底肋骨靠底板处往往开有流水孔,以便日常排除积水之用,需保证水密时,则可将孔眼塞住。大型船舶也有增加设置纵舱壁的,可起到更为合理地分舱和增加强度等作用。

从考古发现来看,江苏如皋马港河唐代沉船为平底船,可能是最早近乎沙船的船型。该船体残长 17.32 米,最宽处达 2.58 米,有 9 个舱,舱深 1.6 米,船身窄而长,隔舱多,方首方尾,船底横断面为平底微弧,可航行于近海、内河。

2. 福船船型

福船是福建、浙江沿海一带的尖底海船,吃水较深,底尖上阔。典型福船船型横剖面呈 V 字形,方形系数较小,首昂尾高,首尖尾方,航行于深水区域阻力小,利于驶风。古人称福船"上平如衡,下侧如刃,贵其可以破浪而行也",尖底深吃水的福船在远洋和深水航行时,不会像平底沙船那样因船底受砰击容易产生失速的现象。

福船的船型特点更适合于远洋航行,因而海外贸易兴盛的时期福船常常担任主角。许多考古发掘也印证了这一点,如 1974 年夏在福建泉州湾后渚港出土的宋代海船,其福船船型特点非常明显,即具有方形系数小、长宽比小、呈 V 字形横剖面等特点。韩国水下考古发现的中国元代新安船与在西沙群岛发现的宋代古船"华光礁一号"的船体型线特征极其相像,都是深吃水且船体中部呈 V 字形横剖面。此外,泉州湾宋代海船船壳的多重板鱼鳞式搭接结构也在"华光礁一号"上得到了印证。近年来的"南海一号"水下考古发掘,也同样印证了这些福船的船型特点。

据民国《上海县志》记载,福船创始于宋代,用福建松、杉、楠等木料建造,尖头、尖顶、两头翘,两舷外拱,有宽平的甲板,下有大木三段龙骨贴于船底。船呈线型,航行阻力小。福船可分为福州船、漳州船、泉州船、厦门船、兴化船等。

福船的龙骨通常由三段连接而成,中间的是主龙骨,与前后的首龙骨和尾龙骨连接,是船底中纵位置的纵向厚材,对船舶总纵强度意义重大。龙骨前端通常与尖形船首的首柱相连接,或者与方形船首的首封板连接。福建一些地方造船时会在龙骨与首柱结合处嵌置具有吉祥平安寓意的钱币、明镜等物,如泉州湾宋代海船在龙骨接头处凿"保寿孔",里面放置铜镜、铜钱,排列形式如"七星伴月"状。

创于明代的鸟船,属于福船中的一种小型快速货船。头小身肥,首尾上翘,船身长直。船上有桅篷,船两侧有橹。"底圆面高,下有大木三段,贴于船底,名曰龙骨",转变趋避较为灵便。此船常航行于厦门、福州、泉州、兴化、上海等港。明清之际,有的被改作战船,船型趋大,清开海禁,大型商船多为鸟船之式,载重数千石;后泛指尖圆底的浙闽粤南洋船。

3. *广船船型*

广船是广东、广西一带具有自身特点船型的统称。明万历王在晋所著《海防篡要》卷十三,对比了福船与广船的优缺点,自此广船之名得以流传,后人将沙船归入后,遂成为三大船型。王在晋称,"广船视福船尤大,其坚致也远过之,盖铁力木所造……倭夷造船亦用松杉之类,不敢与广船相冲。"郑若曾在《筹海图编》中也提及,倭船遇到广船、福船"难于仰攻,苦于犁沉,故广船、福船皆其所畏,而广船旁陡如垣,尤其所畏也。"屈大均在《广东新语·战船》中则说,"广之蒙冲战舰胜于闽艚"。可见广船作为战船时,其威力不凡。

广船一般下窄上宽,头尖体长,两端上翘,通常是尖底船,梁拱较小,两旁搭架摇橹。广船用料讲究,结构坚固,多用栗木等硬木建造,尤其是龙骨、大樯、船底板、桅杆、舵杆等均用上等材料。纵向有龙骨和大樯,横向通过密距肋骨和隔舱板,进一步保证了船体强度。《明史·兵志》对广船的评价是,"广东船,铁栗木为之,视福船尤巨而坚。"《武备志》对广船的评述为,"广船若坏须用铁力木修理,难乎其继,且其制下窄上宽,状若两翼,在里海则稳,在外海则动摇,此广船之利弊也。"

广船的桅杆和福船、沙船相比显得短而粗,而帆的面积却更大。帆呈扇形,各帆展开时犹如蝴蝶飞舞在海面,故美其名曰蝴蝶帆,成为外观上与其他船型区分的重要特点,也更有利于利用各方向的风力。为了减缓摇摆和抗漂,广船往往在船体纵中处装有中插板。由于多航行于两广多礁水域和珠江江海之间,因水深所限往往船舶吃水不能过大,并且还要求广船的操纵性要好,因而广船舵叶面积通常较大,展舷比一般接近1.0。为了操舵轻捷,舵叶上往往开有许多菱形的孔,因而也称开孔舵,这也是广船区别于其他船型的特点之一。广船比较广泛地使用了开孔舵和升降舵,在船尾部也有较长的虚艄。

历史上,著名的广船有红头船、红单船、米艇、拖缯船、拖风船等。比如,按清代初期的规定,广州出洋商船涂红漆,称"红头船"。这些红头船主要是来自广东东莞的乌艚、潮州的白艚。船头两边画有眼睛,广东人俗称大眼鸡,清代外销画中常绘有此船。又如,红单船是清道光、咸丰年间广泛航行于南海的大帆船,在两广海船中堪称巨型的风帆货船。《江浦埤乘》记:"红单船者,广东商船也。故事商人造船禀海关给红单,以备稽查",因而得名,后来广东人习称为"头艋"。又因这种船最早在广东顺德陈村建造,故又称"陈村船""陈村头艋"。这种船头尖尾宽,三桅三帆,载重达200~300吨,顺风张三帆行驶,船底类似鸡胸,首部翘起,出水部分呈钝三角,中部宽,尾部略低。甲板中部为大货舱,船舷骨架、龙骨、船板夹层分别采用古樟、老铁杉或昆甸、上好杉木为料。太平天国起义时期,太平军、清军都曾将红单船用作战船,清军视之为"水师中之最剽捷者"。

第三章所述实船遗存中的"金华兴"号,就是一艘由船史学者和爱好者在福建漳州意外发现的典型广船。这艘清代的三桅木帆船,被发现时还作为渔船在海上正常航行,船长28.5米,排水量约为200吨。船体庞大,有8

个舱室,船首尖而低,船尾圆满而高翘,充分展现了广船坚固的构造和优良的性能。开孔舵、蝴蝶帆、中插板、水密隔舱等技术特点都在"金华兴"号上呈现,堪称广船的"活标本"。此外,广船特有的用料讲究也得以在"金华兴"号上充分体现,其船底板所用的铁力木、肋骨所用的古香樟木在今日已十分罕见,也正是这些特殊的用材使得"金华兴"号能历经百年而保存下来。

4. 船型的融合与发展

不同地域船型的融合与发展,实际上自古以来就未停止。虽然说福船多见于福建、浙江,广船多见于广东、广西,沙船多见于长江口和北方沿海地区,但某一海域出现多种船型的船舶也是较为普遍的现象。特别是在海上贸易的开放系统中,互相学习和借鉴也更容易实现,不但在中国的不同地区之间,而且在与东南亚、印度、阿拉伯、西方等不同文明之间,造船技术的交流与互鉴也是古已有之。

如前文所述的鸟船,有的学者认为浙江地区的鸟船应归属于浙船,即在三大船型外还应补以浙船船型,故又有沙船、福船、广船和浙船四大船型之说。浙江北上可达长江和京津,南下可达福建、广东,处于海上交通的枢纽位置,因而浙江的代表船型绿眉毛也吸收了各地船舶的特点。明代茅元仪《武备志》中专门列有"鸟嘴船"一节,里面记载的船型特征、航域、功能、动力方式等均与绿眉毛一致。绿眉毛是浙江沿海的一种有名的木帆船,习惯用黑色油漆在船首两侧绘上两只眼睛,而运输船为了与同类型渔船相区别,在两眼上方各涂一条绿色油漆,状似眉毛,故称"绿眉毛",此船饰在其他沿海地区极少见,颇具地方特色。该型船多用于海上贸易,或作冰鲜船,或作运输船,多集中在宁波、舟山与温州、台州、海门一带。主要航线为温州—宁波—上海,也能远航山东、福建、台湾。明末清初,绿眉毛大船甚至有远航日本、东南亚等地的情况。绿眉毛结构坚固,型线好,航速快,回转半径小,在6级风浪下能正常航行。从外形上看,头小身肥,尖圆底方尾,具粗实龙骨、水密隔舱和淡水舱等结构特点,船首和船尾两头微翘,首部尖瘦呈鸟嘴状,尾部出艄,长宽比小于沙船而大于福船。该型船一般采用三桅,扇形布帆或长方形竹篷,当主篷和头篷各向两舷张开,其航行姿态恰似鸟的双翼。船上配橹,有风扬帆,无风荡橹,行驶灵活。绿眉毛的船头,呈现为鸟嘴的形状,

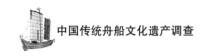
其文化渊源可以追溯至河姆渡文化,河姆渡文化认为太阳是依靠神鸟飞升天穹的,遗址出土的象牙圆雕,就刻有飞鸟护日升空的图案。因而浙船也传承为把船与鸟结合在一起,期盼自己的帆船能在大海中自由"翱翔"。

再如成书于清道光六年(1826年)的《江苏海运全案》,在第十二卷中除收录有沙船、卫船外,还有"蜑船停泊图""三不象船停泊图"等,每图皆有文字说明各船的特点。其中的"蜑船停泊图"称:蜑船南北洋皆行,身长舱深,头尾带方,船底及两旁涂以蛎粉,上横抹以煤屑,头尾间刷以矾红。蜑船又名蛋船,据《上海通志》记载,蛋船为宁波特型船,适于南北洋航行,形兼具南北洋船只特点,底部圆,形似鸡蛋,故名。蜑船身长舱深,头尾皆方,不设橹桨,靠风力行驶,船底为大木,宜涉深水,能过沙,不能贴近浅底;载重一千八百石;可北上天津、营口,南下粤闽。清道光六年,受清廷招募用作上海至天津海漕运输。

至于三不象船,正如"三不象船停泊图"所载:三不象船,多行北洋,少行南洋,身长腹阔,头锐尾高,船底及两旁纯涂蛎粉,以驱两洋水中咸虫,头尾间抹以矾红,其篷以竹箬为之,取其坚固,然甚重。今亦有用布者,自头至艄水关上有索一根,名"勒陀"。三不象之制,昉自康熙三十八年(1699年)承运福建木料,就钓船旧制增益,以松木为之。其式不像江南沙船,不像福建的鸟船,不像浙江的蜑船,故名之曰三不象。据此看来,三不象船集合了江南沙船、福建鸟船、浙江蜑船的优点,但又与之各不相同,故称为三不象船。据《江苏海运全案》记载,沙船载重一千五百石,蜑船载重一千八百石,三不象船载重量有所增加,可达两千石。

在台湾地区,还有一种较竹筏复杂的水上交通工具——航海帆筏。它在主船体上采用竹筏,在帆装动力和操纵装置上借鉴了木帆船上的风帆、中插板等技术。台湾的航海竹筏还有近海与远海之分。近海竹筏,仅用桨划,远海则桨、帆兼使,故又称"帆筏"。航海帆筏,插板是其最重要的部分,每筏一般有插板位置6处,可用6块插板或3块插板,插板用整块樟木制成,帆筏的石锚以木质杆条扎成单钩状,在杆上绑以相当重量的卵石。有人认为,这种航海帆筏可能就是南岛语族先民从中国大陆东南部迁徙至中国台湾地区及菲律宾、东南亚群岛的航海工具。

不同文明之间，船型上的借鉴学习同样也是俯拾皆是，其中既有大家熟知的西方现代造船学习中国古船所采用的水密隔舱技术，也有像现代西方帆船与游艇所常用的舷外板（又称下风板），实则就是中国披水板的化身。当然中国也有许多从他国借鉴而来的造船技术，如现已普遍采用的线型图，有的专家还认为，广船的帆形和制作，也有可能是借鉴了阿拉伯的布帆。至于不同时代的新的发展，同样也未曾间断，如当今还在延续的辽宁盘锦二界沟排船，一方面，融合了历史上来自山东、河北移民所带来的造船技术，另一方面，为适应从木帆船到木机船的转变，其尾部线型也更为抬升和外展，以便能够更好地放置螺旋桨和轴系。以上这些，都体现了不同时期不同地域船型方面与时俱进的融合及发展。

（二）内河船型

在我国广大的内陆地区和内河水系，自然条件相差甚大，为适应不同航道的航行、操纵与使用要求，或为了满足特定的用途与需求，各地区分别发展出了一些具有不同特点或特征鲜明的舟船。这些内河船型，尤其是航行于山区和特殊航道的小木船，在较长的历史时期中，主要呈现出一些适应当地航道的因地制宜的特点。

1. 长江水系特色舟船

长江沿途汇集 700 多条大小河川，干流流经青海、西藏、四川、云南、重庆、湖北、湖南、江西、安徽、江苏、上海等省市自治区，全长 6 300 千米。宜昌以上为上游，宜昌至江西省湖口间为中游，湖口以下为下游。不同河段也有各自称谓，如金沙江、川江。主要支流、湖泊有雅砻江、岷江、嘉陵江、乌江、汉水、湘江、赣江、洞庭湖、鄱阳湖、巢湖、太湖等。长江自古以来就是我国东西交通的大动脉，因此该流域行驶的船型众多，不同地区均有一些主要的船型和特色船型，如历史上川江就曾先后出现过 100 多种木船或船型。

1) 救生红船

长江上游自古滩多水险，救生红船最先在此诞生。关于长江上游红船最早设置时间，一般认为是在清康熙年间。后来，红船扩展至整个长江流域及其他地区，如江西九江都昌一带的红船，民国时又叫"府船"或"官船"。清光绪年间,都昌当地乡绅募捐,乡民纷纷响应,创立同仁堂,设局置船,专司鄱阳湖拯救,抢救遇难船只,救人于危。救生红船结构坚实,船首平,而船尾略翘,船腹宽深,舱深底平,吃水深,航行稳,水密性好,有披水板、艄楼及三桅,大型的红船可载 30 吨,小型的可载 15～20 吨,船上各配 1 名有经验的舵手和 2 名水手。而洪泽湖则有大红船,多桅多帆,载重在 50 吨以上;主桅杆上挂有救生信号,船上配有各种急救器具,附有轻便小船数只,抗日战争时期,洪泽湖尚存大红船 2 艘。

2)歪屁股船

又称"厚板船""歪尾船"。川江的支流乌江水急滩多,漕口狭小,航道弯曲度大,行船非常困难。在长期的劳动实践中,当地人们发明了独特的歪屁股船。此船船头高翘,船尾歪向右方,干舷很高,两舷外各有 3 根柄,结构特别坚硬,适合在滩凶水急的乌江航行。歪屁股船以梢代舵,转向特别灵活,梢长约 20 米,于船后歪尾上,下端伸向水中,上端伸向官舱篷顶,后驾长站在官舱篷顶的木架上,瞭望前方,掌握操纵。这种船两舷一高一低,显得极不对称,所以人们形象地称之为歪屁股船。这种船采用当地种植的桐木、柏木、红椿、枫香等木材建造而成,材质坚硬耐磨,船板厚度比一般船的更厚,所以也称为厚板船。

歪屁股船在静水航道中航行显得非常笨拙,根本展现不出它的优势,但在险滩激流中,优越性就显现了:一是用梢代替舵,在急流中能更好地控制方向,歪屁股船在船尾会设一把大梢和一把小梢,过险滩时大梢小梢同时操作,就能在最短时间内实现最大的操纵效果;二是由于船屁股是歪的,它的左舷尾部缺一块,右边的角又低下去,这就比正常船体更短小一些,降低了船只尾部碰撞江边崖石的风险,有利于在弯曲狭窄的航道中转向。

3)歪脑壳船

又称"歪头船""橹船""釜溪河橹船",是我国乃至世界内河航运中非常独特的一种船型,系清末至民国时期四川釜溪河自贡至邓关航段运输食盐的专用船,载重 10～20 吨。该船形态奇特,船舱高翘,由右扭向左边,船头也上翘,由左扭向右边,其作用是防浪,以及趋避急弯处礁石,迅速转向。这种船,舱面两边有便于撑篙的走道,官舱篷设在走道内侧,无舵,以橹架在船尾掌握方向,故又称橹船。釜溪河的河面不宽,为适应在水急滩浅、弯道急曲的河道上行驶,当地船工对运盐船不断改进,最终形成这种船头由右向左、船尾由左向右歪扭的造型奇特的木船。

4)毛板船

主要见于长江上游的白龙江、嘉陵江、东河。毛板船是甘肃碧口镇驶往重庆一带运输货物的主要船型,结构简单、粗糙,只用木板、木钉、竹麻合缝制成。船体形小载重小,材料也不耐用,到达目的地后,一般拆散当烧火柴木出售。清嘉庆以后,白龙江上的毛板船被优质木材建造的大木船替代。四川旺苍县的东河早期造船,始于木筏,后改为修造毛板船,又称巴河船,泛称东河船,载量有限,仅作短距离航行。东河所造毛板船,主要利用东河两岸的丰富木材资源,就地取材,船底板用松木,船两边用柏木。

5)中元棒

1949年以后,四川航运管理机构对全省进行普查,认定1949年以前四川木船船型共有72种,数量最大、在运输中起主导作用的主要有8种:中元棒、南河船、舵笼子、滚筒子、安岳船、敞口船、厚板船、三板船。中元棒又称冲盐棒、冲元棒,产地为渠江,为长江、沱江的主要船型。船身较狭长,首尾小,两舷向外凸出,吃水较浅,操作灵活,载重较大,适宜在水深河宽的长江和沱江下游航道行驶,装运的货种主要为盐、粮、棉、百货等,大船可装100多吨,小船只装10多吨。南充市的冲元棒,首尾较狭,腹部略大,载重多在20~30吨,使用船工8名。

6)麻秧子

发源于湖南麻阳,是长江上游川江激流中运载货物的一种船,称为"麻秧子"或"麻阳子"。舱口宽的称"敞口麻秧",舱口紧的称"紧口麻秧"或"收口麻秧"。麻秧子的船底宽且平,首尾上翘,甲板较窄,船腹小,船体两侧向外鼓出,这种模仿鱼肚的独特设计可以方便船只在急流漩涡中前进,又使船体足够牢固,不容易因碰撞水中的暗礁而解体。麻秧子的船头有长橹来引路导航,船尾有平衡舵来控制方向,在急流中还有长梢来配合船舵,控制船的航向。为了适应川江干流和支流航道的不同特点,除了麻秧子,川江上还有辰驳子、麻雀尾、安岳船、老邪秋等几十种木船,这些船虽式样不一,却都

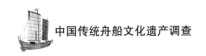

有着平底、船阔且轻的特征,都是适合川江航道特点的独特船型。

7) 倒把子

又称"湘壳子",是湘江水系分布最广、数量最多的船型,也是湘江水系中的优秀船型,主要航行于涟水水系,旁及湘、资、沅水,间至长江。船身狭长,首尾窄而上翘,尾倾角比首倾角小,形状如梭,吃水浅,轻巧灵活阻力小,易上滩,有利于倒行。原来枯水期在支流航行时,船不满载,就掉转船尾朝前行驶,并以桨代舵,倒顺均可行驶,因此得名倒把子。有歌谣赞此特殊功能道:"倒把子,两头尖,有水上得天。"

8) 岳阳风网船

又称"洞庭湖风网船",属拖网类渔船,见于湖南岳阳等地,主要作业区域为洞庭湖水深2米左右的水域。清光绪年间,湖北天门、汉川两县渔民因逃避洪灾而驾小型渔船至洞庭湖,为适应洞庭湖大风大浪的特点,设计改造出两舷各悬挂一仔船,形成三体合一的特殊船型——风网船。这种船型稳性好,能行7级风,破4米高浪,当地因而也神传其为"风王船"。

9) 鸭艄子

产于江西的都昌、鄱阳两地,是航行长江、赣江和鄱阳湖的深水船型,分"飘艄"和"封艄"两种。该船船体丰满,前低后高,二桅,搪浪板略宽,船尾下部形似鸭臀。船身自重系数大,板材厚,能承受外部特强碰撞,稳性和浮力均强,逆风可斜向前行,适于拖带,最大载重可达80吨。

10) 巢湖划子

巢湖古称焦湖,故"巢湖划子"又称"焦湖划子""焦湖子"。这种船产于巢湖中庙一带,后来也传入泰兴等地。该船舷木肥圆,外凸,舱深,舱面窄,船身坚固,抗浪性强,适宜在巢湖航行,大者长约8丈[①],宽1.7丈,可装粮食八百石。

11) 渔盆、芜湖盆

主要见于安徽巢湖一带的河、塘和湖泊沿岸及长江芜湖一带。该船备有划板或桨(类似棒槌模样),是渔民捕鱼常用工具之一,有的大型渔盆兼供

---

① 市制中的长度单位。1丈=10尺=(10/3)米。

交通之用。其中,较著名的有"芜湖盆"。芜湖盆在芜湖地区主要被当作日常渡水工具。《长江之帆船与舢板》(1971 年)书中附"芜湖盆"线图。

12) 太湖七扇子、五扇子

太湖渔船按当地的分类方法,一般分大型、中型和小型,其中,大型的渔船(即太湖大渔船),主要包括七道桅帆的七桅船(俗称"七扇子")和五道桅帆的五桅船(又称"北洋船",俗称"五扇子"),两者最大长度均达 25～26 米。太湖大渔船,不仅是太湖水域最具历史、技术和文化价值的木船,而且从全国水域范围来看,也是我国内河湖泊中形制最大的且极具特色的木帆渔船船型。

七扇子据说源于南宋岳飞水师战船,当地渔民也有信仰祭祀禹王庙中岳飞、韩世忠的情况。五扇子据说源于河北、山东及苏北海州湾一带的五桅海洋渔船,因清嘉庆和道光年间一部分北洋船民来到太湖,与太湖渔船不断融合,其显著特征是船尾呈梯形,渔民主要信仰祭祀天妃。

太湖七扇子、五扇子属拖网船类,据 20 世纪 60 年代初的调查,太湖的拖网渔船是国内淡水湖泊中最大的风帆渔船种类之一,具备中大型沙船的典型特征(方头、方艄且带出艄、平底、多桅多帆、配有披水板等),属沙船型。七扇子、五扇子具有 5～7 道桅帆,这在我国传统木帆船船型中是不多见的。因船大,常泊于太湖水深处,渔民多以船为家,靠船上的小舢板摆渡上岸易货及采购生活必需品等。这两种大渔船以往多集中于原吴县冲山地区等几个渔业村,捕捞作业开始后往往会连续捕捞和日夜捕捞,有风行船,无风则泊船于湖中。捕鱼时,一般联四船为一"带",或左船、右船的对船合作称一"舍",其捕捞作业方式,在一定程度上保留了战船的作战和使用特点。

13) 书船

见于苏浙沪地区及长江、太湖、钱塘江水域。(同治)《湖州府志》曰:"《湖录》:书船出乌程、织里及郑港、淡港诸村落,吾湖藏书之富,起于宋南渡后,直斋陈氏著《书录解题》所蓄书至五万二千余卷,弁阳周氏书种、志雅二堂藏书亦称富。明中叶,如花林茅氏、晟舍凌氏、闵氏、汇沮潘氏、雉城臧氏皆广储签帙,旧家子弟好事者,往往以秘册镂刻流传。于是,织里诸民以此网利购书于船,南至钱塘,东抵松江,北达京口,走士大夫之门,出书目袖中,低昂其价,所至每以礼接之,客之末座,号为书客。二十年来,间有厅僻

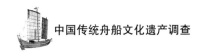

之书,收藏家往往资其搜访。"

14) 西漳船

也写作"西樟船""西庄船""舾装船""跨子板",原产于江苏无锡,以丁绛里徐姓造船工场所造为佳。常州、苏州、宜兴一带也有建造,活跃于19世纪初至20世纪中叶的江苏内河航线上。该船具有自重轻、舱容大、吃水浅、阻力小、航速快、操作灵活、装卸容易等特点,载重吨位自10多吨至50吨不等(如泰兴的西樟船载重多为15~30吨),摇橹行驶。西漳船吸收米包子船、常熟船的优点,不断改进,如将两头改小,船身放宽,吃水变浅;又在船身两侧绑上两根护栏木,方便船工行走,起到了保护船体的作用。因江南水乡桥多,西漳船都做成了活络棚,俗称"四架一横档",头架在船头,二架在老棚,三架、四架是艄棚,拆卸十分方便。外地人见到"四架一横档",便知是西漳船。西漳船的防雨设备也特别讲究,大概是学习了绍兴船的缘故,竹编的茅篷用桐油揩得锃亮,盖在船舱上,滴水不漏,装卸货时,又十分整齐地叠放在老棚上。清末以来,西漳人撑船往返于长江南北、沪杭一带,载重30~100吨。《江苏航运史 近代部分》附"无锡老式西漳船"图纸。《长江之帆船与舢板》(1971年)附"西庄船"线图并记其典型主尺度:长73英尺[1],宽14英尺,深5.5英尺。

15) 无锡丝网船

这种船原活跃在无锡五里湖、太湖一带,船主按灯船式样仿制,加以雕刻,装饰华丽,招来生意。该船长约14米,中宽2.8米,深0.9米。在嘉兴,无锡丝网船长年用以运载游客,故布置整洁,船舷上部为木制拆装棚板,两侧镶嵌玻璃推窗,上面覆盖篾篷,船体皆用青桐油和紫光漆涂抹,船头后分3个舱,舱内有低跨梁相隔,分前、中、后舱:前舱供游客乘坐;中舱宽大铺有高舱板,上铺草席,设有凳、搁几、茶具,供客坐卧,且隔开小间,设床,置被褥,可乘七八人,大者乘十多人;后舱为船家举炊住宿处,上搭芦席棚遮阳挡雨。无锡丝网船平时供乘客雇用,春秋季节多为香客或旅游者包用,可供膳食或夜宿,收费高于其他客船。民国时,嘉兴有五六艘,中国共产党第一次

---

① 英制中的长度单位。1英尺=0.304 8米。

全国代表大会在嘉兴召开时便是在此种船上举行的。无锡丝网船来上海后，发展为客船，搭盖舱房，内设座椅，装饰华丽，并有厨房，备菜蔬，供饭食。该船分大、中、小三种：大的，有两条夹弄，隔为数个舱房；中的有一条夹弄，也隔成数个舱房；小的无夹弄。时有绅商雇用，附拖于小船后，或载客游玩，往来于上海、江苏、浙江一带。

16）关快

初期，崇明的沙船较小。后来，崇明船匠不断探索，以沙船为原型，设计改造定型了两种船舶：一种是大船体、多桅杆、抗风浪的海运船舶，适应沿海航行；另一种是船身小、行驶快，桅杆起倒方便的河运船舶，俗称"关快"，因最早在南通宝山县横沙岛（今上海崇明区横沙岛）建造，故又有"南通关快""横沙关快"之称。关快是沙船的派生船型，兴于19世纪中叶，载重10～45吨。其船首、船尾部位较沙船为狭，双桅，优点是排水破浪性好，吃水浅，阻力小，稳性强，风航快。它适航于水流急、沙滩多、受潮汐影响大的长江下游和沿海一带。

17）红头舢板

又称"红头三板"，上海地区的划舢之一。因船身多涂红色，俗称"红头舢板"。它是在福建舢板的基础上发展而来的：保留了福建舢板的外貌，改小了船形，载重减为1.5吨。船首两侧画有鱼眼，船中间用竹席搭棚，行船摇橹，以载客为主，能载客6人，黄浦江上尤为常见。《长江之帆船与舢板》（1971年）附"红头舢船"线图并记其典型主尺度：长18英尺，宽5英尺，深2英尺。

2. 珠江水系特色舟船

珠江水系包括西江、北江、东江三大主流及其支流，以及珠江三角洲航道等。珠江水系的造船，与各时期社会水平、科技水平、用船需求与地理航道条件等密切相关。

1）泷船

又称"双船"，行驶于武水，是专门行驶于乐昌恶水险滩的运输船。泷船由2艘单船组成，单船以一独木刳成，每船3个人，上水用篙，人在水中撑进；下水用桨，2个人在左右打桨，1个人在船后一手持舵，一手持桨。其舵

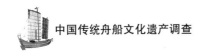

亦以长桨为之,故谚云"上篙下桨"。乐昌武水滩险最多,单船小,易漂没,"故必用双船"。

2) 怀集船

清代行驶在北江支流绥江的一种船,因其只在怀集至四会间的绥江河道上行驶而得名,极少驶出西江,多载广宁、怀集出产的柴炭。这种船,用松木制成,无船舷,但船头宽阔,载重十余吨。每船9个人,8个人撑篙,1个人掌舵。船上有帆,顺风则扬帆;逆水行舟时,撑篙的8个人,分作两排,在船头交替撑进。

3) 广东黑楼船

明、清时期,航行于广东北江的主要船种之一,不宜在海中航行,主要航线是北起南雄,南达省会广州,亦为官贵所用座船。《天工开物》记:"广东黑楼船、盐船,北自南雄,南达会省,下此惠、潮通漳、泉,则由海汊乘海舟矣。黑楼船为官贵所乘,盐船以载货物。舟制两旁可行走,风帆编蒲为之,不挂独竿桅,双柱悬帆,不若中原随转。逆流凭借缆力,则与各省直同功云。"清承明制,清代广州外销画绘有此船。

4) 燕尾船

行驶于珠江水系东江的一种较大船只,其船尾两板伸出,形如燕尾,载重约10吨,三四人撑进。

5) 鸭船

又称"鸭艇""养鸭船",珠江三角洲一带的一种养鸭的生产用船。葡萄牙人克路士1569年出版的游记《中国志》中记载曾看到珠江河上有此种船,19世纪清代广州外销画亦有鸭船图像。

6) 禾艇

珠江三角洲下游河网区的一种小艇,是水乡人家必备的运输工具。其船形制狭长,出入小涌,一人一桨,载重250～1 000千克不等,载货搭人,甚为轻便。

7) 西瓜扁

西瓜扁是清代广州口岸开放后出现的一种独特的运输船,载重在50吨左右,是往来于行商货栈之间的驳船或货船,运输茶叶、丝绸等饷货,因形似剖开一半的西瓜而得名。中国人称"西瓜扁""西瓜船""西瓜艇""西瓜扁艇",外国人称"官印艇"并说这种船"构造很特别,船沿和舱板作圆形,状如西瓜",大的可载百余吨,常年活跃在珠江及广州、香山、澳门、南海、佛山、新会、江门、东莞、石龙、番禺等江面上,直至鸦片战争后仍是通行于黄埔、广州间的驳船。清代广州外销画绘有此船。

8)花尾渡

清末民初,花尾渡诞生,它是航行在珠江下游的一种木质客货驳船(亦称"拖驳船"),或用人力划行,或以轮船拖带。其船体结构新颖,采用层楼结构,分三层半:底层为底舱,专载货物兼压舱;二层,前称大舱,客货均载,后及船尾下层称公舱;三层称餐楼,全用来载客;最顶半层为船工住所和艄公掌舵处。抗日战争前的花尾渡,长不足 30 米,宽在 7 米以内,总吨在 300 吨以下。其船尾绘有鲜艳夺目的彩画,龙飞凤舞,故又美其名为"凤尾渡"。

9)紫洞艇

又称"画舫",多行驶在广州、佛山河面,专供游乐之用。船上雕梁画栋,有两层台阁,可设酒席饮宴,为达官贵人游乐之所,属岭南水乡最豪华的一种游船。

10)大洲龙船

清代的一种酬神观赏船,主要行驶水域为番禺大洲[1],是广东龙船的典型代表。船长十余丈,广仅八尺[2]。龙首尾刻画栩栩如生,中插锦旗,"上建五丈樯五,樯有台阁二重,五轮阁一重,下有平台一重,每重有杂剧五十余种。"1977 年,番禺县钟村公社大洲大队发现一艘古船,出土地位于珠江(当地称西海)附近。船长 43.6 米,宽 4 米,为一艘尖头平底船,没有龙骨,船身很浅,船身彩绘龙鳞。据造型、结构推断为古代龙船。这种龙船不同于竞渡的龙舟,而是大洲村民祭祀梁大侾公专门建造的一种纪念性的游乐之船,修建年代为清朝初年,埋藏年代可能是康熙年间或稍晚一些。

11)艨艟

艨艟是数量较多、行驶水域较广的珠江水系内河船之一,是珠江水系内

---

[1]　今广州番禺区钟村镇大洲村。

[2]　市制中的长度单位。1 尺＝0.1 丈＝(1/3)米。

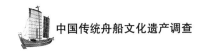
河运输的主力。根据载货品种的不同,艚舡又分米谷船、柴炭船、盐船等。一般而言,从梧州而下的西江河道、从韶关而下的北江河道、从惠州而下的东江河道,这些河道面阔水深,行驶的船较大,大艚舡是这里最常见的商船。其船有帆有橹,人力风力兼用。橹有数条,两三人司一橹。帆称篷,篷以蒲席为之。每船两帆,顺风时挂八字帆。

12)快蟹艇

快蟹艇亦称"扒龙",是清道光年间在珠江下游地区建造的一种专用于走私的船只。这种船,船身狭长,长五丈六尺,宽九尺六寸,两边各设木桨数十支,又有分别以席竹、藤做的主帆和前帆来增加推力,且"炮械毕具,每艇壮丁百数十人,行驶如飞,兵船追拿不及。"后来,此船亦为广东水师所仿造,用以沿海缉捕。

13)米艇

米艇是沿海、内河兼用的商货船,清代前中期也被用于军事作为战船,有大、中、小号三种。此船大概先专以载运米谷,故称米艇。嘉庆、道光年间,米艇成为广东水师巡船的主力舰艇,是鸦片战争中广东水师的重要参战船舶。

3. 京杭大运河特色舟船

京杭大运河北起北京,南迄杭州,途经北京、天津、河北、山东、江苏、浙江等地,是纵贯我国南北的水上交通线,沟通了海河、黄河、淮河、长江、钱塘江五大水系。

1)打凌船

通州运河冬季结冰,打凌船主要用来破冰。这种船较小,前尖后方,船底钉满竹片,派军士夫役手持各种持凌器具,乘船破凌。《河工器具图说》记:"忽值严寒,凡河身浅窄湾曲之处,水凌壅积,竟至河流涓滴不能下注。……所以必须多备打凌器具分拨兵夫,驾浅如艑艖,小如舴艋之舟,各携器具上下往来以凿之。但船底须用竹片钉满,凌遇竹,格格不相入,庶几可以御之。"书中还附打凌船示意图。《文靖公诗钞》诗曰:"寒风一夜腊初天,碎白冰花浅水边。舟子藉端频作势,沿河唤取打凌船(俗名钉船,可以打冰)。"

2)标船

天津南运河上的一种保险船,主要从事普通的两地间的委托运送,是运输现银（金）和其他贵重物品最为安全的船只。租用此船，须得到官方允许。船上备有武器及小炮，航行时，船上挂有三角形的红旗。夜行时，要挂上写有镖局名称的提灯。为应对路上危险，船上有壮丁（称二司务、三司务），这些壮丁熟知强盗暗号且武功较强，船客也随船昼夜兼行。雇用此船价格较高，一般为货物价格的一半或是九成，或按货物的种类、运送距离、日期及其他情况而定。

3）对艚

也写作"对槽船"，又名"两节头""双节头"或"槽子船"，是北方内河运输中的一种独特木帆船。在构造上可分为两段，也是清代大运河漕船的创新船型，见于天津、河北、山东、河南等地，后来也见于长江中下游。

船体由前后两节一头平的单船对接组成，用绳缆、链环和铁销连成整体，在弯曲航道行驶时，可一分为二；在航道搁浅时，能分节脱浅；在狭窄航道航行时，可分体调头，是当代"分节驳船"的雏形。下水船以篙、帆作动力；上水船以人拉为主。这种船，船体瘦长，长宽比大，上口宽，下底窄，中剖面系数小，船头、船尾较宽且微翘，具有结构简单、修造方便、连接容易、载重大、吃水浅等特点，很适合在运河及内河航道航行，大的可载 300 吨，小的也可载 50 余吨。清代，天津静海县南运河沿岸的独流镇、唐官屯镇、静海镇，最大的对槽船载重有 160 吨。光绪年间，独流镇漕运所用大船几乎全是对槽，载重一百多吨，当时每条船的造价为十万大洋。据 1936 年统计，当时河北登记的 10 996 艘木船中，对槽船有 6 266 艘，占总数的 57%，河北境内南运河的木帆船中，90% 是对槽船。1949 年以后，由于内河拖带运输方式的推广，对槽船的优势更加突出，发展很快。1957 年，河北全省拥有木帆船 1 755 艘，主要为对槽船。对槽船一般设有一帆二篙三橹以及拉纤用的纤板、纤绳等。

4）粮划

清代，枣庄当地百姓称漕船为"粮划"。清末，官方漕运停废，粮划流入民间，见于大运河及长江下游地区，作为普通的水运工具，一直用到 20 世纪 70 年代。该船在各地名称不一，如侉粮划主要产于邳县（今邳州市）、淮阴等地，主要航行于山东、苏北等地区，是京杭运河苏北段航行的木帆船之一，吨位为 20～30 吨；淮阴粮划子，原产于安徽及淮安、淮阴一带，据《灌南县交通志》记载，又分为丫艄粮划子和实艄粮划子。19 世纪初在江苏两淮地区进行建造时，结合淮阴地区特点加以改进，载重吨位自 10 多吨至 80 吨，载重量大、稳性好，主要航行于大运河、苏北内河、长江等流域。30 吨左右的粮划子主尺度：长 20 米，宽 2.33 米，深 1.53 米。《长江之帆船与舢板》（1971 年）记芜湖至大运河一带运粮的"粮划"，长 58 英尺，宽 12 英尺，深 4 英尺。

5）清河龙

清末黄树榖创造的一种人工挖泥船，称"清河龙"。船分九节，第一节挖泥，第二至第九节装泥。以前曾有疏河船，将泥翻起靠水力冲走，清河龙是将泥沙挖出运走。《河工器具图说》附"清河龙"示意图并记曰："此具创自黄司马树榖，凡九舱，末一舱安舵为龙尾，其七为龙腹，每舱宽八尺，长九尺，高六尺，各自为体，联以铁钩。第一舱为龙头，长二丈，头上合二板，中安一柱，柱身即绞关也。柱下围以铁齿，柱后为龙口，口内之末用铁为龙舌。舌上为龙喉，内衬铁皮。"

6）泰州关驳

俗称"硬棚船""大屁股船"，是苏北地区、京杭运河苏北段的主要木帆船之一。该船系泰州北郊渔行庄建造，已有 200 多年的历史，扬州、镇江、南通一带等亦有建造，主要航行于江苏境内的长江、运河及内河，也见于上海地区。泰州关驳的优点是稳性好，适应装载要求，船户生活方便，结构坚固，一般可使用六七十年。该船全部封舱，平基板上加纳伏棍，航行不怕浪。船两旁有撬关悬挂，船向下风漂时，可下水刹住。前有 3 个舱，中有 5 个舱，船艄有 4 个舱。艄末有敲子板、水关和艄架，艄架较大能住人，又能堆柴草。船首有绞关，二舱左右有将军柱。航行设备有风帆、篙、桨和纤绳，也有的装琵琶橹和板橹。桅篷两道，有扯篷扒杆。每艘船后拖一小舢板。载重 15～70 吨，常见的为 30～40 吨。全船有 6～7 个舱位，舱口、舱底宽狭相同，船头有 2 支橹或 3～4 支木桨，行船时都以撑篙为主，撑篙时，船工行走于舱口两侧傍板干塘上。该船宜于短驳。载重 30 吨的泰州关驳的主尺度：长 17 米，宽 3.2 米，深 1.26 米，吃水 1.16 米。《江苏航运史（近代部分）》附该船基本图纸。

7）米包子

又称"运米船""常熟船"，航行于江南水乡及运河之上。原系漕船，因专运粮米而得名；产于常熟、无锡、淮安等地，见于六合、泰兴、苏州、上海等地，载重 20～45 吨不等。该船用橹操作，行驶快。清末，上海成为中外商埠后，就有此类专为装运大米的船只，当时清政府征收运输船税是按舱口尺寸的大小来计算的，税率很高。船民为少纳税，便将船舱改成口小肚大，形如包子，故习称"米包子"。这种船的漆饰美观、保养精细，很讲究油修：一年小修，三年大修。维修一般由船主自己动手，力求船身明亮如镜，故有"春看娇娘秋看船"之说。《长江之帆船与舢板》（1971 年）记作"常熟船"，主尺度：长 54 英尺，宽 10.5 英尺，深 4.5 英尺，并附线图。

8）浪船

明末，浪船是上海沿河埠岸、码头经常停泊的、数量众多的木帆船之一。据《北新关志》记载，清代杭州段运河上有浪船，其梁头尺寸在五尺至一丈三尺。民国初期，浪船主要航行于江南内河，其船型与无锡快相似，苏州地区的浪船当时造价为每船 200～600 元，乘员 3～6 人。

4. 其他地区特色舟船

1）威忽

东北地区清代以来分布较广、普遍使用的一种独木船，航行于嫩江、松花江、鸭绿江、图们江、辽河等流域，主要用于捕鱼，也兼作摆渡和运输等。鄂伦春人称其为"威乎"，赫哲人称其为"未一户"，也写作"威忽""威弧""威虎""威呼""威护""桅虎""扒网船"等。曾于康熙二十一年（1682 年）随康熙帝东巡吉林的高士奇在《扈从东巡日录》中记载："满洲居混同江之东，地方二千余里。……刳木为舟，长可丈余，形如梭子，呼为威忽施，两头桨捕鱼，江中往来如驶。"在《扈从东巡附录》又记："威护，小船也。独木虚中，锐其首尾，大者容人五六，小者二三。一人持两头桨，左右棹之，乱流而渡。"这种船除作渔船、渡船之用，还有另一种用途，即冬日闲置，将其横置厩侧，装盛草料，饲养牛马，故此船又有一绰号为"槽子船"。1930 年，凌纯声在东北赫哲族调查时，也记载未一户是赫哲族的一种水上交通工具，"用三块松木制成，较'特莫特肯'更小，可坐一二人"。据一

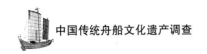

位生长于乌苏里地区的赫哲族老人在 1970 年追忆说,当地独木舟主要将粗大的青杨,截掉根、枝,挖空、削成两头上翘的样子。《黑龙江省志 水产志》《饶河县志》均有附图。

2）五板船

明、清时期黑龙江流域所用的一种渡船,又称"广窟鲁"。(嘉靖)《辽东志》记女真人在阿速江(即今中俄界河乌苏里江)至散鲁温一带水行"乘五板船,头置丫杈木根如鹿角状,两舷荡桨,疾行江中,谓之广窟鲁。"(康熙)《柳边纪略》记:"船有两种。小者曰威弧,……大者曰五板船,三舱合五板为之,合处不用灰麻,钉以木,水渍则以青苔塞之。可受十余人,常责一人执青苔以俟不遑他顾,他顾则水入船矣。桨长数尺,两头若柳叶而圆其中,人执之左右棹若飞。……五板船,富者乃有之。"五板船的板隙之间,不用灰拌,而用木条钉,体现了黑龙江地区原始的连接捻船法。

3）桦皮船

也称"桦皮快马子",是黑龙江、吉林及内蒙古呼伦贝尔草原等地区的赫哲、鄂伦春、鄂温克等民族的水上运载、捕鱼、猎兽的工具,赫哲语称"乌木日沉",鄂伦春语称"木罗贝""奥木鲁钦""木沫沁",鄂温克语称"佳乌",主要流行于大、小兴安岭地区的河流及黑龙江、乌苏里江、松花江等流域。(乾隆)《盛京通志》记:"黑龙江桦皮船,仅受一二人,携以入水,游行便捷。"刊于康熙六十年(1721 年)的《宁古塔纪略》记当地"以桦皮为船,止容一人,用两头桨,如出海捕鱼,则负至海边,置水中,遇风便归。"(道光)《吉林外记》记载吉林地区"有以桦皮作船。大者,能容数人;小者,挟之而行,遇水辄渡。"20世纪 30 年代,民族学家凌纯声在松花江下游自依兰至抚远一带实地考察赫哲族的生活状况时,附图描述桦皮船曰:"夏日赫哲人在水上的交通,乘坐桦皮船",船"长 208.5 厘米、阔 45.5 厘米,船骨用杨木构成,外包以桦树皮。船之头尾形尖,船身又轻,故行驰甚速","桦皮船非常轻便,一人能负之行,遇水即渡,然质脆、不结实,近多废弃,改用木舟。"桦皮船的桨有两种:一为长桨,长 2.84 米;一为短桨,长 1.62 米。桨在船的左右分划。"每船常备长短桨各一副,在中流时用长桨,靠岸时用短桨。"20 世纪 50年代,抚远县街津口村赫哲鄂伦春人的桦皮船,大的可乘坐四五人。内蒙古额尔古纳旗的鄂温克人,将桦皮船既作为主要的水上交通工具,也用于狩猎鹿犴。赫哲人的桦皮船用杨木为骨架,外面包以缝好的桦皮,在船沿内外各镶杨木宽条,楔上木钉,并在接头和钉木钉的地方涂上松脂防漏。鄂伦春人则以松木做架,外以桦树皮包裹,用兽筋缝合。鄂温克人制作的桦皮船狭窄细长,无船头船尾,前后均可行驶,一船有 3 个座位,船体轻巧,10 岁儿童也扛得动。

4) 皮囊

皮囊常见于黄河中上游地区,亦见于西部少数民族地区,是利用牲畜(如马、牛)皮革制成皮袋,填充漂浮物或吹气并绑扎袋口而形成的渡具、浮具,也称"皮胎""浮囊""皮葫芦"。据研究,甲骨文已有"囊"与"囊舟"的记载,表明殷商时期人们可能已使用充气的皮囊。唐代《太白阴经》记:"浮囊,以浑脱羊皮,吹气令满,紧缚其孔,系于胁下,可以渡之。"《挥尘前录》记北宋太平兴国六年(981 年)王延德奉使高昌,"次历茅家喝子族,临黄河,以羊皮为囊,吹气实之,浮于水,或以橐驼牵木筏而度。"浑脱原意为"整个儿地剥脱",原指加工方法,后来人们也用浑脱指代浮囊。将皮囊充气或填入毛绒后,用木排等固定数十只乃至上百只即成一皮筏。

5) 皮筏

皮筏是黄河中上游的青海、甘肃、宁夏、内蒙古、陕西、山西等西北部地区,以及长江上游等西南少数民族地区使用的一种古老且颇具特色的渡水与运输工具,主要包括羊皮筏子和牛皮筏子两种。这些地区多处高原,航运条件较为恶劣,又是少数民族聚居之地,盛产牛、羊、马等,当地居民便因地制宜,就近取材,以牛、羊等皮囊绑缚在竹、木架上,或运物资,或驻岸摆渡。皮囊柔韧耐久,轻便适用,遇礁不破,吃水极浅,无倾覆搁浅之虞,组成皮筏,非常适于在急流峡谷卵石河道航行。

兰州、包头地区的羊皮筏子分载货和渡客两种。载货的羊皮筏子,多用于载运短途或较长途的货物,包括大、中、小型。大型的载货 15 吨,由 41 排约 460 个皮囊组成,水手 8 人;中型的载货 10 吨,由 30 排约 396 个皮囊组成,水手 6 人;小型的载货 5 吨,由 27 排约 330 个皮囊组成,水手 4 人。渡客的羊皮筏子,为最小型、最普遍的一种,用 13 个皮囊组成,载重约 400 千

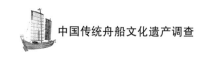

克,水手1人即可,多用于近途及沿河两岸往来济渡。

牛皮囊较大,组筏时一般不充气,而是内填羊毛、驼毛或绒毛等,无毛或绒时,一般装填稻草等轻浮物。大型的牛皮筏子由128个牛皮囊组成,载重达20吨,水手10人;小型的由64个牛皮囊组成,载重约10吨,水手6人。还有由32个牛皮囊组成的,可载重5吨。牛皮筏子,主要用作长途运输,到达目的地后,一般把货物和皮筏一并出售。

6) 冰筏

包头地区在黄河渡口冰期所用的一种木筏。包头一带,黄河结冰期长达4个月,用木制筏,滑行迅速,操作灵活。

7) 七站船

别名"七栈""七仓"或"七子船"。清末民初,黄河中上游的民船主要有七站船、五站船、高梆船、盐碱船、小筏子等,往来于河口、包头、宁夏之间,其中,七站船的数量最多,约有千艘。每年通航时间,自四月河水解冻至九月底结冰。该船船底平,船面窄,外形呈椭圆状,俗称"西瓜皮"船,因船深有七块板之高,故又名七站船,分前、中、后3个舱,中舱较短。包头的七站船,大多用柳木板建造,船长12~13米,中宽6米,吃水1.2米。该船用船工5~6人,1人操舵,其余4人划桨或拉纤,顺水航行载重30吨左右,逆水载重10吨左右。

8) 高梆船

又写作"高帮船"。因船形似蚌壳长而圆,两端翘起如扁担,故有"高蚌船""扁担船"之另称。该船平底,首尾收拢,呈尖形上翘,阻力小而灵活。船长10米左右,中宽4~5米,深1米,满载吃水0.7米,顺水航行载重10吨左右,逆水载重2~3吨,板厚2~3厘米。船身结构简单,无隔舱及甲板。此船舵俗称艄,与桨相似,但长于桨,约为半个船长。船中立桅杆1根,顺风时持帆或逆水时拉纤用。

9) 长船

长船是钱塘江水系的一个主要船种,以尖头腰大、船体修长为特征,故名"长船",适航于钱塘江水系各浅水急流地区。数百年前,浙北许多地方已有定型的长船,如两头尖(又称"划船"),吨位多在10吨以下;小平头,吨位多在 10～20 吨;大平头则为 20～30 吨。建德县①装柴炭的长船,俗称"柴船",载重可达 50～60 吨。开化县的长船,载重 5～12 吨,首尾平翘,有托浪板,固定船篷。有风时,挂布风帆;无风时,全靠摇橹、划桨。逆水行船,船工上岸背纤。明清杭州段大运河船上征税的长船,其梁头尺寸在五尺至一丈四尺;《浙江省木帆船船型普查资料汇编》记载 20 世纪中期时的长船,主要分布在浙江以桐庐、建德为中心的区域,装运木材、什货与黄矿等,船长 23.75 米,宽 3.94 米。

10)开梢船

俗名"狗屎开梢",主要航行于钱塘江、富春江和浦阳江等水系,多见于浙江萧山、桐庐、富阳等地。首尾翘起,呈元宝形,稳性较好,抗潮抗浪能力较强。船身两旁画有龙头、龙身诸图形,设三桅。桐庐县的开梢船,两端正方而开梢,长 25 米,腹宽 4～6 米,桅高 10 米以上,大船有三道帆,摇以巨橹,转以大舵,篷可揭盖,但此类船在 1982 年已消失。富阳县②的可在近海航行的开梢船,又称"海塘船",大的可载重 60 多吨,多数只能载 5～10 吨。有的船分上、下两层,下装货,上载客,顺风扬帆,时速可达三四十华里(15～20 千米);逆风上行,需人力拉纤。

11)麻雀船

也称"雀船",因形如麻雀而得名,是闽江流域分布最广、数量最多、历史最久的船型,以闽江干流为主航线,上抵建瓯、建阳、建宁、泰宁、邵武、光泽,下达马江、营前。自三国吴永安四年(261 年)闽江上游的建瓯就已建造双尖雀船,至明弘治十五年(1502 年),仅邵武、光泽、泰宁、建宁四县就有该船 498 艘。晚清时,闽清县籍的雀船,就有 1 000 余艘,民国时达 3 000 余艘,1964 年尚存 1 123 艘。20 世纪 30 年代,麻雀船成为闽江流域的主要船型,也是福建内河木质货船的典型船型。

麻雀船装载量比较灵活,小至 10 担,大至 500 担,载重 2.5～8 吨,大的有 10～15 吨,一般十几艘成帮结队航行,船夫通常为 2 人。船以县或船籍地冠名,如尤溪麻雀船(亦称尤溪船)、延平麻雀船。雀船最初在闽江上游的

---

① 今浙江建德市。
② 今浙江杭州市富阳区。

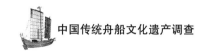

建宁、泰宁等地建造。该船头尾尖而微翘,中间宽,状如梭子,船帮呈微弧形,船底尖带圆,操纵灵活,适合滩多、水浅、流急的狭窄航道。船上有船篷,船头装桅杆布帆,船上配竹篙、双桨和尾舵,依舱数分三舱雀船至八舱雀船。因各河系水运条件存在差异,各地造船工匠因地制宜加以改进。《福建省木帆船船型汇编》记载了载重 5 吨的雀船,船长 12 米,并附基本图纸。

12) 高头船

主要行驶于韩江、梅江、石窟河的一种货船,有帆,分两兜篷、三兜篷,船头翘起,高六七尺。

13) 连家船

连家船渔民(主要是疍民)以船为家,主要分布在福建、广东、广西、海南、香港、澳门等地,江苏、上海、浙江部分地区也有分布。福建九龙江连家船的历史可追溯至明代。浙江菱湖镇的连家船,大多是苏北一带渔民夫妻或全家住在船上,一路捕鱼虾而来,俗称"江北船"。1949 年以前,上海郊区、长江淡水捕捞渔业生产,以流动分散、单船独户捕捞为主,其中大多是连家船渔民。广东、香港、澳门的连家船,一般长 6 米,宽 1.2 米,既是居室,又是生产和运输的工具。

14) 腰舟

利用葫芦浮力作为渡水的工具。葫芦具有体轻、防温性强、浮力大等特点,很早就被先民用作渡水工具。这种渡水工具一般分两种:一种是使用单个的大葫芦,抱着、夹着或拴在腰部渡水;另一种是使用较小的葫芦,把若干个葫芦串系在一起,拴在腰部。我国海南黎族、广东沿海客家人、云南西双版纳傣族及礼社江彝族、台湾高山族、湖北清江流域的土家族、河南黄河南岸及山西北岸的农民、山东长岛渔民都使用过这种渡水工具。渡水腰舟在海南黎族地区仍保留至今,并被列入海南省级非物质文化遗产保护名录。

15) 艋舺

主要行驶于台湾北部、中部,是高山族常用的水上交通工具,又称"莽葛""蟒甲",均是高山族语译音,意为"独木舟"。台湾地区艋舺有大有小,小者容两三人,中者容十三四人,大者容二十五六人,有的还用藤缚木板作独木舟的两翼。

（三）中国传统舟船典型结构

中国传统舟船传承历史悠久、地域分布广阔,许多船型有其自己独特的结构,很难用一些统一的结构去归纳,尤其是在众多的内河船型中,还有许多因地制宜的结构特点。但是对于海洋木帆船而言,特别是一些远洋航行的船型,由于它们面临的是长距离海上航行的环境,在强度、稳性、抗沉性等方面都会遇到类似的挑战,因而也形成了一些比较共性的特点,或者说出现了一些可以归纳的典型结构。

在船体结构上,是由船壳板和船体骨架连接组成的空间板架结构。由内部骨架支撑船壳外板,外板往往是水密的,板材与骨架通过钉镩、榫卯等方式连接,船板之间通过艌料捻缝,从而保证船体的结构强度和水密性。船壳板在大部分部位采用纵向布置,如船底板、船侧板、甲板板等,舱壁板、肋骨等采用横向布置。下面从海洋木帆船大致建造顺序的角度,对不同部位的结构分而述之。

1. 船底结构

船底一般由龙骨、船底板、隔舱壁、船底肋骨等构件组合而成。

龙骨是指船底中纵位置的纵向厚材,对总纵强度意义重大。远洋航行的木帆船一般都在船底中纵线处设一道方龙骨突出船底,成为纵向的强力结构件。即使是平的沙船,在远洋航行的船型上也进行了改良,用数块厚板组成"中心底",实为两头窄中间宽的平板梭形龙骨,又称扁龙骨,从而提高沙船远洋航行时的结构强度。海船的龙骨通常由三段连接而成,中间的主龙骨与前后的首龙骨和尾龙骨分别连接,形成完整的弧形上翘的龙骨结构。龙骨的前端,与船首的首柱或者与方形船首的首封板连接。

船底板由多列纵向板材拼合而成,在首尾一般与首尾封板(搪浪板)接合,底板上面与横向骨架下缘接合,承受船体的自重、装载重量、纵向弯曲和局部碰撞冲击。

船底肋骨又称脚梁,是紧贴底板上缘的横向骨材。船底肋骨左右两端与舷侧肋骨下端连接,作为船体骨架的底层基础,强化船底结构的横向强度和局部强度。

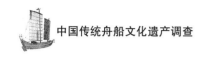

2. 横舱壁结构

横舱壁又称隔舱壁、满梁,由多块厚板拼合的横向竖壁构成。如横舱壁是水密的则称为水密舱壁,两道水密舱壁之间形成的隔舱即为水密隔舱。水密隔舱也是中国古代造船史上的重要发明,为世界造船技术的进步作出了重大贡献。水密舱壁的板缝也需经过捻缝处理以确保其水密性。横舱壁的作用,包括保证船体的横向强度、分隔舱室、提高抗沉性以及支承面梁等。大型木船还会根据需要设置纵向舱壁,以进一步提高强度、分隔舱室等。

横舱壁上面有一块横向厚板梁,称为面梁或梁头,是保证舱面横向强度的重要构件。舱壁板下抵船底板或船底肋骨,上承面梁,左右与两舷内壁连接。横舱壁使船底、舷侧、甲板等连接成一个整体,从而强化了船体整体上的刚度和强度。相对于完整的满实舱壁而言,为便于舱间的交通或货物的装卸,横舱壁有时候也会有边舱壁、半舱壁或舱壁开凹口等不完整舱壁的形式。

横舱壁周边往往会设置肋骨,又称抱梁肋骨,是沿着舱壁板与船壳板交接线设置的构件,特别是在舱壁与船底、舭部、船侧接合处等部位,它与舱壁和船壳板紧密钉连,以阻止舱壁可能出现的位移,进一步固定舱壁。横舱壁和船底肋骨靠底板处常常开有流水孔,以便清理舱内的污水,需要保证舱壁水密时,则可将流水孔眼堵塞。

3. 舷侧结构

舷侧结构由船侧船板和船侧骨架构成。船侧船板包括樐材、舷侧列板、舭板和舷墙板等,船侧骨架包括舱壁、肋骨和护舷材等。

樐材又称大筋,是木帆船两边舷侧列板以上的纵向厚材,全船纵向贯通,与船体骨架一起保证纵向强度和舷侧碰撞强度。根据船的大小和强度要求,纵向并行设置一道或数道,有大樐、二樐、口樐等不同称谓。口樐是舷侧两边最上面的一道樐,具有很好的抵抗船舶总纵弯曲之效。现在所称海船的大樐就是指舷侧最上面的那道。樐材通常用粗长的杉木、柏木等原木纵剖两半,对称地分置舷侧两边,半圆侧向外,剖面齐舷侧板内缘,紧固在横骨架上。樐材两端依不同船型向船纵中剖面做一定程度的收拢上翘,与前尾封板相接。

舷侧列板是在船的舷侧两边,是由若干块纵向板料拼合而成的外壳板。舷侧列板又称身板、帮板,它上连甲板,下接舭板,内部与舱壁或肋骨紧固相连。

若舷侧有檝材,则舭板以上、檝以下的外板就是舷侧列板。有的船在檝以上还有舷侧板,则称为上舷板。舷侧列板在首尾端依线型会有一定程度的收拢,前与首封板相接,后与尾封板相接。舷侧列板承受船侧水压力、波浪冲击力和侧向碰撞力等,对保证船体总纵强度、横向强度和局部强度都有很大的作用。

木船的舭部是指船底两侧向上的转角部位,因而此处的纵向外板称为舭板,又称转角板。舭板是由一块或几块板材拼合组成的纵向壳板,它上连身板,下接底板,内侧紧固连接在横骨架上,两端同样有一定程度的收拢并与首、尾封板相接。船舶在近岸浅水航行或停靠时,舭板往往难以避免与岸边产生一定的碰擦,因而要求用优质木材制作,并且厚度也会略大一些。

舷墙板又称防浪板,有的木帆船两舷纵向从首到尾会设置这样的竖板。舷墙板通常高1米左右,首尾两端呈纵向昂翘,横向外飘,用于防止或减少海浪打上甲板。某些船舶在两舷甲板外缘还设置有纵向构件,即护舷材,俗称帮木,用以保护船舷,在船舶靠岸或靠帮时减缓所受的冲击力。

4. 甲板结构

木帆船舱面上的外板即为甲板,下面有横舱壁和肋骨等骨架支撑。甲板增强了船体的整体强度,保证了舱面的水密性,还提供了船上作业的平台。

首部区域的甲板俗称铺头板,是铺设在首尖舱上面纵向或横向铺设的露天水密壳板,前接封头板,后至前货舱,左右抵舷边。它是船舶航行、靠泊、装卸、抛锚、起锚、绞缆等作业的场所。尾部区域的甲板俗称铺艄板,是铺设在尾尖舱上面纵向铺设的露天水密壳板。它是操舵或操作尾帆的场所,船尾甲板上通常会设置一层到数层的上层建筑。

舷侧的甲板又称平板、走杆、阳桥,是铺设于两舷与舱口围板之间纵向设置的露天水密壳板,为船上人员在船舶航行、开展装卸操作时提供前后通行的走道。舷伸甲板又称外阳桥、舷外走板,是在两舷外侧设置的纵向木板,可以作为纵向走道或船员撑篙等作业的场所。舱口的四周还有舱口围板,又称拦水板,通常高出甲板20～40厘米,能阻止甲板上水流入舱内,并加强了舱口区域的强度,露天舱口的围板上面覆有舱盖板。

5. 首尾结构

船首结构一般包括首柱、前搪浪板和封头板。首柱位于船体的最前端,

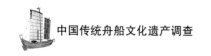

在尖形船首和"T"形船首前端所设置的一根强力骨材即为首柱,下端与龙骨相接。首部两侧外板向中纵线靠拢后与首柱连接。首柱往往受力较大,所以强度要求高。

前搪浪板,俗称关头板、前鳌板。它下连底板的前端,上与封头板连接。左右与两舷侧板连接,横向宽度依首型不同而异。前搪浪板的作用是增大首部强度、保证首部水密性和并承受波浪的砰击力。有的尖头船型不设前搪浪板,两舷侧外板沿着较大弧线一直延伸到船的首柱。封头板是前搪浪板上面的一块横向加厚壳板,它的上缘与首部甲板平齐,左右与两舷侧外板相接,能承受首部碰撞力,提高船首强度。

船尾结构一般包括后搪浪板、封艄板和虚艄。后搪浪板,俗称后鳌板。它下连底板的后端,上与封艄板连接,左右也与两舷侧板连接,横向宽度依尾型不同而异。封艄板的作用与封头板类似,是船尾端上部的一块横向加厚板材,用于加强尾端结构强度,承受尾部碰撞力。齐尾船的后搪浪板上抵封艄板,其他尾型的后搪浪板上抵后断水梁。也有不设后搪浪板的船,其底板后端起翘后,直接与断水梁相连。所谓断水梁是船壳最后面的一道横舱壁,直立或后倾,上抵舱面梁,下与后搪浪板或底板相接。

虚艄,又称出艄、挑艄,属于木帆船船尾甲板的延伸装置。它通过两根搭接在尾部两侧大樑后端的木梁,平伸出船尾一定距离,加横桁组成框架,并铺上木板而成。虚艄的设置扩大了船尾部平台的面积,可以供人们操纵尾帆、系缆、起锚或搁置杂物等用。

三、帆装与属具

(一) 推进装置

1. 风帆与桅

1) 风帆

风帆是张挂在桅上的驶风装置,中国的风帆一般用布、篾或蒲草编制而成,有的地方又把风帆俗称为篷。中国风帆的形状大致有矩形、扇形以及上部扇形下部矩形的混合形三类,并以混合形居多。如太湖七扇子,为矩形帆;广船为扇形帆,帆形如张开的折扇,当三帆向左右展开时,恰似蝴蝶飞舞在海上,因而又有"蝴蝶帆"之称。

通常而言,用布缝制而成的风帆,因其质软而称为软帆。硬帆的帆面则是用篾或蒲草编织而成。但中国风帆中有一种常见的风帆,虽然采用软质的布帆,但在布帆面上横置或斜置多根竹撑用来支撑帆面,这里的竹撑称为帆竹,帆竹有全装在帆的一面的,也有交错穿插在帆的两面的。设置有帆竹的布帆,同样具有一定的硬度,也属硬帆。驶风时,因为帆竹的弹性,风帆面会呈现一定的弓形,当风向与风帆面有一定角度时,会产生类似机翼升力一样的效应,有利于帆效的提高,这种特性能更有效地利用风力,所以在实践中逐渐为大多数木帆船所采用。没有帆竹的布质软帆,一般尺寸较小、轻便易收、制作简单,软帆在中国往往多用于内河船或小船,一些海洋木帆船驶风时也会加挂三角形的布帆,起辅助作用,称之为辅帆。

中国帆船这种布质加帆竹的硬帆,通过抱桅索与桅杆相连,使得帆面与桅杆既贴近又留有一定的活动空隙,风帆能灵活地以桅杆为轴转动,使得风帆面能够根据风向的变化而变化,让风帆处于有利的受风状态,中国风帆也因此特点而被称为活帆。中国风帆一般是一个整帆,就其帆面的外形而言,一般来说帆船主帆的高度尺寸通常大于宽度,呈长方形、扇形或三角形,以帆竖向为纵故称为纵帆;而西洋风帆单幅帆面的高度尺寸一般小于宽度,呈横幅形故称为横帆。中国的纵帆由于帆竹和抱桅索的设置,不仅能够实现绕桅转动,而且升降也非常灵活,特别是在遇到紧急情况时,更是能依靠重力作用快速地降帆。

这种硬帆的形制和特点,使得中国帆船不仅能在顺风时行驶,而且也能利用侧风来驶船。并且无论是后侧风,还是前侧风,都能通过调整帆面的朝向来驶风,只要不是当头的正逆风,即使是在前侧风情况下也能获取风力用作船舶前进方向的分力。北宋徐兢在《宣和奉使高丽图经》中曾这样记载,"然风有八面,唯当头风不可行",而到了明代,又进一步发展出了逆风航行的"打戗"技术,在逆风时也能通过"之"字形的航迹实现船舶的前进。中国

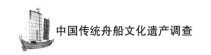

风帆使得驾船者善于利用侧风行驶,但侧风时常会出现较大的倾覆力矩,这种情况下设置特别高大的桅杆和帆并不适宜,因而更多地采用多桅多帆的设置,这也成了中国帆船的又一特点。

当然在侧风航行时,风帆受力既有船舶前进方向的分力,也有横向的分力,对船舶而言即为横漂力。此横漂力一方面会使船发生横移,另一方面还可能形成旋转力矩,因而需要根据不同的侧风来进行操舵,所以说在侧风航行时既要根据风向调整变换帆角,还要调整舵角,俗称"见风使舵"。对平底或浅吃水船来说,横漂力的作用更为显著,因而需要采取措施抵抗和减轻横移。

主帆高度尺寸受制于桅高的限制,帆底边在桅夹以上,以不妨碍驾驶者视线为限,帆顶边低于桅顶的吊帆装置,但斜顶的边帆高的一侧可高于帆顶,以便充分利用桅顶上方的部分风力。常见的三桅三帆船中,头帆、尾帆与主帆的长度比值与各桅杆的长度比值基本一致,为 0.7 和 0.5 左右。主帆的宽度,明代海船曾有记载为"篷宽等于船身之阔",头帆、尾帆的宽度一般约为主帆的 50% 和 30%。

以桅杆为中轴,较小一边的风帆面积与整个风帆面积的比值为帆的平衡系数,平衡系数为 0~0.5。风帆整体都在桅杆的一侧,平衡系数为零,称零平衡帆或不平衡帆;西洋帆船的风帆一般在桅杆两边左右对称,平衡系数为 0.5,是典型的全平衡帆;平衡系数大于零小于等于 0.5 的,都称为平衡帆,中国风帆绝大多数属于桅杆两边帆面积不相等的平衡帆。在一些行驶于内河支流或狭窄河道的小船上,中国也有用到全平衡帆或不平衡帆的情况。升帆后桅处在帆面边线上的帆为不平衡帆,一般呈现为平顶的长方形帆,且多为软帆。

2) 桅

桅又称樯,为竖立于船上的粗木杆,是帆装的重要组成部分。帆装是接受风力的装置,风帆系于桅上,风力通过船桅传递到船体推动船舶前行。除了挂帆的帆桅,还有挂纤绳的纤桅,帆桅用于驶风,而纤桅则用于人力或畜力的牵引,两者的推进力都是通过船桅传递到船体的。

中国帆船很早就采用多桅多帆的设置,我们在调查中曾见到多达七桅的,即苏州光福的太湖七扇子,设置了七桅七帆。据《西洋记》记载,明代最大的郑和宝船达九桅十二帆,创世界之最。小船或内河船对船速要求不高的船舶,则常常设置为单桅。

比较常见的三桅三帆船中,处于中间的为主桅,或称大桅,首部的为头桅或称首桅,后部的为尾桅。主桅高度一般为船长的80%~100%,通常安置于船长从后向前约十分之六处的纵向中线上。头桅与主桅之间的距离,以挂帆驶风时互不干扰为度。尾桅可以置于船尾部纵向中线上也可偏于一侧,尺度一般小于头桅。桅杆过高容易影响船的稳性,特别是对于惯于行驶侧风的中国帆船的桅而言,当船的排水量增大时,往往通过增加桅数以扩大风帆的总面积,从而获取更大的驶风推力。大型木帆船上,经常还会设置一些辅助帆,以便尽可能扩大帆的总面积或利于不同方向上的操控。

主桅通常略向后倾,后倾角一般在3°左右,作用是侧风行驶和打戗时,有利于主帆受风和转动,也有利于升帆、落帆的操作。尾桅的后倾角,一般与主桅基本一致,头桅一般都设置为前倾,并且前倾角较大。

桅杆普遍采用杉木制作,因为杉木木质轻且富有弹性,抗折强度和耐腐蚀性较好,大船的高桅也可采用搭接方式,用数道铁箍加固,将桅杆纵向接长。桅杆底部的桅座,与船底强力结构部件或底部龙骨相连,桅座俗称金刚脚,在驶风时受力很大,需用硬杂木制作,主桅后侧还会设置强力面梁,福建沿海地区称此桅面梁为含檀。

在内河船中,还有采用可眠桅的情况,即桅杆可以视情形而放倒的设计。船舶行驶过桥洞时,可以眠桅(或称倒桅)通过。有时航行中风力太大也可眠桅,以保证船舶的安全。固定桅的木帆船遇到超抗风能力的紧急情况时,如遇落帆困难或发生故障时,甚至会采取砍桅措施以避免船舶倾覆。

2. 橹、桨与纤

1) 橹

橹是一种中国发明创造的独特的人力行船工具,除了在急流航道行驶或逆流航行外,应用范围非常普遍,不采用风帆航行的情况下,很多时候橹往往就是船舶主要的推进工具。内河船的橹一般设置在船的尾部。海洋木帆船也会把橹作为辅助推进工具,在进出港或者无风等情况下,用橹来实现

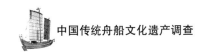

人力行船。大型海洋木帆船的橹通常设置在两侧舷伸甲板处，或船尾部区域，且一般会左右对称布置。

人力行船时船家偏爱用橹，因为橹是一种非常高效的推进工具，若用船桨，每一次划桨都有出水的空行程，属间歇性推进，而橹可以左右连续不断地摇摆前行，没有出水的空行程，因而是连续性推进，故民间有"一橹抵三桨"之说。只是橹与船的连接属于活连接，这种连接使得操橹过程中橹和船容易滑脱，因而操橹的技巧性比较强，一般人不容易掌握。

橹除了起推进作用外，还有一定的操纵性能，熟练的船家可以通过橹面在水中的不同变化或者通过手腕的用力变化，实现船舶的变向。如在江南地区，很多船舶只是在船尾设置了橹，行船和改变航向都通过操橹来实现，故而也不再设置船舵了。

2）桨

桨作为推进工具则出现得更早，在世界范围来说也更为普遍。杭州萧山跨湖桥遗址就已经发掘出土了独木舟以及木桨，说明中国的桨至少在七八千年前就已经出现。在近岸或浅水域，人们可以通过竹篙等工具撑船前行，而桨的出现，则可以实现在远离岸边的深水区域中行船。

桨具有一定的操纵性能，当左右不对称地划桨时，会产生旋转力矩使船变向。所以中国很多地方在端午等时节举办龙舟比赛的，众多的划桨手一般左右对称布置，为协调一致提升速度并保持航向，往往需要有司令者来统一号令，司令者通过口令或不同的鼓点，实现对划桨者与船舶的操控。

3）纤

纤即纤绳，是用人力或畜力牵引船舶前行的绳索，一般采用篾缆或麻绳、棉纱绳，现代往往也会采用尼龙绳索。机器动力出现之前，在逆流、逆风或其他不适合使帆的情况下，船舶往往需要通过拉纤来航行。特别是在运河中，双向航行的船舶不可能都是顺风，遇到逆风或无风情况下就无法使帆航行，侧风时在河道中也无法像在海上一样运用"之"字形的打戗航行技术，并且运河河道常有曲折蜿蜒之处，即便是顺风的情形也可能没多久又发生转向。

宋代，在汴河、淮南运河、浙西和浙东运河都会通过拉纤来行船，官府还在运河两岸修筑了纤路,著名的《清明上河图》中就能看到汴河两岸房屋与汴水之间都留有纤路,纤夫就行进在河岸的纤路上,官府还规定"每有船过,并令倒樯",即当拉纤行驶的船舶系于樯顶与纤夫之间的纤绳被河岸停靠的船舶阻挡时,停靠船舶应放倒樯桅以利通行,因此这也成为运河船舶多用可眠桅的原因之一。船舶通过运河的堰闸时必拉纤,过堰拉纤既有人力直接牵引,也有用牛或绞车来牵引拉绳的,宋代梅尧臣曾有描述用牛拉纤过堰的诗句:"茱萸堰在吴牛死,茱萸堰废吴牛闲。"

明清的漕运中,拉纤是重要的行船方式,大运河沿线也催生了一批以拉纤为生的劳动群体。逆流行船用纤最为典型的则是川江流域,特别是在三峡航段,江水湍急而两岸滩险壁立,上水航行只能依靠众多纤夫的牵引,直到民国时期还颇为常见。为统一动作和节奏,纤夫们还创造出了川江号子,这种民间的歌唱形式现已被列入国家级的非物质文化遗产名录。

(二)操纵装置

1. 舵

舵是控制船舶航向并实现灵活操纵船舶的重要属具,单舵通常安装在船尾正中的位置,现代船舶也有多舵的情况,一般在船尾左右对称布置。结构上舵由舵叶、舵柄和舵柱组成。舵的叶面称为舵叶或舵板,通常用厚杉木板拼制而成;舵柄又称为舵牙棒,是舵的操纵杆;舵柱又称为舵杆,是连接舵柄和舵叶的构件,舵柱常用圆柱形直顺的优质杂木制成。根据杠杆原理,人力操舵时,舵柄越长越省力。

舵叶的面积与舵效直接有关,通常舵叶面积越大会带来更大的舵效。舵叶的高称为舵展,舵叶的宽称为舵舷,舵叶的高宽之比为舵的展舷比。同样面积下,舵的展舷比越大,则舵效越高,因此在条件允许的情况下尽可能地增大展舷比是有利的。福船的舵因吃水较深,所以能够实现取较大的舵展和较小的舵舷,舵的展舷比就较大,通常为 3.0 左右,显然舵效较高。沙船和广船,吃水比福船浅,但近海或港湾航行时对操纵性的要求还比较高,因此舵叶面积往往比较大,而受吃水限制舵展还不能太高,所以展舷比比较小,一般接近 1.0 左右。内河船尤其是浅水航道船,受吃水的限制更大,舵

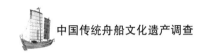

的展舷比往往更小,通常在 1.0 以下。

以舵杆为分界线,舵叶面全部在舵杆之后的称为不平衡舵,若有部分舵叶面出现在舵杆前面的则称为平衡舵。平衡舵围绕舵杆转动时,对水压力能起一定的平衡作用,这样就能够减小转舵力矩,操作时比较灵活轻便。相比之下,不平衡舵转舵时会比较费力。当然舵形的设置往往首先会受到船型的限制,福船、沙船和广船等海洋船舶,通常为不平衡舵,一般通过加大舵柄长度来减小转舵力矩。平衡舵是中国传统舟船的重要发明之一,在内河船舶上应用较多,因为内河船舶为适应弯曲航道,需要较大的舵叶面积以增加舵效,同时较为频繁的操舵也需要更为省力的设计,加之内河水深较浅的限制,采用平衡舵的设计就可以较好地解决上述问题。《清明上河图》等绘画或图样中,就有清晰的记录,山东菏泽出土的元代古船,也采用了典型的平衡舵设计。现代船舶使用机械力转舵后,一般多使用不平衡舵,毕竟平衡舵的设计会对船型带来一定的影响。

升降舵是中国传统舟船舵装置方面的另一项重要发明。顾名思义,升降舵是指舵在使用过程中,可以根据需要随时进行升降,以适应不同的状况。当船舶航行在深水区域时,通过降舵扩大舵的浸水面积,使舵效得到很大的提高;当船舶驶入浅水区域或复杂水域时,则可将舵升起来,以避免搁浅或触礁。升降舵的应用比较广泛,海船和内河船都有使用升降舵的情况。舵的升降,靠悬舵索和绞关来实现,悬舵索也就是升降舵的吊索。配合舵的升降,还辅有勒舵索的设计,当降下的升降舵伸出船底时,为了克服升降舵舵杆悬臂太长的不足,古人创造了以勒舵索拖拽住舵杆下端的方法。勒舵索又称舵筋,是用于牵制舵的绳索,一端系在舵的下端,另一端沿船底牵拉至船首并系于首部构件上,如史籍记载的"自舵系起,从底而至船头以牵舵",作用就是"以牵舵,使不洩出",明代何汝宾所撰《兵录》的"福船图"中,就绘有勒舵索的位置和连接方式。勒舵索在明后期海船上得到了广泛应用,日本平户松浦史料博物馆所藏《唐船之图》中,11 幅中国清代帆船图中有 10 艘船都绘出了勒舵索。

开孔舵是在舵面上打了许多孔的船舵,在广船上应用得较为普遍。开孔舵被认为是广船的重要特征之一。船舵的展舷比通常较小,并且受尾型影响普遍采用的是不平衡舵，为解决由此带来的操舵力矩过大问题，古人依靠智慧创造了开孔舵。现在珠海水域建造于19世纪中叶的"金华兴"号广船遗存，就有着较为典型的开孔舵。参加了1905年比利时列日世界博览会并留存于比利时的中国清代参展船模遗存中，也能见到这种开孔舵。开孔舵是中国传统舟船一项独具匠心的发明，人力操舵时，大家总希望转舵时阻力小一些，有效舵叶面积宜小，而稳舵时则希望舵力大一些，有效舵叶面积宜大。开孔舵的巧妙设计恰好能满足这样的双重愿望，转舵时水流对舵叶面的攻角较大，一部分水从孔中流过，减小了转舵力矩，从而使转舵操作更省力，稳舵时水流对舵叶面的攻角小，所开之孔在舵效上造成的损失又很小。舵叶开孔的形状有菱形和圆形，最为常见的是竖立的菱形开孔。

尾板舵也是中国木帆船区别于西洋船多见尾柱舵的特点之一，西洋船舵多安装在尾柱上，为尾柱舵；中国船舵一般安装在尾封板之后，因而称其为尾板舵，这主要是中西方船舶尾型不同所导致的。中国木帆船尾型比较肥大，船尾端有平面的尾封板，舵杆通常安装在尾封板之后，尾封板上安装有舵钮，舵杆通过舵钮与尾封板连接。西洋木帆船船尾比较狭小，舵杆安装在直线形的尾柱上，形成了尾柱舵。尾柱舵的水流较为平顺，尾板舵安装在横向的尾封板之后，容易因流场的不良而影响舵效，这也是中国发明升降舵的原因之一，在深水航行时将舵降到船底下方，可以起到改善舵面流态的作用。西洋船因尾型和尾柱舵的限制，所以基本上都是不平衡舵，也就失去了像中国那样发明平衡舵的条件。从东汉出现拖舵开始，中国发明和实际使用船尾舵较西方早了一千多年，西方13世纪借鉴中国和阿拉伯地区的船尾舵后才开始使用尾柱舵，而此时中国已经发明了升降舵、平衡舵等先进技术，可以说中国在船尾舵等方面的发明和应用是领先和造福于世界的。

2. 披水板与中插板

披水板在平底船型中比较多见，最为典型的就是沙船，通常设置在船体两边的舷侧。披水板是木帆船驶风的辅助操纵工具，其主要作用是减轻或阻止船体在水中的横向漂移，具有一定的抗漂能力。

沙船上的披水板，常为不等边长方形的硬杂木厚板，上边较窄而下边略

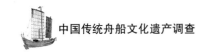

宽,一般左右舷各置一块,也有每舷各设置两块的。披水板的上部居中处有转轴与舷侧相连,下边一般用拉索升降和绕轴转动。平时不使用的状态下,悬挂在船中部主桅附近的两舷舷侧,驶偏风时船家将下风舷侧的披水板放下没入水中,起到抗漂的作用。

沙船行驶区域多在长江和长江口以北海域,因其船型底平、宽扁极易漂移,所以普遍使用披水板。清代《唐船之图》中的"南京船",舷侧就画有披水板。

中插板又称底插水板,它也是木帆船驶风的一种辅助操纵装置,在广船中较为多见,阳江地区的七艞船、海南的临高船等,往往都设置有中插板。中插板是广船的技术特色之一,它同沙船两舷的披水板有异曲同工的效果,广船船型不似沙船般具有典型的平底,两侧舷墙较之沙船也略高,因而如在舷侧设置披水板,需放下使用时不容易没入水中。将中插板设置于船的中部,需要使用时放下伸入船底,也充分体现出了古人的聪明才智和创造力。

设置中插板的船体上,通常会设计一个垂直贯穿甲板与船底的纵向长方形的围井,围井口的长度与宽度略大于中插板。由于围井底部开口敞开透水,因而井壁须是水密的,以防止船体进水。中插板一般为一块长方形的厚木板,插在围井中间,上端纵向排列三四个穿孔,由甲板上的绞车控制其升降。当船驶偏风产生横向力时,船家会把中插板降至船底以下,以加大船舶横向移动的阻力,减少驶风时船舶的横向漂移,也就是通常所说的中插板具有抗漂作用。在逆风航行时,也可用它和船舵一起配合风帆进行打戗操作,配合船进行"之"字形航行。中插板除能抗漂外,遇到风浪时还有利于减小船舶的横向摇摆幅度。

珠江流域还有一些木帆船,会将这种类似的插板设置于船首部,也能起到辅助驶风的作用,称为首插板。首插板平时置于船首区域,在前搪浪板外面的中线处纵向安装两根条木,中间做成槽状。驶风需抗漂时将首插板沿槽放下,上端由拉索升降和固定。

3. 招与梢

在川江支流的一些湍急航道,顺水航行时船舵很难发挥出操纵作用。这是因为船在顺流时,水流相对舵叶的流速很慢甚至水流与舵没有相对速度时,舵力就会变小甚至没有舵力,舵会呈现为失灵的状态。在这种情况下，就需要用到招或梢来操纵船舶，招与梢的发明，同样体现出了古人因地制宜的聪明才智。

招是装配在船首配合尾舵或尾梢来掌握航向的工具，材质一般有木招和竹招两种，用于急流航道中的顺流航行。招虽形似桨、橹，但尺度更长。一般用整根材料为招身以增强杠杆强度，上部略弯曲，下部镶接木板成长方形招叶，中部装贴小木块为招垫，是扳招时的支点。由于招的尺度较大，扳招时效应也大，故船家有"一招顶三舵"之说。

梢多用在山区支流木船上，是装置在船尾或船首操作航向的工具。其形状、制作方法、功效与招类似。大体上，船首用招以助舵，船尾用梢以代舵，所以民间有"前招后梢"的说法，但实际上可以通用，有的地方用于船首的也称梢。

（三）碇与锚

驻船、止船要靠船舶的各种锚泊或系泊工具，船舶没有近岸的树木等固定物可借以系泊时，只能靠专用的锚泊工具。碇与锚是最常见和有效的锚泊工具，通过抛入水中的碇或锚在水底产生抓力来抵抗作用在船上的风力、水流和波浪的冲击力。

古人船上使用石碇、木椗或木锚，以及之后的木石椗，后来又逐渐出现了铁质的锚。古代称锚为石碇、木椗或木锚，后来出现的铁质锚就没有铁碇的称谓了，一般直接称铁锚或锚，近代以后所称锚多指铁锚。

木椗或木锚，以及木石椗，是由两爪的木质锚爪和与两爪构成的平面相垂直的一根横杆所组成的，此横杆为石质的即为木石椗，此横杆为木质的则为木椗或木锚。木石椗和木椗都是有杆锚，结构上都有一根与锚爪和锚杆组成的平面相垂直的横杆。这一根横杆的存在，使它同近代西方所发明的海军锚一样是属于有杆锚。有杆锚的结构特点在于锚杆上装有一根横杆，并与锚爪和锚杆组成的平面互相垂直，锚爪与锚杆是一个整体，不能转动。有杆锚多用于两爪锚，当有杆锚抛入水中并在水底拖动时，横杆有一端必能接触水底，这样横杆使得两个锚爪总有一个锚爪可以插入水底的泥土中，且锚爪始终切入水底不会翻转。

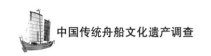
中国早在明代就出现了四爪锚,在《天工开物》中有明确记载。四爪锚是中国独创的系泊锚具,由锚爪和锚杆组成四爪,锻铁制成,四爪锚抛下触底后必有两个爪可以同时抓底。除了四爪锚外,还有两爪锚和独爪锚等各种形式。海洋木帆船停泊时会用两爪锚辅助以固定船位,独爪锚又称为犁锚,是木帆船临时系泊于河岸的轻便锚具。

除了碇与锚外,内河小船还能将篙插入河底止船,靠码头时船舶则通过系缆来驻船。

(四) 其他装置与属具

1. 舭龙骨

舭龙骨又称减摇龙骨、防摇龙骨,古人称之为梗水木,清代《江苏海运全案》中载有"沙船底图",图中就绘有梗水木。中国早在宋代船舶上就出现了舭龙骨,1979 年 4 月在浙江宁波东门口出土的宁波宋代海船便是例证。该船的舭龙骨为半圆木料,纵向安置在船的舭部位置。

相比之下,西方直到 19 世纪初,才开始使用舭龙骨,我国的实际应用比国外大约要早 700 年,因而舭龙骨技术也是我们祖先对世界航海事业作出的重要贡献之一。

船舶舭龙骨的减摇效果是很显著的,它对改善船舶航海性能、保证航海安全,都有着重要的作用。

2. 绞关

绞关是木帆船上用得最普遍的起重工具,也称绞盘、绞滚。绞盘和绞滚的转轴布置分别是垂直和水平的,因此也有立式的绞盘和卧式的绞滚之分。

绞关或绞盘,在明代宋应星所著的《天工开物》中也称云车。绞盘多数竖立在甲板上用人力转动,有优质杂木制和铸铁制两种,用以收放缆绳或锚链(索),以帮助人们起锚、脱浅、过滩、起货等,大型木帆船的绞关也用于竖桅、升帆、升降舵等操作。

3. 船篷

船篷又称篾折,为木帆船遮风遮阳挡雨之用,一般用细竹篾编织而成,呈长方形,周围用竹片和藤皮结扎,表面涂以桐油、秀油。

比较典型的如绍兴的乌篷船,船篷呈半圆形,用竹篾或竹片编成。竹片与竹片之间夹一些竹箬,雨天能阻挡雨水的下渗。竹片表面用熟桐油和烟煤等搅拌而成的黑油均匀涂刷,有利于雨水滑落。乌篷船有大有小,小船只有一片篷,大船有多片篷,分为固定篷和活动篷两种。雨天就盖上活动篷挡雨遮风,晴天则移开通风透阳,当地人将这扇圆篷称为明瓦,故这种船型又称作明瓦船。

4. 风向标

风向标又称风旗,是安放在木帆船主桅顶端用于识别风向的装置。风向标标身多为铁质,头部呈尖形箭头状,尾部挂红布三角形旗。风起时,风向标箭头始终指着风的来向,尾旗也随风飘动,很容易就能识别风向。

四、建造与工艺

(一) 建造材料

木材是建造中国传统舟船的主要材料,除此之外,还有竹、铁、布、麻等各种辅助材料。中国地域广阔,各种木材也有不同的分布特点,人们往往会结合周边的木材资源就地取材、灵活选用,造船常用的木材有杉、柏、榆、枫、枣、柳、楠、柚、檀、栗、桑、槐、红松和马尾松等。结合产地就近的原则,华中地区多用红松、马尾松,中南地区多用马尾松、油松,西南地区多用落叶松、柏、杉,东北地区多用本地产的红松(多产自大、小兴安岭)、落叶松、柞木、槐木。如辽宁瓦房店、兴隆岗一带,20 世纪 60 年代造木船,外板主要用红松,内部骨架主要用柞木,但柞木不耐腐,效果不好,到 80 年代,骨架多改用槐木。如淮河水系的太和,因当地盛产造船的优质木材——梓树和柏树,县内造船业早在 17 世纪就很兴旺。至 20 世纪初,有 4 家造船厂,分散的造船小作坊共有 97 家之多,造船工人 400 余人。

造船木材的选用,需要考虑的主要因素包括:木料质轻,具有天然浮力,有一定的强度;使用年限长,耐腐蚀,耐恶劣环境;能吸收冲击和振动力;

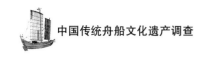

易于加工和成形;制成船舶构件后,隔热性能良好,在一定的温度变化下伸缩性小;主材的成本较低,容易获取,产地离造船地较近或便于运输。此外,船用木材还往往要求结构细致、纹理顺直、坚实、耐湿,船上纵向的构材,要求其长且大、顺直,横向构材和舵柱等则以坚实为主。桅杆、舵杆等需较长的材料时,则尽量减少嵌接。

有的树木材种,适合制作一些特定的构件,如桑、槐、檀最适宜制作舵柄、舵柱、桅夹等构件;栗、枫、马尾松耐水浸,但干燥后容易开裂变形,故只宜作底板用。有些构件,如桅、舵叶、桨叶以及舱盖板、垫舱板、跳板等因要求材料顺直和轻便,所以只宜使用杉木。

(二) 口头传承

中国古代造船往往并没有详细的设计或施工图纸,也很少有技术计算,主要是依照造船工匠的经验积累,以及师承或家族形式的口头传承。工匠们往往会在实践中不断优化改进其船型和建造方法,然后根据经过实践验证和优化了的经验,对长、宽、高、隔舱、间距、主桅等主要构件的比例关系,通过编制口诀和绘制简单草图的形式传授于后人,并且往往还秘不外宣,秘密传承。

1. 龙骨

龙骨长度通常是中式木帆船上最重要的尺度基数。龙骨之间,龙骨与船宽、船长之间,通常存在一定的比例法则。

首先,龙骨之间存在比例。"凡造船必先安钉龙骨,盖龙骨乃通船之主宰,最关紧要。其中三截务须分配合宜,起橇好,将来布置梁头。"福船的龙骨一般是三段,分首龙骨、中龙骨和尾龙骨。首、尾两端龙骨的起橇(即起翘)关系到龙骨的总长度。建造时,师傅们按传统比例,分配这三段龙骨的各自长度,"如中龙骨长三丈,配头龙骨长二丈,尾龙骨长一丈",再根据首、尾龙骨的起翘程度决定船只底形的弯曲弧度。

其次,由龙骨长度决定船身各部位长度。清代浙江地区承造的战船,船底的龙骨"每长一丈,面梁阔三尺三寸,船身及正桅均长一丈二尺"。

2. 梁头

除龙骨长度以外,以宽度(主要是含檀梁)为核心,也形成了一系列比例关系。"梁头务须样裁圆满,方能平稳。……若减省木料,将此四大梁头,样裁瘦削,将来驾驶,必然遇风歪斜。"所谓"四大梁头",指头禁梁、驶风梁、官舱梁和尾禁梁,这四大梁头也决定了船型。其中,驶风梁是主桅所在的梁头,又称含檀、大含檀、大风檀等,是风力推进船舶前进着力之处,最为重要,更应特别加强。

清代的一些海船,含檀一丈,配底宽七尺,配舱深四尺,配大桅四丈,配篷阔一丈九尺;含檀二丈,配官舱梁头二丈二尺,配尾座二丈,配舵叶亦二丈。

船宽与舵叶之间也存在一些比例关系,如"舵叶长阔视风檀长短配合,每风檀一丈,配舵叶长一丈,阔三尺,配舵头高三尺。"

3. 船桅

桅杆的设计布置位置,对船舶的航行性能有较大影响。一般"如大桅迫近头桅,好溜不好戗;太远头桅,好戗不好溜。要在相称,戗溜俱好者为佳。"溜指直行,戗指斜行,调戗即走"之"字形路线,即大桅迫近头桅,宜直行不宜戗行;大桅离头桅较远,宜戗行而不宜直行。木帆船在结构上有四六分舱的,也有三七分舱的,原因也在于此。需调戗的船,船长在主桅前占40%,在主桅后占60%;需直行的船,船长在主桅前占30%或35%,在主桅后占70%或65%。另外,一些船型的桅杆是倾斜的,几个桅杆之间的长度也存在一定的比例关系。据辽宁笔架山渔民口述,他们当地的门碇子船,主桅后倾,三丈六的主桅后倾一尺。主桅长度是船长的1.2倍,前桅长一般是主桅长度的60%左右,船尾桅一般是前桅长度的50%左右。

还有一些船舶构件,因为要兼顾航行性能的要求和相应功能的实现,因此,在设计、建造时也会形成一些口诀,如北方海域的沙船型海船,为了有效增加船舶的结构强度、增加船宽和提升装载,通常在舷侧采用纵通材,即俗称的大檝。大檝通常采用成株杉木制作,"三七开料"直贯首尾,对称安装在舷侧近于水面处,形成"大檝入水船才稳"的口诀说法。

(三) 装配工艺

船体装配是指将木船船体拼装成型的工艺,不同船型、不同地区的装配

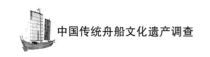

工艺也不尽相同。但总体来看，还是呈现出一些普遍性的工艺程序。

一般而言，中式木帆船的装配首先往往是安置龙骨和铺装船底。接下来，通常是安装脚梁、隔舱板、半隔舱板、肋骨等，大型木帆船还需装好压筋。再次，则是装两舷舭板、身板、大橹等。最后再安装其他构件，如甲板、上层建筑、桅、舵等。

以我们完整调查的福建东山大饯为例，技艺传承的代表人物是当地的孔炳煌师傅。该船建造时采用的就是所谓的"四母营"法，实为以 4 个横舱壁为框架的"结构法"，具体可以细分为 8 个装配阶段。

第一是安龙骨阶段。按照传承的比例口诀和算法，先安放三段龙骨，首龙骨俗称"头艄"，尾龙骨称"尾艄"。首、尾龙骨是弯翘的，中龙骨通常是直的。

第二是放闸底阶段。在龙骨上标出能确定船体线型的 4 道横舱壁的位置，当地将横舱壁俗称为"闸"，这 4 道闸分别为头闸、驶风闸、大肚闸和尾闸。再在龙骨两边，根据实际情况安装几列底板作为基础，最后放 4 道母闸的底座。

第三是做底宫阶段。根据用途需求，确定分舱数量与各舱布局后，安装其他闸的底座，并以底肋骨（当地俗称"地梁"）对所需部位进行补强，形成船底结构（当地俗称"底宫"）。

第四是放母闸阶段。先将船底其他未填的左右各列底板，填满至闸底座边缘的最高处（即舭部）。然后，将 4 道母闸全部填满至主甲板高底部，并用临时的拉条辅助固定 4 道母闸，以确定舷侧列板的线型。

第五是安装其他横舱壁板。根据舱数与布局，执行分舱，即从分舱部位，从闸底往上开始安装其余全部的舱壁板。过程中各舱壁板上沿形成梁拱，海船的梁拱一般不短于一尺，具体视船大小而定。

第六是安装舷侧板。从下往上依次安装舷侧列板，舷侧顶板安装到二橹或三橹（大船有的会有三橹）的下沿位置。舷侧列板都安装完成后，继续安装舷侧肋骨。

第七是安装首尾部各封板、构件和橹。首先安装首尾部各封板和构件，之后再安装橹。装橹是一项艰难和辛苦的工序，过程中需用开水浇淋使之弯曲但又不致折断。

第八是安装甲板及其他。橧安装后,就可安装甲板了。之后就是安装上层建筑、树立桅杆、安装各装置属具等。这里主要叙述主船体的装配流程,因此后续内容就不再详述。

福建地区的"母营法"造船,除了"四母营"法外,还有"五母营""七母营""九母营"等。建造过程中,都是以重要部位的横舱壁(即母闸)来确定船体线型与基本框架。这种传统造船方法与现代以线型图为主造船的方法明显不同,反映了中式木帆船以横舱壁为框架的富有特色的建造流程,也体现了中式木帆船建造自成体系的特点。

(四) 连接工艺

木船是由船板和构件按照建造要求连接组合而成的。木船板材和构件的连接,有边接、端接,以及纵横构件的 T 形连接等不同的工艺方式。建造过程中所用的连接件,有铁钉、锔钉、卡钉、铁螺栓等。

1. 边接

首先是单层板船壳的连接,有顺板式连接和鱼鳞式搭接两种结构。单层板船壳顺板式连接的边接缝通常有直角缝、襄衣缝和企口缝等不同形式。单层板船壳的鱼鳞式搭接形式可分为直平型搭接、下角型搭接、上角型搭接和斜平型搭接四种。

其次是多重板船壳的连接。中国古船的船壳结构有单层的也有多重的,近年来多重板船壳已不断由出水沉船得到证实,如清代"小白礁Ⅰ号"沉船、泉州湾宋代海船、"南海一号"宋代沉船等,都呈现为多重板船壳的结构。多重板船壳也有顺板式和鱼鳞式两种搭接结构。

2. 端接

端接是指两块船板纵向相接,一般两块船板对口部位的宽度与厚度相同,称为同口。当船板不够所需要的长度时,常用同宽、同厚的板料在端部对口连接,连接处必须骑在骨架上与之搭接,以便用钉锔固定,相邻的不同列板的同口必须错开,不宜骑在同一根骨架上,这种工艺俗称接同口。同口有多种连接形式,比较常用的有平面、滑肩、直角、钩子、鱼尾、蛇头、咬合、

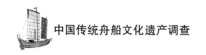
叉子和斜面同口等。

3. T 形连接

T 形连接是用于纵横构件之间垂直连接的方法。T 形结合部位通常用方钉和爬头钉钉合、挂锔加固,大型木船的某些 T 形连接,现在常改用铁螺栓来连接,它的强度比古代的钉锔要高。

（五）其他工艺

1. 捻缝

捻缝是确保木船水密性的重要环节,是造船、修船中普遍应用的工艺。木材的连接过程或热胀冷缩等因素,都会形成或大或小的缝隙,必须要用舱料将其堵严以防渗漏。船体完工后开始捻缝工作,船壳板、水密舱壁板和甲板上层建筑等各构件之间的所有板缝,以及全船所有的钉眼、孔眼等均应经过捻缝后填满抹平,以保证水密性和表面光洁。因此捻缝是在木板料拼合的缝口等处压入舱料的工艺,是保证木船水密和加强整体强度的一道关键工序。

舱料有油灰、麻筋及两者混合的麻板等捻缝材料。油灰由石灰或海蛎子灰和桐油混合而成,俗称腻子。桐油为中国特产,是油桐树产的油桐子所得的甘性油,形成的漆膜坚韧耐水。麻筋又称麻绒,多利用麻丝或旧麻制品(如旧渔网),两广地区因地取材常用竹丝代替麻丝。麻板则是由油灰和麻筋混合加工后形成的捻缝填料。

凡是船体外表面各构件的裂缝深度超过材厚的十分之一时都必须捻缝修补,构件局部有腐蚀、蛀蚀或其他缺陷时,必须用打麻板的方法进行挖补填平。无论新船还是旧船,捻缝都是除了木作之外工作量最大的工序。

2. 打油

打油又称涂油,是木船里外两面涂抹桐油、秀油的作业,是修造木船的最后一道重要工序。打油可使船体表面形成凝固的油膜保护层,并渗入木材纤维内部,起隔水、隔潮和防蛀、防腐的作用。

操作中,头一道油干后,再打下一道油,最后打一道秀油。秀油是桐油加入少量辅料炼制而成的浓度大于桐油的一种防腐油,因四川秀山的产品为优而得名。

3. 染帆

染帆是用某种天然染料浸染棉布帆,使雨水不易渗入棉纤维内部的防腐措施。有的使用薯类块茎熬制染料,南方有的使用龙眼树枝,将其捣碎浸汁或煮汁,作为染料。通过反复浸晒数次后,布帆达到手感僵硬黏滞,水滴到布上成珠不散的程度。

浆帆是山东沿海一带木帆船的布帆防腐方法,用龙口所产的一种白土调水上浆,浆帆后的布帆不仅防腐耐用,而且色泽美观。

4. 彩绘

中国木船上往往会绘制具有美好寓意的彩色图饰,是中国舟船文化的重要组成部分,并有着明显的时代性和地域性,海船的装饰比内河船更为丰富,在福船上表现得尤为突出。福建地区的彩绘最为繁复,有专门的彩绘工匠,也有其一定的绘制规制。在浙江舟山,木船舷墙的前段被涂成绿色,刚好是位于大船眼的上后方,因而俗称为"绿眉毛"。广东潮州地区有一种海船,舷墙前段被涂成红色,船头的红色十分醒目故称为"红头船"。

清代朝廷还曾对此进行过管理,自雍正元年起就对彩绘颜色有严格的规定。在《钦定大清会典事例》上有记载:"出海商渔船,自船头起至鹿耳梁头止,并大桅上截一半,各照省份油饰。"即江南用青油漆饰,白色钩字;浙江用白油漆饰,绿色钩字;福建用绿油漆饰,红色钩字;广东用红油漆饰,青色钩字。

5. 上船眼

中国木帆船的船首两侧,总能见到一对炯炯有神的眼睛,这就是大船眼。大船眼不是绘上去的平面图像,而是立体雕制而成。

制作大船眼十分讲究,大多以樟木为料。在木帆船建造中,钉大船眼如同铺设龙骨一样,都要举行隆重的仪式。钉大船眼时,会选取良辰吉日,并在当天潮水上涨时,方可进行。钉完大船眼钉后,还要用红布把大船眼蒙住,待到新船下水前进行祭祀活动时,船主再揭开红布,表示船眼开启和新船问世。

第五章

中国传统舟船文化遗产保护和传承

文化遗产是人类文明的重要载体,历史文化遗产也是我们延续中华历史根脉的宝贵财富,它们不仅生动诉说着过去,也深刻影响着当下和未来,有着无可替代的特殊价值。然而,由于社会经济不同发展阶段、不同地区保护力量的不均衡、自然的侵蚀和损害、不同人群保护意识的差异、传承保护利用不充分等因素,即便在 21 世纪的今天,传统舟船文化遗产的保护仍有很长的路要走。做好中国传统舟船文化遗产的保护和传承,重点在于两个方面:一是保护,既包括抢救性保护,也包括预防性保护;二是传承,也就是对文化遗产的记录、研究、传播和赓续。

一、中国传统舟船文化遗产保护的重要性与紧迫性

(一) 中国传统舟船文化遗产的重要意义

在五千多年漫长的文明发展史中,中华民族创造了璀璨夺目的文化和文明,为人类的文明事业作出了重大贡献。中华文明探源工程提出了文明定义和认定进入文明社会的中国方案,为世界文明起源研究作出了原创性贡献。我们要做好我国"古代文明理论"和中华优秀传统文化遗产的宣传、推广、转化工作,加强对文化遗产的研究阐释和展示传播,提升中华文明的影响力和感召力。从根本上讲,重视本民族、本地区的文化遗产,就是重视

自身的文化根脉,就是重视自身的活力和竞争力,也是重视人类社会的共同未来和可持续发展。

长久以来西方话语体系认为,尽管中国的农耕文明源远流长,中国航海实践早已有之,但还是谈不上具有深厚的海洋文明传承。从中国传统舟船的发展历程来看,这种观点是片面或不正确的,事实上中国有着悠久灿烂的舟船历史,同样有着传承久远的航海和海洋文明。中国传统舟船,在中国人不断走向海洋的过程中,一直都在发展进步,并不断走向多样化、大型化和专业化。巨大的社会需求,推动了中国古代水运和航海事业的不断发展,由此带动了造船技术的更新迭代,确立了中国古代造船与航海技术在世界范围内的先进地位。因此,中国传统舟船文化遗产承载着中华民族海洋文明的基因和记忆。

不仅如此,虽然今天船舶建造使用的材料和动力系统等已经完全不同于传统舟船,但植根于中国传统舟船的许多优秀的创造之处和理念、技术和工艺等,可以说为世界舟船技术发展和历史进程作出了巨大的贡献,有的甚至一直延续至今。比如中式帆装,越来越多地出现在当今全球航海体育领域。根据 2019 年英国中式帆装协会统计,全球有 30 多个国家和地区的航海家、资深帆船爱好者在现代帆船上安装中式帆装,还有外国人专门出版了《实用中式帆装设计与使用》一书,阐释中式帆装及操纵技法;又如,在现代船舶建造越来越追求环保节能的趋势下,除采用新能源外,还出现了一些现代风帆助推船,利用风能作为辅助动力,既有与中国古代风帆相似的硬质翼面帆,也有旋筒风帆,但本质上还是基于中国古代风帆"八面来风"的设计思路,利用伯努利效应为船舶提供推力,可以说是源自中国传统舟船的帆装技术;再如,水密隔舱作为保障船舶安全的技术设计,迄今仍是全世界海洋航行船舶保证抗沉性的重要措施,《国际海上人命安全公约》强制要求国际航行船舶必须设置达到安全标准的水密隔舱,这也是中国传统舟船领域的创造发明在安全设计方面对世界船舶与航海事业所带来的贡献。

除了上述的中式帆装、水密隔舱外,中国传统舟船为世界船舶技术进步所带来的发明创造和贡献还有升降舵、平衡舵、开孔舵、可眠桅、舭龙骨、橹与招等,以及在建造技法、操纵技艺等方面众多的首创和独一无二的技术,

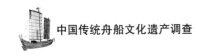

还包括适应不同海域的各种海船船型、适应湍急河流的歪脑壳船和歪屁股船等内河独特船型,都凝聚着前人在中国传统舟船领域的智慧和创造。一部舟船史,也是一部人类技术进步的浓缩历史,舟船的建造和使用,涉及材料、冶金、设计、结构、加工、连接、密封、导航、天文、水文、季风等诸多的技术领域,把中国传统舟船尤其是其中所体现出的古代科技方面独特性、创新性的成果传承好、传播好,是我们这一代人义不容辞的责任。2022 年 11 月 29日,我国申报的"中国传统制茶技艺及其相关习俗"被联合国教科文组织列入了人类非物质文化遗产代表作名录,如果经过我们的努力,未来"中国传统造船技艺及其相关习俗"也实现列入名录的话,必将为人类舟船发展史和技术发展史领域传播中国声音作出贡献。因而,对中国传统舟船文化遗产的保护和传承,既有重要的历史意义,也有重要的现实意义。

(二) 中国传统舟船文化遗产既往保护工作

文化遗产存在形态上既有有形的物质文化遗产,也有无形的非物质文化遗产。物质文化遗产是具有历史、艺术和科学价值的文物;非物质文化遗产是以非物质形态存在的、与群众生活密切相关且世代相承的传统文化。中国传统舟船是我国航海海事文化遗产中极为重要的组成部分,也是人类发展历程中中华文明极具创造力和技术原创性的领域,因此亟须对此开展整体性、系统性的保护与传承。

党的十八大以来,习近平总书记高度重视文化建设,指出文运同国运相牵、文脉同国脉相连,从坚定文化自信、实现中华民族伟大复兴的战略全局出发,作出一系列重大决策部署,多次发表重要论述、作出重要指示。国家在文化传承方面陆续出台《关于实施中华优秀传统文化传承发展工程的意见》《中国传统工艺振兴计划》等一系列重要文件,多批国家级非物质文化遗产代表性项目名录和传承人名录先后公布。传统文化遗产受到国家和全社会的高度重视,同样也有力推动了舟船文化遗产的保护与传承工作。

国家水下文化遗产保护事业蓬勃发展。2012 年 6 月,"国家文物局水下文化遗产保护中心"成立,负责组织实施全国水下文化遗产调查、发掘、研究和保护等工作。在国家文物局的指导下,中心组织编写了《国家水下文化遗产保护"十二五"规划》等纲领性文件，逐步形成国家主导、地方参与，以沿海海域为主、适当兼顾内陆水域的水下文化遗产保护新格局。制度建设取得新进展，多部委合作联动机制进一步加强，国家重点项目成绩显著，社会各界对水下文化遗产保护的关注度不断提升，开启了我国水下文化遗产保护事业的蓬勃发展。最具代表意义的当属"南海一号"沉船的打捞发掘，从1987年发现沉船，到2007年整体打捞，2014年全面发掘保护，再到2019年底船舱内文物挖掘完毕。"南海一号"的水下考古工作历时30余年，是我国水下文化遗产保护不断发展和取得成果的一个缩影。最近的水下考古重大项目则是"长江口二号"沉船，其水下考古工作始于2015年，当时我国水下考古工作者在长江口崇明横沙水域开展调查时，通过声呐扫测等技术发现了一艘木质古船。2022年11月21日，在"大力"号古船整体迁移工程主作业船和我国自主设计建造的专用打捞工程船"奋力"号的携手作业下，22根巨型弧形梁组成的重约8 800吨的沉箱装载着"长江口二号"古船，经过4个多小时水下持续提升后，在长江口水域成功实施整体打捞。此次打捞集成了当前世界最先进的打捞工艺、技术路线、设备制造，采取了世界首创的"弧形梁非接触文物整体迁移技术"，长江口横沙水域见证了中国水下考古新的历史性跨越。此外，近年来"碗礁一号""华光礁一号""小白礁Ⅰ号"等一系列水下沉船的考古发掘，都是我国水下文化遗产包括舟船文化遗产保护工作所取得成果的见证。

　　传统舟船非物质文化遗产保护也取得了积极的进展。《中华人民共和国非物质文化遗产法》明确规定："国家对非物质文化遗产采取认定、记录、建档等措施予以保存，对体现中华民族优秀传统文化，具有历史、文学、艺术、科学价值的非物质文化遗产采取传承、传播等措施予以保护""国务院建立国家级非物质文化遗产代表性项目名录，将体现中华民族优秀传统文化，具有重大历史、文学、艺术、科学价值的非物质文化遗产项目列入名录予以保护"。自2006年以来，"传统木船制造技艺""水密隔舱福船制造技艺""桦树皮制作技艺""武汉木雕船模""赛龙舟""龙舟制作技艺""海洋号子""江河号子""码头号子""南海航道更路经"等一批舟船技艺、江海民俗、航海文化被视为国家非物质文化遗产。其中，"中国水密隔舱福船制造技艺"还

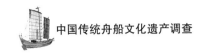

被列入联合国教科文组织"急需保护的非物质文化遗产名录",这是国际组织对我国保护传统舟船文化遗产工作的认可,更是我国传承和保护舟船文化遗产取得的成绩。

传统舟船文化遗产宣传日益深入人心。文化机构、新闻媒体加大了舟船文化遗产的宣传力度,营造了较好的社会氛围,使得保护舟船文化遗产在一定范围内形成共识。2014 年 6 月,在中国博物馆协会的领导下,中国博物馆协会航海博物馆专业委员会(以下简称"海专委")正式成立,由国内航海、舟船、水运、海丝、港口、海关海事、航海军事、海洋城市、民俗文化等涉海元素鲜明的各类博物馆及相关领域的专家、学者和社会组织自愿组成。海专委的宗旨是加强和促进航海类博物馆之间以及博物馆与航海相关行业、团体之间的紧密联系,促进相互交流,加强优势互补,提高和推动航海类博物馆事业繁荣和航海文化发展。进入 21 世纪后的 20 年间,涉海类博物馆在数量上有了较大的增长,与航海、舟船直接相关的博物馆,以及综合类博物馆中有涉海元素而加入海专委的已经超过百家。博物馆等文化机构通过围绕航海文化、舟船文化、海洋文明等主题的展览和宣教活动等进一步传播推广了中国传统舟船文化遗产。《海上丝绸之路》等纪录片,《万里走单骑》等纪实节目的推出,也都不同程度地展现了传统舟船文化遗产的风貌。

总体而言,近年来我国传统舟船文化遗产的保护取得了较多的成果,但舟船文化遗产分散于各地、保护难度大,保护力度很大程度取决于各地区的重视程度,在管理和制度上还缺乏有效的制约,因此对于舟船文化遗产的研究和保护尚未形成完整的体系,且呈现出不平衡性。某些项目的专业研究和社会参与度引人瞩目,但还有不少亟待抢救的舟船文化遗产濒临消失和流失。一方面在重大水下文化遗产考古实践和研究上取得了巨大的进展,另一方面对于散落于国内乃至世界各地遗存的实物,例如对古船、古船构件、古船模、涉船遗址等的关注程度还远远不够。由于种种原因,传统舟船的实物、非物质文化遗产还有不少未能得到妥善管理、保护和抢救,也没有获得应有的重视和研究,其文物价值、遗产价值和研究价值尚未被社会更广泛层面所普遍认识。

（三）濒危性和抢救性保护的紧迫性

近代以来,随着人类社会工业化和现代化进程的加快,经济和技术高速发展,生产需求、生活方式、生态环境等各方面也在改变,导致传统舟船在现代社会中逐渐失去了存续的基础和生命力。时至今日,一些非物质文化遗产的传统技艺濒临灭绝,对传统舟船实物遗存和文化遗产的保护力度也有待加强,实施相关的抢救性保护实际上已经非常紧迫。

1. 传统舟船逐渐退出历史舞台

数千年来,中国传统舟船类型繁多、技术先进、独具特色,尤其是其中的传统木船,曾经历过"海上丝绸之路"和"郑和下西洋"的辉煌。但是工业革命后,随着外国轮运业的进入和本土轮船修造厂的兴起,传统木船无法与现代轮船竞争,开始逐渐走向衰落。在此衰落过程中有两次较为显著的高峰,第一次是自 19 世纪中晚期至 20 世纪初,第二次是自 20 世纪七八十年代至改革开放后。

从 19 世纪中晚期开始,远洋航线、国内沿海长距离运输、长江干线等航线上的大型木帆船率先被新式轮船取代。据统计,1824 年驶往新加坡的中国船只为 150～250 艘,但至 1844—1845 年,便降到仅有 32 艘。在广东汕头,1868—1869 年,尚存 300 艘海上帆船,然而十年后已被淘汰了 235 艘,航行远洋、往来南洋各国的木帆船几乎绝迹。在长江干线和支流轮运业发达的河段上,木帆船也被大量排挤下来。据旧海关档案,重庆、万县、宜昌、沙市、汉口、九江、芜湖、南京、镇江、上海等口岸,按普通行轮章程登记出入的木帆船数量骤减,由 1922 年的 10 万余艘次降到 1931 年的 1 697 艘次,重庆于 1922 年尚有 441 艘木帆船,1926 年以后海关"已无木船报运"。这一次衰落高峰过后,木帆船仅在近海或内河渔业生产、短距离内河运输、特定货物运输等领域尚有存续。

1949 年以后,造船工业稳步发展。20 世纪 50 年代,经过合作化和社会主义改造,分散的造船户小部分被淘汰,大部分联合起来成立造船组、造船合作社或造船厂,进而发展成规模较大的集体或国营造船厂。20 世纪 60 年代以后,随着铁路、公路等综合交通体系的发展,河运量也受到影响,对船舶的需求下降,木质船建造规模也进一步缩小。同时,随着我国造机能力的进步和成本的下降,传统木船也逐渐往木机船演变。从20世纪七八十年代起,钢质船、钢丝网水泥船、玻璃钢船等船舶发展加快,传统木船呈现出第二次较为显著的衰落高峰。至20世纪90年代,传统木船已基本退出历史舞台,仅在近海渔业、内陆短距离运输、旅游市场小型船等领域还有一定的存留,并且新造木船在动力方面以风帆为动力的几乎消失殆尽,基本都是木机船或以橹、桨为动力的小型木船。

2. 传统木船修造厂的式微与关闭

"越工善为舟",除了沿海地区自古就擅长造船,还有南方沿江沿河及沿湖区域,历史上也有不少的造船中心,如南京、广州、扬州、苏州、杭州等地,也曾是木船建造的基地,官营、民营船厂数量众多。20世纪七八十年代以后,随着木船市场的萎缩,木船修造厂数量也快速减少。根据实际调查的情况,目前除了沿海各省份还有个别私营船厂在修造木船、内陆还有一些修造小型旅游木船的船厂外,全国木船修造厂数量已寥寥无几,仅剩的那些,其生存也大都难以为继,濒临关闭。

除了市场本身的因素,政府的政策性引导也加快了木船厂的退出。由于沿海地区数十年来高强度捕捞对渔业资源造成了损害,一方面,为了保护渔业资源,我国自1987年相继发布《关于近海捕捞机动渔船控制指标的意见》《2003—2010年海洋捕捞渔船控制制度实施意见》等政策,加强对海洋捕捞渔船数量和功率的控制,即渔船"双控"制度。按照规定,渔船只能更新,不能新增,且更新船只的马力不得超过被拆解旧渔船的总马力,即欲造新船必先拆解旧船。与此同时,由于林业资源和环境保护的需要,各地政府通过资金补贴的方式,鼓励将木质渔船更新改造为钢质或玻璃钢渔船,由于"木改木"得不到任何补贴,渔民在新造船时往往选择"木改钢"。因此,近年来木质船呈现加速退出的趋势。

另一方面,根据2013年颁布实施的《中华人民共和国渔业法》,国家在财政、信贷和税收方面采取措施,鼓励、扶持远洋捕捞的发展。近年来随着近海渔业资源匮乏和捕捞渔船的大型化,对远洋渔船的续航力、结构、稳性、航速、舱容等都提出了更高的要求,传统木船已经很难满足,因而钢质渔船的建造更趋普遍。

据我们 2016 年在辽宁营口及周边区域的调查,该地区木船修造厂市场情况原本比其他地区要好,这是因为在渤海的内海渔业捕捞中,相较于钢质船,木船具有浮性好、稳性好、易操作、易维修的优点,并且辽宁还有就近进口俄罗斯木材成本低的优势。但是随着"木改钢"政策的引导,以及近年来渤海海域伏季休渔期政策的实施,新造渔船往往选择建造时有政策补贴和更适合远洋捕捞作业的钢质船,木船修造厂数量也快速下降,仅余个别的还在开展存量木船维护维修业务。

还有一个因素,则是用于造船的木材成本。据福建传统木船工匠洪玉生介绍,建造一艘 20 米长的木船,需要用材 100 多立方米;建造 30 米的木船,需要用材近 300 立方米,且 20~30 米长的木船龙骨选材需要树龄在 80~100 年的树木。修造木船对木材的消耗很大,随着林业资源保护日趋严格,有的地方会使用进口木材,但随着木材价格的上涨,木船相较于钢船变得更不具备性价比优势。在此过程中,木船修造厂的式微和关闭,逐渐成为无法挽回的趋势。

3. 依附于"人"的技艺濒临失传

非物质文化遗产的传承主要是通过人与人之间的传递来延续的,传承人是"活态"传承的关键。同样地,传统舟船建造中的技艺也是依附于"人"而传承。随着传统舟船的衰落和退出历史舞台,木船修造厂随之关闭和消失,传统造船工匠逐渐失去了用武之地,失去了赖以生存的工作场所,失去了同行工匠的聚集场所,失去了技艺交流和传承的平台。他们分散开去,各觅生路,渐渐淡出了人们的视野。

极少数的造船工匠,申报评审获得了各级"非物质文化遗产代表性传承人"资格,获得了一定的政府扶持,其余的往往早已转到他行。一些昔日传统造船业兴盛的地方,曾经有过"一村一工种"的兴盛历史,那些从事大木、小木、捻缝等工种的造船工匠们,现今绝大多数都已转行,或出海捕鱼、从事木工装修、做船模等。传统造船所需要的船钉,如今也难以找到铁匠铺打造。个别船厂还在继续为旅游观光建造仿古船,但也很难达到真正意义上的材料、工艺等方面原汁原味的传统保留。

20世纪90年代以后传统舟船加快消失,最后一代修造过木船的工匠们至今大都年事已高,在世的工匠中许多身体状况也不乐观,有的已经记忆模糊,所能调查到的船型和技艺大为减少。传统造船技艺的传承往往通过师徒间的口传心授,很少使用文字或图纸形式传承,如再不抓紧进行记录留存,必将很快消失。因而,可以说当前已到了开展传统舟船建造相关非物质文化遗产调查和记录的最后窗口期。

社会公众对传统舟船文化遗产重要性的理解依然有限,近年来虽已有不少传统造船技艺列入了各级非物质文化遗产保护项目,但在总量上仍远低于陶瓷制作技艺、丝绸制作技艺等受关注度更高的项目。即使列入了非物质文化遗产保护项目,由于造船工艺涉及面广、技术复杂,目前的一些调查记录往往还不够深入,许多船型、结构、工艺细节也没有深入挖掘,记录手段也不够全面。总而言之,传统舟船的建造技艺已处于濒危的状况。

4. 传统舟船实物遗存保护仍有差距

一部分散落于民间的实船遗存,其价值还未被充分认知,有的甚至处于任之腐毁的状态。有的实船或构件遗存虽已入藏了各级博物馆,但舟船遗存往往体量较大、状况较差、含盐率高,同时这类木质文物、木铁混合文物修复和保护的难度大,对温度和湿度环境也有一定的要求,一些地方性博物馆常常因为客观条件所限,心有余而力不足,因而有的即便入藏了博物馆,但保护水平并不高,发生病害或损毁的风险较高。

入藏博物馆等机构的古船模,也有类似的情况。当然总体来说,古船模以传世的遗存居多,与实船遗存属于出土或出水情况居多有所不同,所以保存情况要好得多。但古船模一旦出现损坏的情况,很少有博物馆具有修复的能力。这种情况不仅国内博物馆存在,国外的相关博物馆也同样存在。前些年我们曾与比利时安特卫普、荷兰鹿特丹等收藏有中国古船模的博物馆交流,他们馆藏的这些船模许多已经开始出现损坏的情况,但在欧洲船模修复也属冷门绝学,精通之人也是寥寥无几,并且这些船模修复师还只会修复西洋船模,对中式古船模往往是束手无策,对材料、船型、结构、用途等都不了解,因而只能将损坏的船模束之高阁,以致在与我们的沟通交流中还向我们表达了希望共同合作开展修复和保护的愿望。

另外,分散收藏在各地博物馆和考古等机构中的实船遗存,大多还未进行过系统性的研究和整理,人们研究的关注点还是偏重随船的传统文物,加之舟船的技术性较强,主动以此为研究对象的情况比较少,因而也加剧了传统舟船遗存研究和保护水平不高的局面。

二、进一步加强传统舟船文化遗产保护

近年来国家持续加大文化遗产保护力度,《中华人民共和国非物质文化遗产法》《关于实施中华优秀传统文化传承发展工程的意见》《关于进一步加强非物质文化遗产保护工作的意见》等一系列法规和政策文件先后出台,也为传统舟船文化遗产的保护和传承创造了更为有利的条件,下一步可以重点在完善保护机制、开展摸底调查、制订保护规划、培养保护人才等方面继续加强和提升。

(一)优化完善机制

探索传统舟船文化遗产保护牵头机制。舟船文化遗产,从纵向上涉及全国与省市地方各级,从横向上涉及众多的领域,资源分散不利于管理。可进行探索或参考的做法包括:经国家文物局层面评估后,将传统舟船文化遗产纳入重点专题保护的范畴,选择中国博物馆协会、中国航海学会或者中国造船学会等社会组织牵头开展相关的工作,具体可委托其下的航海博物馆专业委员会、航海历史与文化专业委员会、造船史研究学术委员会等实施;借鉴大运河申遗的做法,在众多的沿线城市中选择一个牵头城市,协调推进相关前期工作。2004 年时任国家文物局局长的单霁翔同志等 7 位政协委员联名提交了《关于大运河文化遗产保护亟待加强的提案》,2006 年 6 月国家文物局将京杭大运河公布为全国重点文物保护单位,当年 12 月又列入了"中国世界文化遗产预备名单",从而启动了大运河申报世界遗产的进程,并由扬州作为牵头城市先行开展工作,继而到 2009 年 4 月国务院牵头开展大运河申遗工作,最终于 2014 年在多哈第 38 届世界遗产大会上成功

列入世界遗产名录。在海上丝绸之路申遗中也有类似的情况，2012 年 11月国家文物局公布的"中国世界文化遗产预备名单"，将广州、泉州、宁波、扬州等 9 个城市共同列入"海上丝绸之路"（中国段）候选名单。通过以上借鉴参考，传统舟船文化遗产也可交由牵头单位先期开展工作，把传统舟船文化遗产保护工作系统性地纳入管理，并且通过牵头单位的作用，在更大范围内联合更多的参加区域和单位。

调动各地保护舟船文化遗产的积极性。如果要进行整体、系统的舟船文化遗产保护，则必须要调动各方的积极性，鼓励有舟船文化传统的各地把舟船文化遗产保护工作列入重要的议事日程，在纳入管理、调查摸底、安排项目、资金投入、人员培养等方面给予支持，有基础有条件的区域，还可推动依托舟船文化或舟船元素的文旅融合项目的开展，形成可持续性的内生动力，进一步促进各地的积极性、提高参与程度。

发挥好科研文化机构作用。吸纳各相关科研机构、文化机构，以及学校、博物馆、科技馆、图书馆等各方资源共同开展舟船文化遗产保护工作，广泛听取专家意见，充分利用机构科研优势，研究中国传统舟船文献记载和历史脉络，研究舟船文化遗产保护的重大问题，进一步引导相关机构发挥专业作用和各自优势，依靠社会力量更好地促进舟船文化遗产保护。比如，可以由中国博物馆协会航海博物馆专业委员会，在涉海类博物馆中发起成立类似"中国传统舟船文化遗产保护与研究中心"等，汇聚跨单位、跨区域的研究力量；又如，鼓励相关航运、造船、港口等企业，或者有关的行业机构等，设立舟船文化发展基金，并把舟船文化遗产保护作为重要的扶持方向。

（二）调查完整清单

中国传统舟船文化遗产资源分散，调查成果不均，缺乏较全面的遗产名录，各地对保护力度和重视程度参差不齐，信息资料公开程度也不一，不少遗产资源仍处于认知和管理之外。因此对中国传统文化遗产的保护与传承，需要进行基础性的系统、深入调查排摸，全面了解和掌握舟船文化遗产资源的种类、数量、分布、生存环境、生存现状以及存在的问题、保护难点等，以摸清家底和普查建档，为后续的保护与传承工作提供依据和支撑。依托牵头单位,在各地文化遗产管理部门的支持下,对传统舟船文化遗产开展全国性的深化调查和专业记录,以便于接下来开展抢救性保护、系统性研究等工作,把目前分散于各地的舟船文化遗产纳入比较完整的体系中,进行整体性保护和研究。

基于传统技艺的舟船文化遗产,要维护其历史真实性、风貌完整性、文化延续性,根据不同情况研究抢救性保护的措施,对于已经失去现实生存环境的文化遗产,可以收入博物馆妥善保管和研究。如前文提到的"金华兴"号,太湖七扇子、五扇子等珍贵实船遗存,是中国传统舟船船型、帆装、水密隔舱、升降舵、多孔舵等发明创造的活的见证,应当给予足够的重视和保护。但由于种种原因,目前它们未能得到及时和妥善的管理,也未能得到应有的重视和研究,正在或濒临消失。这些古船具有不可再生的历史文化价值,是名副其实的活态的文化遗产,我们希望它们能尽快得到重视,甚至确定为文物,纳入体系内加以重点保护和修复。

(三) 制订保护规划

中国传统舟船文化遗产,包括文献、实物等物质文化遗产,以及技艺、经验、民俗等非物质文化遗产。物质文化遗产要贯彻"保护为主、抢救第一、合理利用、加强管理"的方针,非物质文化遗产要贯彻"保护为主、抢救第一、合理利用、传承发展"的方针。在调查摸底的基础上,根据不同类别不同特点的情况,进行统筹规划、分类管理、突出重点、分步实施。

根据紧迫性和重要性制定优先级,开列亟须抢救的传统舟船文化遗产清单。将保护工作的长远目标与近期安排相结合,优先开展近期抢救性保护,同时注重长远的预防性保护。具体而言,可以根据中国传统舟船文化遗产的自身特点,遵循一些有针对性的保护原则,如"先南后北""先海后河""先大后小""非遗优先""实船优先""特色舟船优先""货船并重"等。

所谓"先南后北",是因为传统舟船文化遗产更多分布在长江流域及以南地区,南方地区传统舟船的修造工匠、渔民船员等,仍然在世的目前尚能寻找到,有的甚至祖上数辈还是造船世家,不但掌握着传承的技术工艺和实际建造经验,而且有许多口头传承的口诀等;至于"先海后河""先大后小",

是因为历史上海船在技术上更为先进，为适应海上更严峻的状况，船型、结构、用材、体量等各方面普遍都比内陆河湖船舶更为复杂，大船跟小船相比，也呈现出类似的情况，并且从传统舟船的淘汰速度来看，沿海也比内河更明显，大船淘汰速度也更快；关于"非遗优先"，是因为非物质的、无形的舟船文化遗产的传承，属于一种活态化传承，有的还秉持着家族内或师徒间口耳相传的做法，许多口头传承并没有记录下来，随着传承人的自然减少，这一部分的非物质文化遗产也将趋于消失，亟待抓紧开展抢救性保护；关于"实船优先"，是因为据我们不完全调查，传统木帆船遗存至今的大型实船，海船还有清末至今的"金华兴"号，河湖船舶还有民国至今的太湖七扇子、太湖五扇子，这些实船是传统舟船文化遗产不可多得的活样本，比如我们正是通过实地的田野调查，才目睹了太湖七扇子左船、右船的不对称特点，进而了解到这种结构在拖网捕鱼中左右双船的联合应用；关于"特色舟船优先"，则是因为除了舟船的普遍特征之外，这些特色舟船更能体现出中国传统舟船的独特创造和我国劳动人民的聪明才智，如海船中的沙船、福船、广船等三大船型，内河船的独特船型除了前文所述歪脑壳船、歪屁股船，还有洞庭湖地区的岳阳风网船等，风网船可能是世界造船史上出现较早的三体船之一，正是这种结构特点使得其抗风能力很强，并有"风王船"的美誉；关于"货船并重"，则是对我国方兴未艾的水下考古的建议，古沉船本身也是重要的文物，对造船史、航海史、海外交通和贸易史研究有着极其重要的价值，但在早期的沉船打捞中，人们往往更重视对船货的发掘，随着"南海一号""长江口二号""小白礁Ⅰ号"打捞发掘过程中对古沉船本身更多的发现，重货轻船的弊端正逐渐得到改善，我们希望将"货船并重"上升到今后水下考古的重要原则，以便促进传统舟船文化遗产得到更好地保护。

（四）培养专业人才

近年来，传统舟船文化遗产越来越多地进入人们的视线并逐渐受到重视，但真正要做好对其的保护和传承，面临着专业人才缺乏的问题。舟船文化遗产需要历史、船舶等多学科的跨界人才或复合型人才，如舟船史和航海史人才、船舶技术发展史人才、舟船文物保护和修复人才、舟船非遗保护人才、古船复原研究人才、古船绘图人才、船模制作人才等。在舟船相关历史和文献研究、古船复原研究、船舶技术发展脉络研究、古船研究转化为船型图纸、制作实体船舶模型以及舟船非遗研究等方面,需要依靠专业人才施展其所长。此外,在重大水下考古发掘工作开展过程中,除了传统的考古专家外,也应辅以船舶技术史学者共同参与,以便提供船史领域的专业支持,对古沉船本身也能更好地开展保护和研究。

因此,我们需要通过进一步的培训和实践,逐步培育起具有专业精神和热爱传统舟船文化遗产的人才力量,承担起舟船文化遗产的抢救、保护、管理、研究等职能。不仅要加强相关文博机构专业队伍的建设,也要积极调动社会团体、企业和个人参与舟船文化遗产保护的积极性,形成社会共识与合力,大力培养舟船文化遗产保护和管理所需的专业力量,努力提高舟船文化遗产保护工作水平。

三、进一步促进传统舟船文化遗产传承

舟船文化遗产是人类涉水、航海活动的历史见证,其涵盖面广、关联领域多,要想真正实现舟船文化遗产的传承,一是需要进行真实、完整、全面的记录;二是要组织跨学科的力量对其开展系统深入的研究和阐释,对文化遗产进行有效的解读;三是基于真实记录与研究阐释,推动文化遗产的赓续传承;四是促进文化遗产的活性转化和传播。

(一) 完善文化遗产记录

对传统舟船文化遗产的传承,要充分运用现代技术手段,比如图纸、照片、影像、动画、三维建模以及文字等多种方式和多种介质,将文化遗产涉及的知识、技术等更加完整和直观地记录下来、保存下来。在调查摸清家底,对濒危项目开展抢救性保护之后,制订规划全面系统地组织开展传统舟船文化遗产的记录工作,通过一段时间的努力和新技术的辅助,更加完整、生动、多维地记录保存活态文化遗产与技艺,利用现代信息技术和手段建立起

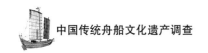

传统舟船文化遗产资源数据库,不断完善遗产资源的数字化、智慧化,最终实现资源的完整记录和信息共享。

(二) 扶持非遗传承人

传承人是非物质文化遗产延续的关键主体,所以对舟船非遗传承人也应给予积极的扶持与鼓励。中国传统舟船非物质文化遗产历史悠久,许多技艺在世界造船史上独树一帜,植根于历代的优化传承和经验积累,并在实践中经过了历史的检验,可谓是我国众多非物质文化遗产中弥足珍贵和不可或缺的重要组成部分。对舟船非物质文化遗产,应该给予更多的关注和重视,其中具有重要文化价值和传承意义的,可以评估纳入重点的冷门非物质文化遗产或"绝学"、国家传统工艺振兴计划、各级非物质文化遗产传承发展工程等,在政策层面给予积极的支持,包括对鼓励传承人方面的支持。

目前各地政府遵循相关政策文件,根据民间申请或行业推荐,评选通过和公布的非物质文化遗产代表性项目和传承人中,已经有一些传统舟船范围的非物质文化遗产,但总体上覆盖仍不够系统,数量上与我国悠久灿烂的舟船历史也很不匹配,很多舟船领域优秀的非物质文化遗产项目仍没有列入保护的范畴,可以说有着较大的提升空间。一方面,传统舟船的从业人群比较小众,社会上对这个领域的了解和关注可能比较少;另一方面,一些老工匠老船工,虽然"身怀绝技",但身居偏远、信息闭塞,或本身文化水平不高,主观上也并不积极或者不擅长主动宣传自己。只有在各地进一步认识到中国传统舟船文化遗产的重要意义后,进一步加大保护传承的力度、提高主动性,这样的局面才有可能得到改善。

传统舟船建造的过程漫长、工作艰苦,从师学艺周期长,特别是传统舟船在市场意义上已经基本退出历史舞台的今天,已经很少有后继者愿意主动去学习和从事相关工作。为数不多仍在世的老工匠老船工,在没有外部政策鼓励的情况下,也几乎找不到年轻人来了解那些口头传承的技艺。为了扶持舟船非物质文化遗产传承,我们需要进一步认定和命名一批舟船非物质文化遗产项目,以及这些项目的代表性传承人,让那些愿意学习和延续传统技艺的年轻人得到相应制度上的保障,以制度形式保证重要舟船非物质文化遗产,特别是那些濒危的舟船非物质文化遗产传承后继有人。

(三) 深化研究和阐释

对传统舟船文化遗产的阐释,需要建立在系统而深入研究的基础上。传统舟船文化遗产所涉范围广,具有较强的综合性、融合性和应用性,包括了文、理、工等诸多学科领域,要准确、完整展现传统的历史、技术与文化,还有大量具体的研究工作要深入去做,需要诸如考古学、历史学、地理学、海洋学、船舶工程、航海工程、林业工程等多学科的共同合作。在对泉州湾宋代海船考古研究过程中,就有过很好的探索性尝试,1979年3月26日召开的泉州湾宋代海船科学讨论会,汇聚了全国11个省市57家单位的150多位学者,提交会议的65篇论文和5篇参考资料,从考古、历史、造船、航海、海外交通史、海外贸易史、地质、化学、医药和海洋生物等诸多学科,就古船的年代、结构、船型、载重量、建造地点、船的性质、航线与航向、沉没原因、古船复原以及船中遗存的鉴定与保护等许多角度进行了研讨。会议还发起成立了中国海外交通史研究会,可以说是探索实践社会科学和自然科学学者共同合作开展舟船史研究的范例,时至今日仍对我们深入开展传统舟船文化遗产研究有着重要的参考意义。

对传统舟船文化遗产的阐释,还应建立一些统一的标准。比如对古船的复原研究和船模制作,尤其是博物馆所展出的古船复原船模,常常会在展览中向社会公众展示,更要特别重视其学术依据和复原考证的专业性,而不能仅看船模制作的精细、美观程度。2016年起中国航海博物馆探索性地制定了《定制船模评定标准》《中式木帆船模型建造考证指南》等技术标准,并依托标准组织了"第一届中式木帆船模型展评大赛",取得了较好的实践效果。未来在中国博物馆协会或者中国传统舟船文化遗产保护牵头单位的组织下,可以考虑继续制定有关的技术标准和标准体系,用于指导保护、复原、研究工作的规范性开展。

(四) 促进转化和传播

对传统舟船文化遗产的保护与传承,同样也要贯彻对中华优秀传统文

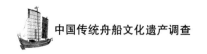

化创造性转化、创新性发展的方针,激活其生命力,让收藏在博物馆里、散布在广阔大地上、沉没在水底下、书写在古籍里的传统舟船文化遗产都活起来,让社会公众特别是孩子们能感受到蕴含其中的文化魅力,进而也让世界人民能够更好地了解中国传统舟船文化遗产。

在教育传播主体上,有博物馆、文化馆、考古机构等文博单位,有高校和中小学等教育机构,还有体育、科技、赛事组织等相关社会机构。文博场馆可以依托自身的馆藏、研究、合作积极推出舟船特色的展览、社教活动;相关的高校可以开设中国传统舟船选修课程或建立学生社团,有条件的中小学还可培育舟船特色实践课程品牌,如上海的北蔡中学、吴泾中学已探索出成功的案例;文博场馆与学校之间,还可优势互补开展馆校合作,开发特色馆本课程、校本课程,开展传统舟船科普教育,如中国航海博物馆已编写出版《中华"船"说》《沧澜航程》等科教读物;在体育、科技等赛事中,积极纳入传统舟船的元素,仍以中国航海博物馆为例,近年来与相关单位合作,参与主办了上海航海模型公开赛,将舟船航海项目纳入青少年科技创新大赛,组织了中式木帆船模型展评大赛、青少年航海趣味知识竞赛等。

在传播方式和形式上,既有传统媒体也有新媒体,既有传统的载体也需要创新性发展。传统媒体方面,近年来出现了许多深受观众好评的节目,如《中国考古大会》《中国诗词大会》《舌尖上的中国》《我在故宫修文物》等,舟船文化遗产同样可以借鉴;充分利用新媒体、短视频、自媒体等创新方式,展示出舟船技艺的实践性、互动性、体验性等特点,促进舟船文化遗产的广泛传播。航海赛事或模型赛事方面,除了传统项目外,还可研究设立中式帆装等创新型项目,通过赛事使中式帆装、中式舵装等在现代航海体育运动中焕发出新的生命力,让现实中逐渐消失的传统舟船在赛事中赓续并不断发展。

在市场化推广方面,对于兼备文化价值和市场潜质的传统技艺类项目可以探索市场化的方式,在忠于核心技艺的基础上,加以适度开发、创新、利用,将濒危的文化遗产转化为文创和科普产品,如中国航海博物馆组织编写的《STEM课程:未来航海家》,推出了"建造古船"等20门实践课程,收到了较好的市场评价。

在文旅融合方面,鼓励舟船文化遗产丰富的地区,扶持建设传承体验中心、非物质文化遗产体验展馆等，将传统舟船文化遗产融入当地的旅游特色，以文塑旅、以旅彰文，面向学生可以形成具有鲜明舟船特色和科普元素的研学旅游产品，面向社会公众也能推出主题鲜明的特色旅游产品，包括传统舟船文化遗产的高端定制旅游产品，如川江水系特色舟船探访游、舟楫江南主题游等。

在国际传播方面，也要同步加强。在国内传承好中国传统舟船文化遗产的同时，也要注重传统舟船历史、技术与文化的国际传播，讲好中国舟船故事，传播中国好声音，如拍摄中国传统舟船文化遗产双语纪实片、"一带一路"舟船展览输出或合作办展等，有条件的地方还可学习毛里求斯模式，培育中国传统舟船船模品牌。通过有效传播，树立起中国在世界舟船史、航海史以及科技史中应有的地位，纠正错误认知，提高自身话语权。

"推动中华优秀传统文化的创造性转化和创新性发展，以时代精神激活中华优秀传统文化的生命力"，传统文化遗产在促进经济社会发展、彰显中华文化魅力、坚定文化自信等方面发挥着越来越重要的作用。迄今为止，中国拥有八千多年灿烂辉煌的舟船历史文化，也是世界上舟船历史最为悠久的国家之一，对于这样一份文化遗产瑰宝，我们需要进一步加强活化利用和传承保护，进一步挖掘阐释和传播赓续，加大文物和文化遗产保护力度，增强中华文明传播力和影响力，推进文化自信自强，铸就社会主义文化新辉煌。

附录一

中国舟船相关博物馆一览

序号	名　称	地点	成立时间	级别	简　　介
1	鸦片战争博物馆	广东省东莞市	1957 年	二级	鸦片战争博物馆是一座遗址性和纪念性相结合的专题博物馆。鸦片战争博物馆包括虎门林则徐纪念馆、海战博物馆、沙角炮台管理所和威远炮台管理所,负责收藏、研究、陈列林则徐销烟与鸦片战争文物史料,保护林则徐销烟池与虎门炮台旧址及有关文物,利用这些文物资料向广大观众进行爱国主义宣传教育。基本陈列是"虎门销烟""虎门故事""鸦片战争海战陈列"以及《虎门海战半景画》
2	泉州海外交通史博物馆	福建省泉州市	1959 年	一级	该馆是中国唯一以海外交通史为专题的博物馆。1959 年创建,新馆于 1991 年建成。建筑外形像一艘扬帆起航的大海船,内设"泉州海外交通史陈列馆""泉州宗教石刻馆""泉州民俗文化陈列馆"和"中国古代船模馆"等展馆。此外,该馆还设有中国海外交通史研究会,专门从事中国海外交通历史及其相关学科研究,馆刊为《海交史研究》
3	南安市郑成功纪念馆	福建省南安市	1962 年	无	该馆是 1962 年为纪念郑成功收复台湾 300 周年而建立。基本陈列为"史绩陈列馆",展示郑成功生平及收复台湾等事迹,珍贵藏品有郑成功的头发、龙袍残片、鞋子等遗物

（续表）

序号	名　称	地点	成立时间	级别	简　介
4	长岛航海博物馆	山东省烟台市蓬莱区庙岛	1984 年	无	中国第一家有关航海的综合博物馆,馆址设在庙岛显应宫内。长岛航海博物馆内共有 8 个展室,开设了中国航海史、中国航海技术史、航海起源、郑和纪念馆、天妃史迹等多个专题陈列室和一个预展厅,总陈列面积约 500 平方米
5	福州马江海战纪念馆	福建省福州市	1984 年	无	该馆陈列分两大部分:以文物、照片、模型等反映福建船政局的兴衰史;以烈士遗物、碑石、图片等再现中法马江海战的悲壮情景。馆西为烈士冢,馆与冢之间的鱼塘旁新建了追思亭,山上有古炮台。福州马江海战纪念馆是全国爱国主义教育示范基地、国家国际教育示范基地,福建省首批公共文化设施学雷锋志愿服务示范单位
6	晋宁郑和纪念馆	云南省昆明市晋宁区昆阳镇	1984 年	无	该馆于 1983 年开始筹建,1984 年 6 月正式对外开放。纪念馆位于云南省昆明市晋宁区昆阳镇郑和故里月山的郑和公园内,现有 6 间展室,通过实物、图片、模型、复制品、拓片等向观众介绍郑和 7 次下西洋的壮举,还陈列有《郑和下西洋》电视剧部分道具,包括船模、服饰、兵器等。郑和公园内还有"明三保太监郑和故里碑",郑和之父"马哈只墓",郑和第 1 次出使西洋前为父亲立的"故马公墓志铭"碑,郑和塑像、三宝楼、郑和纪念亭等纪念性的史迹和遗存
7	中国甲午战争博物院	山东省威海市	1985 年	一级	该馆以北洋海军和甲午战争为主题,馆址设在刘公岛原北洋海军提督署及附属建筑内。该建筑造型独特,创造性地将象征北洋海军舰船的主体建筑与巍然矗立的北洋海军将领塑像融为一体。馆内藏有历史照片 1 000 多幅,北洋海军与甲午战争文物资料 200 多件,打捞舰船文物 300 多件,以"甲午战争:1894—1895"为基本陈列。该馆负责管理保护和开放北洋海军提督署、龙王庙、丁汝昌寓所、水师学堂、旗顶山炮台、黄岛炮台等 28 处北洋海军旧址

序号	名　称	地点	成立时间	级别	简　　介
8	福州市长乐区郑和史迹陈列馆	福建省福州市	1985 年	无	1985 年，为纪念郑和下西洋开航 580 周年，政府拨款在毁于抗日战争的原"天妃宫"旧址上新建郑和史迹陈列馆，公园亦改为"郑和公园"。馆藏珍贵文物"天妃灵应之记"碑（俗称郑和碑）和抗战时期转移南平寄藏的铜钟（俗称郑和钟）。陈列馆大屏风画的是郑和率师下西洋的史实。正厅内立郑和半身塑像，厅堂以郑和史迹展览为内容，分为"序言""郑和下西洋的历史背景""郑和下西洋与航海基地福建""伟大的成就、深远的影响"四个部分
9	戚继光纪念馆	浙江省台州市	1987 年	无	为纪念戚继光的抗倭功绩，明代即于城隍庙戚家军驻兵处建立戚公祠，奉以香火。该馆于 1987 年 1 月建成，大殿内一身戎装的便是戚继光塑像（王卓予塑），大殿两旁的偏殿设有两个陈列室。该馆为浙江省爱国主义和国防教育基地
10	旅顺海军兵器馆	辽宁省旅顺市	1988 年	无	该馆主要展示我国自行设计建造的海军部分武器装备，各种展品 600 多种，1 000 余件。全馆展示分室内和室外两部分，室内有水中兵器陈列室、舰艇模型、中国海军历代军服陈列室，室外展示有鱼雷快艇、岸炮、舰炮等大型展品，为辽宁省国防教育基地，大连市爱国主义教育基地
11	中国海军博物馆	山东省青岛市	1989 年	二级	中国全面反映中国海军发展的军事博物馆，设室内展厅、武器装备展区和海上展舰区。室内展厅主要展出古代、近代中国海军、人民海军历史资料
12	海军上海博览馆	上海市	1992 年	无	前身是"长江"舰纪念馆，曾专门陈列展示过毛泽东同志视察海军时乘坐过的"长江"舰。博览馆现包括海军历史馆、海军兵器与轻武器实弹射击馆、海洋珍奇贝壳馆等室内展馆和一个室外展区，是反映海军历史、展示人民海军建设的海军博物馆之一

(续表)

序号	名 称	地点	成立时间	级别	简 介
13	南澳县海防史博物馆	广东省汕头市南澳县	1992年	无	我国第一座县级海防史博物馆。该馆馆藏文物5 000件/套,其中二级文物7件/套,三级文物162件/套。南澳县海防史博物馆新馆开设1个主展厅和3个副展厅,以"海防史陈列"和"南澳碑匾拓片展"为主体。展厅内精心设置半立体沙盘"南澳设防图"以及郑成功在南澳招兵、解放南澳等3个半立体全景。仅沙盘就集汛地、所城、炮台、烟墩等100余个模型于一体,使人一眼纵观闽南粤东的海防设置,尽览我国明清沿海军事史的缩影,发挥了国防教育基地和爱国主义教育基地的作用
14	邓世昌纪念馆	广东省广州市	1994年	三级	该馆为纪念中日甲午战争中为国捐躯的民族英雄邓世昌而建,前身为"邓氏宗祠"(始建于1895年),是广东省和广州市爱国主义教育基地、广州市国防教育基地、广州市文物保护单位。庭院呈船台状。常设陈列展览"邓世昌与甲午海战"专题展览
15	舟山鸦片战争纪念馆	浙江省舟山市	1997年	无	舟山市所在地定海城西隅晓峰岭,是150多年前鸦片战争的主战场之一,为了纪念鸦片战争阵亡的将士,教育后人,舟山市政府修建舟山鸦片战争遗址公园。舟山鸦片战争纪念馆是舟山鸦片战争遗址公园的主体建筑,馆内保存了鸦片战争时期定海保卫战的大量历史文物。该馆先后被列为全国爱国主义教育示范基地、国家国防教育示范基地、海军海洋观教育基地、东海舰队战斗精神教育基地
16	镇海口海防历史纪念馆	浙江省宁波市	1997年	三级	该馆基本陈列是镇海口海防历史陈列,以镇海2 000余年的海防历史为陈列主题,以抗倭、抗英、抗法、抗日的海防战事为陈列重点,通过海防重镇越千年、二百余年平倭寇、抗英血战镇海口、雄镇锁钥击法舰、全民抗日雄关魂等7个展厅的展陈,再现镇海从"海防重镇"到"现代港城"的历史发展进程及演进成因,揭示镇海自古以来作为海防要塞、商贸关隘在中国历史上的重要地位和价值

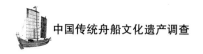

（续表）

序号	名　　称	地点	成立时间	级别	简　　介
17	中国船政文化博物馆	福建省福州市	1997年	三级	该馆为中国第一个以船政为主题的博物馆,正面造型为两艘乘风破浪的战舰;馆内设船政概览厅、船政教育厅、船政工业厅、海军根基厅、船政名人堂等展厅,展示中国船政在先进科技、新式教育、工业制造、西方经典文化翻译传播等方面取得的丰硕成果
18	天后博物馆	广东省深圳市	1997年	无	天后博物馆是以天后信仰为依托的专题性民俗类博物馆,是收藏和研究天后文物和天后文化的重要机构。该馆的基本陈列为"天后文物展""南山历史文物展"
19	武汉市中山舰博物馆	湖北省武汉市	1999年	二级	该馆是以"中山舰"的名字命名的专题纪念性博物馆。博物馆采用了舰馆合一的设计思路,外形犹如即将拔锚起航的战舰。馆内设有中山舰舰体陈列展、史迹基本陈列展、出水文物陈列展,常设三大基本陈列:"中山舰复原陈列""一代名舰——中山舰史迹陈列"及"中山舰出水文物精品陈列"。该馆现有藏品5 000余件。该馆是湖北省第二批国防教育基地
20	大沽船坞遗址纪念馆	天津市	2000年	无	北洋水师大沽船坞是天津市重点文物保护单位和爱国主义教育基地。该馆展现了大沽船坞建坞史的艰辛与曲折以及为中国海防作出的不可磨灭的贡献。该馆包括中国近代修造船设备和船坞遗址、海神庙遗址两部分
21	江南造船展示馆	上海市	2001年	无	该馆展示了中国近现代造船业和江南造船厂的发展简史。馆内设有5个展区:历史馆、民船馆、军工馆、重工馆、江南长兴馆,459张老照片,77件实物和21件船模,展示了江南造船厂自1865年建厂以来的历史。2008年江南造船厂搬迁长兴岛后,江南造船厂在长兴造船基地新厂区新建了江南造船展示馆

（续表）

序号	名　称	地点	成立时间	级别	简　介
22	浙东海事民俗博物馆	浙江省宁波市	2001 年	三级	浙东海事民俗博物馆即庆安会馆,为甬埠北洋船商捐资创建,既是祭祀天后妈祖的殿堂,又是行业聚会的场所,属于"海上丝绸之路文化"的重要遗存。该馆主要设有"妈祖祭祀场景展示"、《天后圣迹图》等 8 幅壁画、"妈祖与中国红""宁波与'海上丝绸之路'"史迹等基本陈列以及"中国·宁波船史展""宁波妈祖文化与会馆文化"专题陈列
23	大连城堡航海博物馆	辽宁省大连市	2002 年	无	大连城堡航海博物馆是集博物馆、旅游、观光、商住功能为一体的综合建筑。其中,航海博物馆面积达 11 000 平方米,主要展示航海史实和典型人物、事件
24	元明清天妃宫遗址博物馆	天津市	2002 年	二级	该馆展览的主题为"海洋的旋律",展品有 200 余件出土文物及与海洋文化、妈祖文化有关的船舶、建筑等复原模型,还有 300 幅图片,集中展示了古代人类从事海洋文化实践活动、天津城市的起源,妈祖文化现象、遗址发掘等内容
25	台儿庄运河展览馆	山东省台儿庄市	2003 年	无	国内首家运河展览馆。馆内藏有各种古船实物、船具、出土陶器、石碑等文物,还有反映运河历史文化的各种图文资料、京杭大运河及台儿庄运河历史演变沙盘、古代专运粮食的漕船模型、泥塑船队、运河各个历史时期的船闸模型等,展览分为源远流长的京杭运河、日新月异的运河建设、方兴未艾的运河经济、丰富多彩的运河文化、开发建设运河的宏伟蓝图等五部分,向人们系统展示了京杭大运河的过去、现在和未来
26	上海交通大学董浩云航运博物馆	上海市	2003 年	无	馆内设有中国航运史馆和董浩云陈列室。中国航运史馆通过大量的图片、文献资料和实物模型及航海贸易物品,概括反映了中国古代自新石器时期以来的舟船及航运历史。该馆是迄今为止我国高校中系统介绍和宣传中华民族走向海洋光辉历史的第一座航运史博物馆,也是全面系统介绍上海这座国际化大都市"以船兴市""以港兴市"的历史陈列馆

序号	名 称	地点	成立时间	级别	简 介
27	岱山县海洋文化博物馆	浙江省舟山市岱山县	2008 年	无	岱山县海洋文化系列博物馆自 2003 年开始建设以来,累积投入了 5 000 多万元。目前,在全县境内建起了海洋渔业博物馆、台风博物馆、灯塔博物馆、岛礁博物馆、海防博物馆、盐业博物馆等多座海洋文化系列博物馆
28	嘉兴船文化博物馆	浙江省嘉兴市	2003 年	无	该馆位于古京杭运河畔,具有浓郁的水乡特色,序厅是桅杆直插穹顶的漕舫船,园壁墙上镶嵌着 15 米长的放大喷绘全卷画《清明上河图》。陈列内容分"舟船史话""水乡船韵""名船世界""船舶科技"四个部分
29	郑和航海馆	福建省福州市	2004 年	无	郑和航海馆作为福州市长乐区的郑和史迹馆的姐妹馆,侧重展示福建航海的历史、福建在郑和下西洋中的地位与作用,以及福建航海业的发展。展馆布局凸显"长乐与郑和航海"主题,运用大量的史实资料印证长乐历史上就是一个舟师良港、水手之乡、造船基地、海滨邹鲁、鱼米之乡、贸易如云的地方
30	中国运河文化博物馆	山东省聊城市	2005 年	无	中国第一座以运河文化为主题的专题博物馆。整体陈列以"运河推动历史,运河改变生活"为主题,旨在全方位、多角度收藏、保护和研究运河文化,反映和展示运河以及沿岸地区的古老历史、自然风貌和民俗风情
31	洪泽湖博物馆	江苏省淮安市洪泽区	2005 年	无	我国第一家湖泊博物馆。展览包括"水利建设""与船共舞"等
32	中国鱼文化博物馆	上海市	2005 年	无	该馆位于上海海洋大学内,馆藏藏品 4 万件,展示内容包括:水生生物标本;绘画、雕塑、摄影等艺术作品;渔具、船模;渔业史、渔业教育;民俗衣饰、民间传说、民间用品与鱼相关的历代文物、民间建筑;书刊论文专著及影视作品;观赏鱼;食品文化、企业文化等

（续表）

序号	名　　称	地点	成立时间	级别	简　　介
33	哈尔滨工程大学船舶博物馆	黑龙江省哈尔滨市	2006 年	无	展示面积近 1 000 平方米。该馆以船舶的发展史为主线，以海运、海洋、海防、核能运用为方向，以中国"十大名船"为亮点，全面介绍船舶发展史、船舶科技史，重点展示我国船舶工业在船舶运输、海洋开发、海军装备及核能应用等方面的重大成果。该馆共设前言、船舶历史展、海洋运输展、海洋开发展、海军舰船展、核动力船舶展、船舶制造展、船舶人物展、"十大名船"展九大展区
34	宁海环球海洋古船博物馆	浙江省宁波市宁海县	2006 年	无	该馆位于宁海县强胶镇峡山村，是一家向公众免费开放的民办博物馆，于 2006 年 6 月在峡山村建成。该馆紧紧围绕着"古船展览"的主题，陈列展出了从古及今 78 件形形色色的船模，既有 5 000 年前的独木舟、明代郑和宝船、清代快船、东南沿海常用的捕鱼船和海运船等中国古船模型，也有来自美国、英国、瑞典等海外国家的船模
35	粤海第一关纪念馆	广东省广州市	2006 年	无	2006 年，广州市政府、海珠区政府为迎接瑞典"哥德堡号"仿古商船重访广州，建设了黄埔古港景观区，包括古港公园、"哥德堡号"重访广州纪念雕塑、亲水堤岸等景观、粤海第一关纪念馆四个部分。该馆以图片、实物、模型、蜡像等形式展示了广州两千多年的海上贸易进程和黄埔古港在 17 世纪到 19 世纪广州一口通商时期的辉煌历史
36	杭州京杭大运河博物馆	浙江省杭州市	2006 年	无	该馆将运河及桥、船、埠巧借为活的展物，分五个展厅：序厅"地球上的运河、中国大运河"、第一展厅"运河的开凿与变迁"、第二展厅"大运河的利用"、第三展厅"大运河杭州段的综合保护"、第四展厅"运河文化"，通过图片、实物、模型等形式，展示大运河丰富的自然和人文景观

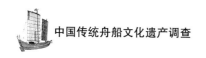

（续表）

序号	名　　称	地点	成立时间	级别	简　　介
37	天津港博览馆	天津市	2008年	无	馆内设置布局有着浓郁的港口特色、处处体现了海洋元素、凸显独特码头文化。全馆展现2000年来天津港起源、变迁、演进、发展的历史足迹,反映天津港不同时期的地位、作用并与城市发展的互动关系,共分为天津平原演进史、古代天津港、近代天津港、现代天津港、未来天津港5个展区
38	浙海关旧址博物馆	浙江省宁波市	2008年	无	展陈内容为"千年国权说海关"(中国海关的发展史)、"雄镇海道的浙海关"(浙海关的发展史)、"浙海关时期的宁波港"(近代宁波港的兴衰变化)、"建筑本身的文化价值"(浙海关旧址建筑的特点)和"宁波海关"(现代宁波海关近三十年的发展史)五大部分。二楼的展陈内容为部分场景复原,有当时用来办理报关业务的综合办公室——大公事房、外籍职员的书房、税务司办公室和卧室。其珍贵展品有"宝顺号"模型、六分仪等
39	奥帆博物馆	山东省青岛市	2009年	无	该馆定位以奥帆赛及奥帆文化为主线,以实物、图片等资料为基础,形成室内展览与室外场景互动的国家级奥运遗址类大型专题博物馆。馆中收藏大量奥运会和奥帆赛文化遗产;曲面玻璃幕墙犹如翻卷的浪花,体现了海洋城市元素
40	鄞州滨海博物馆	浙江省宁波市	2009年	无	鄞州滨海博物馆是一个史迹主题博物馆,主要体现"滨海"特色,内设卫海、垦海、煮海、赶海、兴海等多个展厅,陈列珍贵铜器、瓷器、书画、民俗作品、标本等1200余件史料实物,展示了大嵩地区(鄞州滨海平原中部的古城)在抵御外敌、开垦海疆、推兴盐业、赶海觅鲜、盐田开发等方面的历史沿革

（续表）

序号	名　称	地点	成立时间	级别	简　　介
41	广东海上丝绸之路博物馆	广东省阳江市	2009 年	二级	该馆是以展现出水文物及水下考古现场发掘动态演示过程为特色的世界首个水下考古专题博物馆,以"南海一号"宋代古沉船保护、开发与研究为主题。常设展览有:"水晶宫",主要展出的是沉寂于海底 800 多年的宋代商贸海船;"水下文物珍品展",展示的是水下考古的文物珍品;"水下考古史展",通过实景图片、文字展示了水下考古从无到有的发展历程
42	武汉船舶职业技术学院舰船与航海博物馆	湖北省武汉市	2010 年	无	馆内陈列展出船模 40 多件,以当代的船模居多
43	中国航海博物馆	上海市	2010 年	一级	建筑外形犹如两叶白色风帆,凸显海洋主题。该馆整体展示以"航海"为主线、"博物"为基础,分设航海历史、船舶、航海与港口、海事与海上安全、海员、军事航海等六大展馆,渔船与捕鱼、航海体育与休闲两个专题展区
44	汕头开埠文化陈列馆	广东省汕头市	2010 年	无	该馆展示开埠文化的珍贵遗产和历史文物,见证了老汕头埠的建制沿革和盛衰更迭。主题展览"让历史告诉现在——汕头开埠交响曲",图文并茂地讲述汕头从 1860 年开埠到 20 世纪 30 年代走向繁荣鼎盛的辉煌历程
45	郑和航海纪念馆	云南省昆明市晋宁区昆阳镇	2010 年	无	整个建筑以棕色和灰白色为主,设计理念是通过提取郑和宝船的古船符号,进行了抽象的处理,将棕色的"宝船"置于灰白色的"码头"上,纪念的三层有一个很宽阔的景观平台可以远眺到滇池的风景,主体建筑于 2010 年完工。该馆设置 20 余个展厅

序号	名　称	地点	成立时间	级别	简　　介
46	三亚海上军事博物馆	海南省三亚市	2010 年	无	三亚海上军事博物馆第一期陈列 4 艘退役军舰，它们分别是：导弹驱逐舰、导弹护卫舰、退役潜艇和登陆舰
47	大沽口炮台遗址博物馆	天津市	2011 年	无	大沽口炮台主要遗存内容为分布于大沽海口两岸的"威"字、"镇"字、"海"字等 4 座炮台，是我国明清北方海防重要的军事防御设施之一。展示主要分为"京畿海门""沽口御侮"和"国门沦陷"等部分
48	淮安运河博物馆	江苏省淮安市	2011 年	无	该馆是一个具有运河文化特色的综合类博物馆群，下辖运河楹联馆、大运河名人馆等，呈现运河历史、漕粮运输、河道治理、漕粮仓储对"运河之都"淮安的影响
49	中国河套文化博物院	内蒙古自治区巴彦淖尔市	2012 年	三级	中国河套文化博物院位于巴彦淖尔市临河区，是集多种功能于一体的公益性大型公共建筑，集中展示了我国古老文明的诞生地之一——黄河河套文化萌生、发展、成熟、兴盛的历史全貌，共展示文物 5 000 余件（套）
50	黄河文化馆	山东省东营市	2013 年	无	黄河文化馆又称国家方志馆黄河分馆、东营市方志馆，旨在打造黄河文化标志、全国方志馆样板。该馆以"纵览黄河、感知东营"为展陈主题，包括"中华母亲河""魅力黄河口"两个板块，分为壮美黄河、四季如歌、沧桑迭变、黄河体验厅、魅力黄河口、胜利之歌、逐梦未来等多个展厅
51	江苏省江海博物馆	江苏省南通市	2016 年	无	江苏省江海博物馆是以江海文化为主题的省级国家中型主题博物馆，展示了海门江海文化传承的独特象征，是全面彰显江海文化之根的鲜明地标
52	瑷珲海关历史陈列馆	黑龙江省黑河市	2016 年	无	瑷珲海关历史陈列馆规划总面积达 2 万平方米，建筑面积 560 平方米，是一处以全面反映 1909—1933 年边境贸易关系史为基本陈列内容的专题性遗址博物馆

（续表）

序号	名　称	地点	成立时间	级别	简　介
53	湖州太湖船模馆	浙江省湖州市	2017 年	无	该馆由吴兴区古船制作技艺非遗传承人陈忠烈创办,主要收藏和展示古代木质船模、古代木质车模、渔民生活用具、制作手工船模器具等,展示船舶的演变历史和江南传统船舶文化
54	中国(海南)南海博物馆	海南省琼海市潭门镇	2018 年	一级	该馆总建筑面积 70 593 平方米,是展示南海人文历史和自然生态,保护南海文化遗产,促进海上丝绸之路沿线国家和地区文化交流的综合性博物馆
55	杭州海塘遗址博物馆	浙江省杭州市	2020 年	无	目前国内唯一的海塘遗址博物馆,包括海塘厅(含明清古塘遗址区)、临展厅和非物质遗产厅(馆),是集研究保存、参观学习、互动体验于一体的主题性、地域性遗址类博物馆
56	广州海事博物馆	广东省广州市	2021 年	无	该馆是系统收藏和陈列广州 2 000 年以来海上丝绸之路和对外贸易发展的文物和史料的文化机构
57	中国大运河博物馆	江苏省扬州市	2021 年	无	该馆是集文物保护、科研展陈、休闲体验为一体的地方现代化综合性博物馆,是大运河国家文化公园建设标志性项目,藏有自春秋至当代反映运河主题的古籍文献、书画、碑刻、陶瓷器、金属器、杂项等各类文物展品 1 万多件(套)
58	隋唐大运河文化博物馆	河南省洛阳市	2022 年	无	洛阳作为隋唐大运河的中心和枢纽城市,至今还保存着通济渠(洛阳段)、含嘉仓、回洛仓等大量珍贵的运河遗产。隋唐大运河文化博物馆以"运河源、隋唐韵、河洛技"为设计理念,展出了近 400 件(套)与大运河相关的文物精品,包括西周回字纹青铜鼎、唐三彩天王俑、含嘉仓 19 号窖刻铭砖、洛阳运河一号、洛阳运河二号古沉船等

（续表）

序号	名 称	地点	成立时间	级别	简 介
59	郑成功文物馆	台湾省台南市	1936 年	无	该馆位于台南延平郡王祠内,原为台南市民族文物馆,一楼设有 2 个展场,二楼设有 1 个主展场、1 个小展场,陈列各种台湾史前文物图画,说明台湾与大陆的地缘关系,及先民生活的演进过程。二楼展出的台湾历史文物,包括与府城相关的先贤,例如郑成功、沈葆桢等人的画像或遗墨
60	澳门海事博物馆	澳门特别行政区	1986 年	无	该馆展览大楼犹如一艘已扬帆的三桅帆船,由展览馆、图书馆以及露天茶座三个部分组成。展览馆由海事民俗展览厅、海事历史展览厅、海事技术展览厅以及水族馆四个展区组成,反映该地区在海事方面的历史,说明大海对人民及文化所具有的重要性
61	鹿港天后宫妈祖文物馆（私立）	台湾省彰化县	1989 年	无	该馆位于鹿港天后宫,是台湾地区唯一奉祀湄洲祖庙开基妈祖神尊的庙宇,陈列有与妈祖相关的文物,如谒祖神龛、历史照片、凤辇木雕、锡器香炉、仪杖等
62	淡江大学海事博物馆	台湾省新北市	1990 年	无	该馆位于淡江大学校内,前身为"商船学馆",由长荣集团总裁张荣发先生捐资兴建,后转型为海事博物馆;外形仿照商船结构,是一栋五楼船型建筑;一、二楼展示各国从 15 世纪至 17 世纪大航海时代到未来超导体电磁推进的船只模型近 60 件;三楼是图书馆及视听室,并展示一座表面积 20.64 平方米、标有 20 000 个地名的地球仪;四楼是驾驶台,有各种船上设备;地下一楼是轮机室,拥有可动主柴油机模型,并配有发电机、配电盘等
63	香港海防博物馆	香港特别行政区	1993 年	无	该馆是香港历史博物馆分馆之一,由康乐及文化事务署管理,由旧鲤鱼门炮台修建而成。香港特别行政区政府于 1993 年将之改建成一座以香港海防历史为主题的博物馆。整项改建工程耗资约 3 亿港元

(续表)

序号	名　称	地点	成立时间	级别	简　介
64	澎湖海洋资源馆	台湾省澎湖县	1994 年	无	该馆是澎湖文化局附设的海洋资源馆，分 A 馆与 B 馆。A 馆展示内容有澎湖海洋文化史、海洋生物演化史、澎湖的珊瑚资源、澎湖的岩石矿物资源、澎湖群岛的地质地形、澎湖的潮间带展示及相关影片的欣赏；B 馆展示内容为传统渔具、海洋牧场、渔村生活实景、渔船的演进、未来海底世界、澎湖的渔业种类、澎湖经济性水产生物、澎湖海域经济性水产生物资源分布与渔捞方法、海底景观等
65	彰化区渔会渔业文化馆（私立）	台湾省彰化县	1995 年	无	该馆位于彰化县鹿港镇彰化区渔会渔业大楼内。馆内设有鱼类模型、台湾主要经济鱼种、渔航仪器、渔具、渔船模型及鱼类邮票等展区
66	海关博物馆	台湾省台北市	1996 年	无	海关博物馆位于台北市大同区塔城街海关大楼内，设有通关作业、查缉走私、海务灯塔、海关文物、国际事务等展示区，展品包括清代的护照，历年来海关查缉的充公物，各国海关各具特色的制服、纪念品、纸钞。该馆是记录保存与海关业务有关的专业博物馆
67	海洋科技博物馆	台湾省基隆市	1997 年	无	该馆是一座以展示、教育、休闲娱乐功能为主，收藏、研究功能为辅，以激发观众"亲近海洋、认识海洋、善待海洋"，并使之得以永续发展为使命的博物馆
68	大甲镇澜宫妈祖文物陈列馆（私立）	台湾省台中市	2000 年	无	该馆原址为大甲镇澜宫，该建筑自建成之后一直用来祭祀妈祖
69	南安中学渔史文物室	台湾省	2001 年	无	南安中学渔史文物室陈列有传统渔具、捕鱼技法、渔村与渔港开拓史料，以及当地居民捐赠的传统渔具，如罗盘、探测机、吸引乌贼用的灯泡、捞捕珊瑚的网等展品

（续表）

序号	名　称	地点	成立时间	级别	简　介
70	香港海事博物馆	香港特别行政区	2003 年	无	该馆展示南中国海沿岸的航运历史及香港在这一时段所扮演的角色，展出多件珍贵古代船只模型和工艺品，并以交互方式展示现代船舶与港口风貌，以及香港航运在过去 2 000 年的发展历程
71	阳明海洋文化艺术馆	台湾省	2005 年	无	该艺术馆设有 1 个主题馆——阳明海洋文化艺术馆，2 个主题常设展——"阳明海运全球货柜运输展""蜕变——从招商局到阳明海运特展"，1 个主题展——"船模工艺家——游佐雅章纪念展区"
72	长荣海事博物馆	台湾省台北市	2008 年	无	该馆馆藏 4 000 余件珍品，包括模型船、海洋画作、航海仪器。展厅分航海探索区、海洋画作区、海洋台湾区、现代轮船区、世界船舶区等部分，展品主要陈列张荣发于世界各地收藏的 500 余件珍品（模型），包括郑和宝船、第二次世界大战期间扛起运载士兵、物资重任的玛利皇后号、伊丽莎白号以及遭受史上最大海难的泰坦尼克号。该馆是台湾地区搜集中外古船、船的历史与航运业发展等资料最完整、规模最大的海事博物馆

注：该附录主要依据国家文物局公布的全国博物馆名录统计资料整理。

附录二

中国航海博物馆传统舟船文化遗产田野调查日志

一、环渤海地区

(1) 2016 年 4 月 5—12 日,赴山东、天津地区调查。先后前往山东蓬莱、莱州、烟台长岛县、砣矶岛、荣成、济南以及天津等地,对当地出土的古船与独木舟、海船舵、造船工匠、古船修复工匠、船模艺人、天后宫所存古船模等进行调查。

(2) 2016 年 8 月 4—10 日,赴辽宁沿海地区调查。先后前往瓦房店(西八岔沟村、红沿河村)、庄河(磨石房村、王家岛、兴隆岗)、东港孤山镇、葫芦岛、吕贡港、锦州三角山村、盘锦二界沟、营口等地,对当地造船工匠、渔民、木船修造厂、天后宫所存古船模等进行调查。

二、福建沿海地区

(1) 2014 年 7 月 9 日,赴漳州东山县,对当地造船工匠、木船修造厂进行调查。

(2) 2015 年 11 月 17—22 日,赴厦门、泉州、漳州东山,对出土的海船、造船工匠、船模艺人及泉州海外交通史博物馆研制的船模等进行调查。

（3）2016 年 3 月 14—18 日，赴泉州惠安、漳州东山、宁德漳湾、霞浦沙江村等地，对造船工匠、船模艺人、专家学者、天后宫及地方博物馆收藏的古船模、宁德仿古大福船建造现场进行调查。

（4）2017 年 4 月 14—21 日，再次赴宁德漳湾、霞浦沙江村、福州、福安赛岐镇、泉州峰尾等地，对当地造船工匠、船模艺人、木船修造厂、天后宫遗址、博物馆收藏的船模等进行调查。

（5）2018 年 7 月 9—10 日，赴漳州东山拜访当地造船工匠。

（6）2018 年 10 月 9—16 日，赴泉州、泉州惠安（西方村、浮山村、莲西村、小岞镇、崇武镇）、石狮蚶江镇、漳州东山等地，对当地造船工匠、木船修造厂、天后宫所藏的古船模进行调查。

（7）2018 年 10 月 30 日至 11 月 2 日，再赴漳州东山拜访造船工匠。

三、两广沿海地区

（1）2013 年 4 月 20—23 日，赴广州调研船史相关博物馆、研究机构、专家学者。

（2）2014 年 7 月 7 日，赴广东汕头、潮州饶平调查当地木船修造厂、造船工匠。

（3）2015 年 3 月 14—16 日，赴广东阳江（市辖区、海陵岛、大澳村）、台山广海镇等地，对当地木船修造厂、造船工匠进行调查。

（4）2015 年 5 月 16—22 日，赴广东雷州、湛江（徐闻县、硇洲岛、特呈岛、水尾村）、广西北海等地，对当地的木船修造厂、造船工匠、天后宫遗址、博物馆等进行调查。

（5）2015 年 8 月 4—11 日，赴广东湛江（硇洲岛、水尾村）、雷州乌石镇、广西北海（安埔镇、营仔镇），对造船工匠、船模艺人、地方博物馆进行调查。

（6）2015 年 11 月 2—9 日，赴广东台山广海镇、阳江闸坡镇、茂名博贺镇，对当地木船修造厂、天后宫遗址、造船工匠进行调查。

四、长三角及其他地区

（1）2011年9月16—17日，赴苏州太湖东山及周边水域调查太湖五桅渔船。

（2）2012年8月29—30日，赴苏州（市辖区、光福渔港村），对造船工匠、船模艺人及太湖七桅渔船遗存进行调查。

（3）2014年5月8—11日，赴常熟、无锡及上海调查船模艺人。

（4）2014年12月17日，赴太仓调查元代沉船。

（5）2015年2月24日，赴南京考察宝船厂遗址。

（6）2015年9月11—12日，赴浙江嘉兴、苏州太湖水域，对太湖渔船、船模艺人及其收藏的老船模进行调查。

（7）2015年11月1—7日，赴香港、澳门调查当地博物馆收藏的古船模。

（8）2016年2月25—27日，赴浙江绍兴、江苏苏州和无锡，调查太湖渔船、造船工匠、船模艺人等。

（9）2016年12月16日，赴上海交通大学董浩云航运博物馆调查老船模。

（10）2017年2月17—18日，赴苏州光福镇、临湖镇及太湖大学堂调查太湖七扇子，拜访造船工匠。

（11）2017年3月24日，赴湖南岳阳调查当地博物馆、档案馆收藏的老船模、舟船文献。

（12）2017年7月9—10日，赴浙江宁波庆安会馆、宁波博物院，调查英国国家航海博物馆收藏的传统中国舟船照片及宁波地区舟船遗存资料。

（13）2018年4月23日，赴上海待泾村、金山嘴渔村调查朱氏船舫遗址、金山渔具馆，与造船工匠开展对话。

（14）2018年5月3日，赴上海朱家角调查缆船石遗存。

（15）2019年11月2日，赴上海历史博物馆调查古船模。

（16）2019年11月10日，赴江苏无锡调查无锡西漳船复原建造情况。

参考文献

［1］陈文海.世界文化遗产导论［M］.长春：长春出版社,2013.

［2］联合国教科文组织.保护世界文化遗产和自然遗产公约［EB/OL］. ［1972 - 11 - 16］.https://www.un.org/zh/documents/treaty/whc.

［3］联合国教科文组织.保护非物质文化遗产公约［Z］.［2003 - 10 - 17］. http://ipr.mofcom.gov.cn/zhuanti/law/conventions/other/ICH.html.

［4］法律出版社.中华人民共和国非物质文化遗产保护法［M］.北京：法律 出版社,2011.

［5］中华人民共和国中央人民政府.国务院关于加强文化遗产保护的通知 ［EB/OL］.［2005 - 12 - 22］.https://www.gov.cn/gongbao/content/ 2006/content_185117.htm.

［6］王冠倬.中国古船图谱［M］.北京：生活·读书·新知三联书店,2011.

［7］姚祖康,顾保南.交通运输工程导论［M］.北京：人民交通出版社,2003.

［8］中国地理学会海洋地理专业委员会.中国海洋地理［M］.北京：科学出 版社,1996.

［9］李润田,王皓年,商幸丰.中国交通运输地理［M］.广州：广东教育出版 社,1990.

［10］程昌华,刘晓平,唐寿鑫,等.航道工程学［M］.北京：人民交通出版社, 2001.

［11］王煜.唐宋南海航线物流通道的嬗变：基于港口物流网络视角的回望 ［J］.中国港口,2020(S2)：14 - 26.

［12］倪絅贤.四川通讯：嘉涪渠三江木船杂谈［J］.礼拜六,1937(697)：
　　　15-16.

［13］宋其新.川江木船运输概要(附表)［J］.旅光,1941(5)：6-11.

［14］陈挺生.吾国木船考略［J］.国立重庆商船专科学校校刊,1942(3/4)：
　　　3-4.

［15］沈能毅.中国帆船法式［M］.上海：景行斋丛刊,1943.

［16］王洸.川江木船对于战时交通之贡献［J］.运输研究,1944,2(1)：29-37.

［17］胡成之.船舶：长江中上游的舟筏［J］.海事(武昌),1947,2(1)：
　　　29-37.

［18］中国造船工程学会.中国造船工程学会 1962 年年会论文集［C］.北京：
　　　国防工业出版社,1964.

［19］1964 年海洋渔船学术会议论文选集编辑委员会.1964 年海洋渔船学
　　　术会议论文选集：上集［C］.北京：中国造船工程学会,1965.

［20］凌纯声.中国远古与太平印度两洋的帆筏戈船方舟和楼船的研究［M］.
　　　台北：台湾民族学研究所,1970.

［21］朱子彦.三国时期的造船业［J］.复旦学报(社会科学版),1984(3)：
　　　107-109.

［22］王冠倬.最早的水上工具：筏与独木舟［J］.文物天地,1986(1)：43-48.

［23］王冠倬.木板船的出现·双层木船及其他［J］.文物天地,1986(2)：30-39.

［24］王冠倬.两汉三国的战船［J］.文物天地,1986(6)：46-48.

［25］林华东.中国风帆探源［J］.海交史研究,1986(2)：85-88,2.

［26］潘吉星.李约瑟文集［M］.沈阳：辽宁科学技术出版社,1986.

［27］章巽.中国航海科技史［M］.北京：海洋出版社,1991.

［28］周世德.雕虫集造船·兵器·机械·科技史［M］.北京：地震出版社,
　　　1994.

［29］席龙飞.中国造船史［M］.武汉：湖北教育出版社,2000.

［30］王冠倬.中国古船［M］.北京：海洋出版社,1991.

［31］王冠倬.中国古船图谱［M］.北京：生活·读书·新知三联书店,2000.

［32］张铁牛,高晓星.中国古代海军史［M］.北京：八一出版社,1993.

［33］唐志拔.劈波斩浪：海船发展史话［M］.哈尔滨：哈尔滨工程大学出版社，1998.

［34］广东省地方史志编纂委员会.广东省志·船舶工业志［M］.广州：广东人民出版社，2000.

［35］福建省泉州海外交通史博物馆.泉州湾宋代海船发掘与研究［M］.北京：海洋出版社，1987.

［36］蓬莱文化局.蓬莱古船与登州古港［M］.大连：大连海事大学出版社，1989.

［37］席龙飞.中国造船通史［M］.北京：海洋出版社，2013.

［38］席龙飞.中国古代造船史［M］.武汉：武汉大学出版社，2015.

［39］席龙飞.中国造船简史［M］.大连：大连海事大学出版社，2018.

［40］辛元欧.中外船史图说［M］.上海：上海书店出版社，2009.

［41］席龙飞，龚昌奇，蔡薇.中国古船图说（中英双语版）［M］.武汉：武汉理工大学出版社，2015.

［42］中国船级社.中国古代船检暨相关航政史话［M］.北京：人民交通出版社，2016.

［43］王煜，叶冲.中国古船录［M］.上海：上海交通大学出版社，2020.

［44］广东省立中山图书馆.“广州秦代造船遗址”学术争鸣集［M］.北京：中国建筑工业出版社，2002.

［45］金行德.“南越王宫苑里假船台”论文选集［C］.广州：广东旅游出版社，2012.

［46］安徽省文物考古研究所，安徽省淮北市博物馆.淮北柳孜运河遗址发掘报告［M］.北京：科学出版社，2002.

［47］南京市博物馆.南京明宝船厂六作塘考古报告［M］.北京：文物出版社，2006.

［48］辛元欧.上海沙船［M］.上海：上海书店出版社，2004.

［49］马祖铭，何平.太湖渔家风情录［M］//苏州市地方志编纂委员会办公室，苏州市政协文史委员会.苏州史志资料选辑 2004 年刊.苏州：苏州市地方志编纂委员会办公室，2014：285－291.

［50］金行德.广东造船史［M］.广州：广东旅游出版社,2012.

［51］陆传杰,曾树铭.航向台湾：海洋台湾舟船志［M］.新北：远足文化事业股份有限公司,2013.

［52］广东海上丝绸之路博物馆.阳江木船传统建造技术与风俗［M］.广州：广东科技出版社,2018.

［53］席龙飞,蔡薇.一九四九年以来船史研究著述纵览［M］//上海中国航海博物馆.国家航海：第二十四辑.上海：上海古籍出版社,2020：194-209.

［54］范中义,郑明.史书中的明代海船［J］.郑和下西洋研究,2007(4)：96-111.

［55］范中义,顿贺.明代海船图说［M］.济南：山东科学技术出版社,2020.

［56］林士民.宁波造船史［M］.杭州：浙江大学出版社,2012.

［57］陈建平,关伟嘉,端木玉,等.广东船舶发展简史［M］.哈尔滨：哈尔滨工业大学出版社,2018.

［58］蓝勇.传统制造名实类分无序与技术时代断层研究：以近代川江木船船型调查反映的现象为例［J］.西南大学学报(社会科学版),2019,45(5)：180-189.

［59］郑敬东.长江三峡交通文化研究［M］.北京：中国文史出版社,2005.

［60］《水运技术词典》编辑委员会.水运技术词典(试用本)：古代水运与木帆船分册［M］.北京：人民交通出版社,1980.

［61］山东运河航运史编纂委员会.山东运河航运史［M］.济南：山东人民出版社,2011.

［62］罗传栋.长江航运史(古代部分)［M］.北京：人民交通出版社,1991.

［63］万辅彬等.中国古代铜鼓科学研究［M］.南宁：广西民族出版社,1992.

［64］马德.敦煌石窟全集·26·交通画卷［M］.上海：上海人民出版社,2001.

［65］《线装藏书馆》编委会.中国传世名画鉴赏［M］.北京：中国画报出版社,2013.

［66］赵启斌.中国历代绘画鉴赏［M］.北京：商务印书馆国际有限公司,2016.

[67] 王次澄,吴芳思,宋家钰,等.大英图书馆特藏中国清代外销画精华:第
6卷[M].广州:广东人民出版社,2011.

[68] 金友理.太湖备考[M].薛正兴,校点.南京:江苏古籍出版社,1998.

[69] 陈子英.福建省渔业调查报告[R].厦门:厦门大学理学院生物学系,
1935.

[70] 交通部年鉴编纂委员会.交通年鉴[M].[出版地不详]:交通部总务
司,1935:122-129.

[71] 福建省银行经济研究室.永安县经济调查[R].[出版地不详]:福建省
银行经济研究室,1940.

[72] 高哲理.闽东八县渔业调查报告[R].[出版地不详]:福建省农业改进
处,1942.

[73] Sigaut E. A northern type of Chinese junk[J]. The Mariner's Mirror,
1960,46(3):161-174.

[74] 《上海渔业志》编纂委员会.上海渔业志[M].上海:上海社会科学院出
版社,1998.

[75] 农委会第一组.中国沿海各省渔业调查[J].行总周报,1946(30):4.

[76] 农委会第一组.中国沿海各省渔业调查[J].行总农渔,1946(2)—1947(9).

[77] 农委会第一组.中国沿海各省渔业调查[J].农渔附刊,1948(2)—1948(9).

[78] 李象元.中国篷帆渔船概述[J].农渔附刊,1946(6)—1946(8).

[79] 李象元.中国篷帆船概述[J].农渔附刊,1947(10)—1947(12).

[80] 交通铁道部北方大港筹备委员会.北方大港港址渔业调查报告[R].
[出版地不详]:交通铁道部北方大港筹备委员会,1935.

[81] 李强.王振铎关于传统造船及航海技术的调查笔记[J].中国科技史杂
志,2007,28(2):147-154.

[82] 调查:太湖一带之渔业状况[J].工商半月刊,1930,2(12):5-8.

[83] 湖属土产调查:湖属太湖一带之渔业[J].湖社社员大会特刊,1934:
299-301.

[84] 中国经济计统研究所.吴兴农村经济[M].上海:中国经济统计研究
所,1939:16-17.

[85] 周蓓.近代黄河档案研究[M].郑州：河南人民出版社,2019.

[86] 王华棠,刘锡彤,吴树德.黄河中游调查报告[R].[出版地不详]：华北水利委员会,1934.

[87] 绥远省民众教育馆.河套调查记[R].[出版地不详]：绥远省民众教育馆,1934.

[88] 平汉铁路管理局经济调查组.长渝计划线经济调查特辑之二·涪陵经济调查[M].[出版地不详]：平汉铁路管理局经济调查组,1937.

[89] 川江木船业概况[J].四川经济月刊,1939,11(1-2)：117-120.

[90] 叶冲,沈毅敏,李世荣.近代外国关于中式帆船的调查成果概述[M]//上海中国航海博物馆.国家航海：第二十四辑.上海：上海古籍出版社,2020：156-193.

[91] 叶冲,周群华.太湖大渔船的记载与研究回顾[C]//中国航海博物馆.风正一帆悬：中国航海博物馆开馆十周年纪念文集.上海：上海人民出版社,2010.

[92] 辛泰圻.太湖渔船(船史研究会会议交流文件)[Z].[出版地不详]：中国船舶科学研究中心,1985.

[93] 梅小青,张柏春.黄河上游地区传统皮船技术的调查研究[J].哈尔滨工业大学学报(社会科学版),2007(1)：1-8.

[94] 崔策.广东沿海木帆船初探[J].广东科技,2015(14)：109-111.

[95] 李涛,高红丽.中国科技口述史研究：以河北传统造纸和造船为例[M].北京：科学出版社,2015.

[96] 李心怡.阳江闸坡传统木帆船调查研究[D].广州：中山大学,2018.

[97] 张依莉,马娟,周建军,等.江南名舟西漳木帆船复原研究[J].江苏船舶,2016,33(3)：39-43.

[98] 第一机械工业部船舶产品设计院,黄河水产研究所,上海水产研究所.中国海洋渔船图集[M].上海：上海科学技术出版社,1960.

[99] 福建省交通厅木帆船船型普查办公室.福建省木帆船船型汇编[G].福州：福建省交通厅木帆船船型普查办公室,1960.

[100] 浙江省海洋水产研究所.浙江省海洋渔船图集[Z].舟山：浙江省海

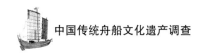

洋水产研究所,1959.

[101] 福建省水产局,福建省水产科学研究所.福建省渔船图集[M].福州:
福建人民出版社,1962.

[102] 王绍荃.四川内河航运史·古近代部分[M].成都:四川人民出版社,
1989.

[103] 四川省交通厅地方交通史志编纂委员会.四川内河航运史料汇集
[G].[出版地不详]:四川省交通厅地方交通史志编纂委员会,1984.

[104] 滕永堃,沈宝桢.建国后渔具调查及图集的编纂[J].渔业史,1984(1):
34-36.

[105] 长江水产研究所,上海水产学院.长江流域渔具渔法渔船调查报告
(全二册)[R].[出版地不详]:长江水产研究所,1966.

[106] 人民交通出版社.祖国水运事业光辉十年[M].北京:人民交通出版
社,1960:26-27.

[107] 泉州湾古船发掘领导小组.古船资料辑录[Z].[出版地不详]:泉州
湾古船发掘领导小组,1974.

[108] 中国航海博物馆.匠心问舟:第一届中式木帆船模型展评大赛集萃
[M].上海:中西书局,2019.

[109] 戴开元.广东缝合木船初探[J].海交史研究,1983(5):86-89,127.

[110] 何源远.木帆船的隐喻:泉州海外交通史博物馆的历史民族志[D].北
京:北京大学,2014.

[111] 何国卫.何国卫船史研究文选[M].南京:南京大学出版社,2017.

[112] 温州朔门千年古港发现南宋福船[N].厦门日报,2022-10-17(13).

[113] 沈诗醒,桑史良.太湖五桅古帆船修复记[J].航海,2011(5):27.

[114] 周群华,叶冲,任志宏,等.苏州及附近地区太湖水域传统木帆船调查
报告[M]//上海中国航海博物馆.国家航海:第二辑.上海:上海古籍
出版社,2012:167-168.

[115] 宁波市文物考古研究所,宁波中国港口博物馆,国家文物局水下文化
遗产保护中心.水下考古在中国:专题陈列图录[M].宁波:宁波出版
社,2015.

［116］宁波市文物考古研究所,国家文物局水下文化遗产保护中心,象山县文物管理委员会办公室."小白礁Ⅰ号"清代沉船遗址水下考古发掘报告［M］.北京：科学出版社,2019.

［117］吴春明.环中国海沉船：古代帆船、船技与船货［M］.南昌：江西高校出版社,2003.

［118］商志醰.香港考古论集［M］.北京：文物出版社,2000.

［119］张岩鑫,梁二平.漂泊的船［M］.北京：清华大学出版社,2020.

［120］赵莉.中国舟船船模与早期国际博览会考略(1873～1905)：以哈佛大学图书馆未刊旧海关资料为中心［M］//上海中国航海博物馆.国家航海：第二十三辑.上海：上海古籍出版社,2019：131-141.

［121］张开城,卢灿丽.广东海上丝绸之路城市历史文化［M］.北京：海洋出版社,2018.

［122］田明宝.烟台文化遗产大观：非物质文化遗产［M］.北京：人民出版社,2021.

［123］许桂香.中国海洋风俗文化［M］.广州：广东经济出版社,2013.

［124］王元林.国家正祀与地方民间信仰互动研究：宋以后海洋神灵的地域分布与社会空间［M］.北京中国社会科学出版社,2016.

［125］山东省长岛县志编纂委员会编.长岛县志［M］.济南：山东人民出版社,1990.

［126］朱年,陈俊才.太湖渔俗［M］.苏州：苏州大学出版社,2006.

［127］彭瑶.25项非物质文化遗产龙舟的研究［J］.当代体育科技,2017,7(17)：249-250.

［128］范建华.中华节庆辞典［M］.昆明：云南美术出版社,2012.

［129］潘君祥."沙船"名称最早出现的时间考证［J］.都会遗踪,2015(1)：1-8.

［130］沈毅敏.沙船发展演变纵横谈［J］.航海,2015(3)：20-24.

［131］南京博物院.如皋发现的唐代木船［J］.文物,1974(5)：84-90.

［132］中华人民共和国交通部办公厅.地方航运参考资料汇编：第四辑［M］.北京：人民交通出版社,1958：36.

［133］涟源市志编纂委员会.涟源市志［M］.长沙：湖南人民出版社,1998：

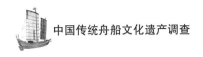

380.

[134] 江苏省太湖渔业生产管理委员会.太湖渔业史[Z].[出版地不详]：
江苏省太湖渔业生产管理委员会,1986：79.

[135] 马茂棠.安徽航运史[M].合肥：安徽人民出版社,1991：235.

[136] Worcester G R G. The junks and sampans of the Yangtze[M].
Annapolis：Naval Institute Press，1971.

[137] 郭孝义.江苏航运史近代部分[M].北京：人民交通出版社,1990.

[138] 何国卫.中国木帆船[M].上海：上海交通大学出版社,2019.

[139] 席龙飞.席龙飞船史研究文选[M].武汉：武汉理工大学出版社,2015.

[140] 顿贺.海上丝路之造船开海[M].广州：广东科技出版社,2017.

[141] 顿贺.海上丝路之导航扬帆[M].广州：广东科技出版社,2017.

[142] 交通部珠江航务管理局.珠江航运史[M].北京：人民交通出版社，
1998.

[143] 方志钦,蒋祖缘.广东通史：古代下册[M].广州：广东高等教育出版
社,2007.

[144] 颜泽贤,黄世瑞.岭南科学技术史[M].广州：广东人民出版社,2002.

[145] 赵晓霞.当水下考古遇上高科技[N].人民日报海外版,2022-11-24(9).

[146] 林开明.福建航运史：古、近代部分[M].北京：人民交通出版社，
1994：265.

[147] 蒋祖缘.广东航运史：近代部分[M].北京：人民交通出版社,1989：93.

[148] 江天凤.长江航运史近代部分[M].北京：人民交通出版社,1992：
411.

[149] 《中华人民共和国文物保护法：附新旧条纹对照》编写组.中华人民共
和国文物保护法：附新旧条纹对照[M].北京：中国民主法制出版
社,2017.

[150] 中华人民共和国中央人民政府. 中共中央办公厅 国务院办公厅印发
《关于进一步加强非物质文化遗产保护工作的意见》[EB/OL].[2021-
08-12]. https://www.gov.cn/govweb/zhengce/2021-08/12/content_
5630974.htm.

［151］上海市交通运输行业协会.定制船模评定标准［M］// 中国航海博物馆.匠心问舟：第一届中式木帆船模型展评大赛集萃.上海：中西书局,2019：175－184.

［152］中国航海博物馆.中式木帆船模型建造考证指南［M］// 中国航海博物馆.匠心问舟：第一届中式木帆船模型展评大赛集萃.上海：中西书局,2019：155－174.

［153］中国航海博物馆.海帆远影：中国古代航海知识读本［M］.上海：上海书店出版社,2018.

［154］上海中国航海博物馆.中华"船"说［M］.天津：新蕾出版社,2022.

［155］中国航海博物馆.STEM 课程：未来航海家［M］.上海：上海科技教育出版社,2020.

［156］胡和平.在《关于进一步加强非物质文化遗产保护工作的意见》学习贯彻座谈会上的讲话［J］.中国非物质文化遗产,2021(5)：7－10.

［157］广东省文物局.广东文化遗产：海上丝绸之路史迹［M］.广州：中山大学出版社,2016.

［158］一言.中国文化遗产知识 2500 题［M］.北京：科学出版社,2021.

［159］沈阳.中国世界文化遗产保护管理规划发展历程及未来趋势［J］.中国文化遗产,2022(5)：23－29.

［160］习近平.高举中国特色社会主义伟大旗帜、为全面建设社会主义现代化国家而团结奋斗：在中国共产党第二十次全国代表大会上的报告［J］. 共产党员(辽宁),2022(21)：4－26.

［161］关于实施中华优秀传统文化传承发展工程的意见［N］. 人民日报,2017－01－26(6).

后 记

中国传统舟船文化遗产是中华优秀传统文化的有机组成部分,承载着中华民族走向江河湖海、走向大洋的基因和记忆,是中华航运文化中极具创造力和技术原创性的范畴。近年来,中国航海博物馆在我国南北沿海和部分内河水域持续开展了传统舟船文化遗产调查,排摸传统舟船文化遗产的家底,为本书的编撰积累了较为丰富的资料。

中国传统舟船文化遗产也是中国海洋遗产的重要组成部分。2019 年,由中国博物馆协会理事长刘曙光领衔的教育部哲学社会科学研究重大课题"中国海洋遗产研究"(项目批准号:19JZD056)立项启动;2021 年,项目组将"中国传统舟船文化遗产调查"作为专项子课题之一纳入研究范围,并正式委托由中国航海博物馆副馆长王煜率领的子课题团队实施。经过系统梳理和归纳,子课题团队既圆满完成了子课题项目目标,又为本书的编撰奠定了基础。

本书的出版也是中国航海博物馆致力于研究型博物馆建设的一项阶段性成果。"十四五"以来,中国航海博物馆试点启动了研究型博物馆建设,其中一项重要举措就是由馆领导领衔挂帅,组织团队围绕重点方向开展学术研究或课题研究,推动更多的学术成果出版、发表以及应用性转化。

中国传统舟船及文化遗产历史悠久、体系完整、类型丰富、分布广泛,长期以来还诞生和积淀了许多独特的发明创造与先进技术,是传统文化中的灿烂瑰宝,也是舟船文化、航运文化创造性转化、创新性发展的资源宝库。但出于种种原因,中国传统舟船正在逐渐退出历史舞台,许多文化遗产甚至被列入"濒危",亟待我们进一步加强抢救性的发掘和保护。尽管中国航海博物馆以及国内其他涉海类机构、学者近年来开展了一些相关的调查和研究,但总体上调查涉及的范围和内容,以及研究的广度和深度都是远远不足的。本书的编撰出版,更多考虑的还是先把这些阶段性成果及时呈献出来,既是抛砖引玉,期待获得更多传统舟船文化遗产线索和反馈,也是呼吁社会各界都来关心中国传统舟船文化遗产的保护与传承。本书疏漏之处敬祈读者批评斧正。

本书共五章和两个附录,由王煜构思总体框架,并对各章节内容进行最后的统稿。其中第一章由王煜撰写,学术史回顾部分内容参考了席龙飞教授的《一九四九年以来船史研究著述纵览》;第二章、第三章由叶冲、王煜共同撰写;第四章、第五章由王煜、叶冲共同撰写。成书过程中,中国航海博物馆於燕燕、陈雪冰、邵美婷参与整理了相关资料,撰写了附录等内容;编撰和出版过程中,也得到了何国卫教授的大力支持,以及上海交通大学出版社尤其是陈琳女士认真细致的审校和辛苦付出,在此一并致以衷心的感谢。

作 者
2023 年 8 月 9 日